Kathrin Fischer

# Generation Laminat

Mit uns beginnt der Abstieg

Knaus

Verlagsgruppe Random House FSC-DEU-0100
Das für dieses Buch verwendete
FSC®-zertifizierte Papier *Super Snowbright*
liefert Hellefos AS, Hokksund, Norwegen.


1. Auflage
Copyright © der Originalausgabe 2012
beim Albrecht Knaus Verlag, München,
in der Verlagsgruppe Random House GmbH
Lektorat: Linda Strehl
Gesetzt aus der Sabon von
Buch-Werkstatt GmbH, Bad Aibling
Druck und Einband: GGP Media GmbH, Pößneck
Printed in Germany
ISBN 978-3-8135-0458-3

www.knaus-verlag.de

# Inhaltsverzeichnis

# Einleitung

## »Ich wohne auf Laminat.
## Dabei kann ich Laminat nicht ausstehen«

Ich wohne auf Laminat. Dabei kann ich Laminat nicht aus-
stehen. Es fühlt sich nicht gut an, denn es wärmt den Fuß
nicht, es hört sich nicht gut an, denn es knarrt nicht beruhi-
gend, es sieht auch nicht gut aus, denn man sieht ihm an, dass
es vorgibt, etwas anderes zu sein, als es ist. Es spielt Holz,
beispielsweise Nussbaum-Schiffsboden, ist aber nur Holzab-
fall, es will Solidität vermitteln und zeigt doch nur, dass hier
jemand gespart hat. Dadurch erinnert es mich daran, dass
ich mir Holzboden nicht leisten kann, dass ich aus eigener
Kraft nicht den Wohlstand erzeugen kann, in dem ich aufgewachsen bin. Ich dachte, mein Leben ginge immer so weiter, wie es begonnen hat. Tut es aber nicht, flüstert mir jeden
Morgen das Laminat in meiner Mietwohnung zu. Mein Sohn
wird voraussichtlich später mal kein Haus erben. Was habe
ich falsch gemacht?

Nun muss man fairerweise zugeben, dass es drängendere
Probleme im Leben eines Menschen geben kann als das Woh-
nen auf einem ungeliebten Fußbodenbelag. Arbeitslosigkeit.
Krankheit. Armut. Verlust.

Das Jammern über Laminat ist Jammern auf hohem Niveau. Da ist es leicht, sich achselzuckend abzuwenden. Doch
damit hat man eine Chance vertan: die Chance, dem Wohl-

stand beim Bröckeln zuzusehen. Denn ist es nicht so, dass die Arbeitsverhältnisse immer unsicherer werden? Dass es immer schwieriger wird, seinen Lebensunterhalt zu verdienen? Warum konnte mein Englischlehrer in den achtziger Jahren Frau und drei Kinder ernähren und ein Haus bauen – von einem Gehalt? Warum kann ich das nicht mehr? Warum kann ich mir von einem durchschnittlichen Akademikergehalt nur noch eine Mietwohnung und Laminat leisten? Was hat sich seit damals verändert? Es muss sich etwas verändert haben, denn mit meinen Wohlstandssorgen stehe ich schließlich nicht alleine da. Findet so etwas wie eine »Laminatisierung« der ehemals soliden Mitte statt?

Auf dem Geburtstagsbrunch eines Kollegen habe ich ein Gespräch geführt, das ich vor fünf Jahren so garantiert noch nicht geführt hätte. Mit Blick in den Garten, einen Aperol Spritz in der Hand stehe ich einem jugendlich wirkenden Herrn Mitte vierzig gegenüber, der als Musikproduzent und Eventmanager arbeitet. Wir reden über Eurokrise und Israelproteste. Ich erzähle von einem Bekannten, der vor drei Jahren seine Lebensversicherung verkauft und in Gold angelegt hat – eigentlich ein ungewöhnliches Partygesprächsthema, jedenfalls in den Kreisen, in denen ich mich normalerweise bewege: Anlagemöglichkeiten werden da nicht diskutiert, erstens, weil die meisten von uns nichts zum Anlegen haben, und zweitens, weil wir Geld für langweilig halten.

Doch mein Gegenüber überrascht mich. »Gold!«, ruft es entsetzt aus. »Doch nicht Gold!«

»Warum kein Gold?«, frage ich und nippe an meinem Aperol Spritz. »Zu teuer?«

»Nein, nein«, schüttelt er den Kopf, »weil Goldbesitz bei einem Staatsbankrott oder einem Währungscrash verboten werden wird. Das war in den USA in den dreißiger Jahren so, und das wird bei uns auch so sein. Und dann«, fügt er mit einer Selbstverständlichkeit hinzu, als dächte er schon seit Jahren darüber nach, was Schutz bieten könnte vor Inflation, Staatsbankrott, Währungsschnitt oder Zwangsenteignung, »dann muss man es entweder abgeben, wird also zwangsenteignet, oder man wird auf dem Schwarzmarkt niemals den Preis erzielen, für den man es eingekauft hat, weil man ja illegal verkaufen muss. Gold ist überhaupt keine Alternative.«

»Was dann?«, frage ich, immer noch verblüfft über die Richtung, die das Gespräch genommen hat.

Der Musikproduzent lächelt mich an: »Silber«, sagt er. »Du kannst viele Dinge des täglichen Lebens in Silber kaufen – Besteck, Lampenfüße. Dazu ein paar Münzen. Ist doch sowieso besser, eine Silbermünze gegen eine Wurst zu tauschen als eine Goldmünze.«

So weit sind wir: Dass wir bei gepflegten Kaltgetränken und gehobenen Speisen darüber sprechen, wie wir uns vor den Folgen einer Staatspleite schützen können.

Auch meine Mutter, die immer noch in der Neubausiedlung wohnt, in der ich groß geworden bin, auch wenn die Neubauten mittlerweile längst nicht mehr neu sind, erzählt mir ähnliche Geschichten. Von kinderlosen Ehepaaren in Einfamilienhäusern mit großem Garten, vor deren Einfahrt zwei Autos stehen, die Angst haben, weil der Mann nun schon seit zehn Monaten arbeitslos ist. Nach zwölf Monaten wird das Arbeitslosengeld I durch das Arbeitslosengeld II – im Volksmund Hartz IV genannt – ersetzt. Von Eltern, die zu viel verdienen, als dass ihre Kinder BAföG beantragen könnten, und die dennoch nicht wissen, wie sie das Studium ihrer Kinder finanzieren sollen. »Wir«, sagt meine Freundin Anna, die selbst zwei halbwüchsige Kinder hat, »wir wurden lange unterstützt, aber ich weiß nicht, welche Eltern das heute noch können.«

Überall machen sich Nervosität, Unsicherheit und Angst breit. In der Straßenbahn, auf Partys, unter den Arbeitskollegen, bei den Nachbarn, im eigenen Kopf. Es ist die Angst, die eigene soziale Position auf Dauer nicht halten zu können, sozial abzusteigen. Es ist die Angst, dass der Kuchen nicht für alle reicht. Dass er kleiner sein könnte als gedacht. Es ist eine Angst, die aus dem vagen Bewusstsein von Endlichkeit entsteht. Entgegen unserem bisherigen Lebensgefühl müssen wir in den Folgen der »Multikrise« aus Euro-, Schulden-, Finanz-, Wirtschafts-, Gesellschafts- und Klimakrise feststellen, dass die Phönizier offenbar zu wenig Geld erfunden haben. Und dass auch Wälder, Fische, Erze und Öl irgendwann einfach alle sein könnten.

Soziologen stellen fest, dass innerhalb der letzten zwanzig Jahre das Unsicherheitsempfinden der mittleren Mitte überproportional angestiegen ist.[1] Damit hält ein Phänomen in Deutschland Einzug, das man für die USA schon in den neunziger Jahren diagnostiziert hat. Und das sich nicht nur in Deutschland ausbreitet, wie der Sommer 2011 gezeigt hat. Krawalle in Großbritannien, Proteste in Spanien und Israel, Demonstrationen in Griechenland – in all diesen Ländern dreht sich der Protest letztendlich um die Sorge, dass nachwachsende Generationen nicht in dem öffentlichen Wohlstand werden leben können, der für die Älteren noch selbstverständlich war.

»Wir sind in ein Zeitalter der Unsicherheiten eingetreten – wirtschaftliche Unsicherheit, physische Unsicherheit, politische Unsicherheit.« So analysiert der britische Historiker Tony Judt die gegenwärtige Situation. »Unsicherheit erzeugt Angst. Und Angst – Angst vor Veränderung, Angst vor dem sozialen Abstieg, Angst vor Fremden und einer fremden Welt – zerfrisst das wechselseitige Vertrauen, auf dem die Bürgergesellschaft beruht.«[2]

Natürlich könnte man die Möglichkeit in Betracht ziehen, dass das Gefühl dieser Wohlstandsbedrohung nicht exakt den Gefahren entspricht, denen wir tatsächlich ausgesetzt sind. Vielleicht, halten mir manchmal Gesprächspartner entgegen, vielleicht sind wir einfach satte Wohlstandsbürger, die seit ihrer Jugend immer ein Mehr gewohnt waren und die nun die Furcht vor einem möglichen Weniger in Schockstarre versetzt. »Heul doch«, sagt beispielsweise meine amerikanische Freundin Ally, die ein Leben lang ohne jegliche Absicherung als Künstlerin gearbeitet hat. Solange ich noch Biobratwürste auf den Kugelgrill lege, nimmt sie mich nicht ernst und bezeichnet meine zunehmenden Ängste und Unsicherheiten als typisch deutsches Gejammer und Genörgel. Brillant imitiert sie, was sie in den Cafés in Frankfurt so zu hören kriegt. »O weh, da kann sich jemand nur dann Biospaghetti leisten, wenn er alle sechs statt vier Wochen zum Friseur geht! O Gott, o Gott, in der staatlichen Schule um die Ecke sind so viele Ausländerkinder, aber die Waldorfschule kann man sich nur leisten, wenn Opa das Schulgeld zahlt – und der will dann dafür mit in den Urlaub, das ist ja furchtbar!«

Aber auch viele deutsche Freunde und Kollegen halten meine Sorgen, Ängste und Überlegungen wahlweise für kollektive Wohlstandsphantasmen oder individuelle neurotische Angstattacken. Auf jeden Fall für nichts, was man politisch ernst nehmen müsste. Ihre Argumente: das hohe Niveau, auf dem wir klagen, der Reichtum des Landes, in dem wir leben, die

Zahlen des wirtschaftlichen Wachstums, die Sozialausgaben, die die Bundesregierung leiste. »Ich kann dieses Gerede über gefühlte Ängste nicht mehr hören«, regt sich meine sonst gut gelaunte Kollegin Christine auf, »ich bin ein Faktenjunkie, schau dir mal die Zahlen an. Dieses Land ist die am stärksten wachsende Volkswirtschaft Europas. Hier brummt's!«

Und über einen Satz meines Freundes Michael lacht sie sich halb tot. »Zur Not«, hatte der mir gesagt, »könnte ich den Flügel verkaufen.« Michael und ich hatten über unsere unsicheren Arbeitsverhältnisse beim Rundfunk gesprochen. Wir sind beide nicht fest angestellt, was in den permanenten Konsolidierungsplänen, in denen wir seit Jahren stecken, mittlerweile zu einer echten Belastung geworden ist. Fest angestellte Redakteure unterhalten sich in unserer Gegenwart darüber, wie froh sie seien, in diesen Zeiten fest angestellt und außerdem mit einer Oberstudienrätin verheiratet zu sein, die als Beamtin den Kredit fürs Haus gewährleiste. Ältere Kollegen sprechen davon, dass sie vor zwanzig Jahren vor dem Haupteingang gestreikt hätten. Vor zwanzig Jahren waren allerdings auch noch viel mehr Kollegen fest angestellt. Vor zwanzig Jahren waren viel mehr in der Gewerkschaft organisiert. Und vor zwanzig Jahren hatten alle weniger Angst vor der Zukunft. Aufgrund dieser Situation hatten Michael und ich überlegt, wo wir das Geld sparen könnten, das wir künftig möglicherweise nicht mehr zu verdienen in der Lage sein würden. Und da hatte Michael diesen Satz gesagt.

»Zur Not könnte ich den Flügel verkaufen«, das klingt ungefähr nach so großer Not wie die Klage, dass man heutzutage kein gutes Personal mehr bekommt, dass die Handwerker, die das Parkett verlegen, tatsächlich sehr schmutzen oder dass im neuen SUV die Frage, wohin mit der Sonnenbrille, nicht gerade geschickt gelöst sei. Wer solche Sätze sagen kann, dem geht es nicht wirklich schlecht. Der klagt auf ganz hohem Niveau. Ein solcher Satz entwertet sich durch den Luxus, den ein Flügel verkörpert.

Nun muss man wissen, dass mein Freund Michael sich seinen Flügel, einen gebrauchten Steinway, über viele Jahre von seinem keineswegs üppigen Gehalt abgespart hat, auch in den Zeiten, in denen er gleichzeitig sein BAföG abbezahlen musste. Er hat diesen Flügel, dessen Anzahlung ihm ein Freund geliehen hat, tatsächlich mühselig, Taste für Taste, durch geschickte Sparsamkeit erworben. Michael besitzt seinen Flügel nicht aus Statusgründen, er besitzt ihn, weil es ihn glücklich macht, so oft wie möglich auf ihm zu spielen. Mindestens einmal täglich. Am besten ein paar Stunden. Wenn Michael seinen Flügel verkaufen müsste, wäre das ein harter Schlag für ihn und ein ernsthafter Verlust an Lebensqualität. Weiß man das alles, hört sich der Satz »Zur Not könnte ich den Flügel verkaufen« möglicherweise weniger bizarr an. Was er unnachahmlich gut zum Ausdruck bringt, ist die Tatsache, dass hier jemand Zukunftssorgen hat, dem es zurzeit materiell ziemlich gut geht. Besser als vielen anderen, besser als der zunehmenden Zahl von Leiharbeitern, Niedriglohnbeziehern, Teilzeitbeschäftigten, Aufstockern, Arbeitslosen oder Hartz-IV-Empfängern.

Ist das Gerede von Flügelverkauf und Laminatabneigung also genau das, nämlich Gerede? Handelt es sich schlicht um eine individuelle Unfähigkeit der »Generation Laminat«, sich an veränderte gesellschaftliche Lebensbedingungen anzupassen? Wenn der Wohlstand sinkt, dann muss man eben Verzicht üben. Und zwar ohne zu jammern. Dann muss ein Michael eben seinen Flügel verkaufen, davon geht die Welt nicht unter. Es muss ja nicht das biologisch-dynamische Lummerlandbrot aus dem Bioladen für vier Euro zwanzig sein, die großen Discounter bieten auch Brot an. Geschichte geht voran. Lebensbedingungen ändern sich. So what? Auch meine Mutter reagiert so. Sie hält meine Lebenshaltungskosten aufgrund dessen, was sie Lifestyle nennt, für übertrieben hoch und nennt mir Familien aus ihrem Bekanntenkreis, die ohne Fernseher leben, Zahnpastatuben aufschneiden und mit Zelturlauben glücklich sind. Die sind bescheidener als ich. Die heulen nicht rum, nur weil sie ihr eigenes Nest nicht so weich polstern können wie das, in dem sie aufgewachsen sind.

Soziologisch ausgedrückt klingt mein Problem so: »Während des späten Wirtschaftswunders aufgewachsen, haben diese (westdeutschen) Mittelschichtsangehörigen bei ihren Eltern ein relativ hohes Niveau an beruflicher Sicherheit und einen steten Zuwachs an Wohlstand kennengelernt. Heute selbst erwachsen, reklamieren sie zwar dieses Wohlstandsversprechen auch für sich, realisieren jedoch, dass sie sich im Vergleich zu ihren Eltern auf ungewohnte Unsicherheiten, unterbrochene Erwerbsverläufe und ein geringeres Rentenniveau einstellen müssen.«[3] Jürgen, Architekt, Mitte dreißig, drückt es folgendermaßen aus: »Dieser Wohlstands- und Sicherheitswahn, den unsere Eltern uns vermittelt haben, ist ein großes Problem.«

Menschen definieren heutzutage ihre Position im sozialen Gefüge einer Gesellschaft nicht mehr von der Überwindung der Armut her, wie es die Generation nach Krieg, Flucht und Vertreibung tat. Meine Mutter fühlt sich immer noch reich, wenn sie an kalten Tagen einen heißen Tee trinken kann, weil ihr der Hunger und die Kälte ihrer Flucht aus Polen noch in den Knochen stecken. Für mich gilt das nicht mehr, für mich ist meine heutige Situation, der Wohlstand, in dem ich lebe, der Punkt, von dem aus ich messe, wo ich sozial stehe, und von dem aus ich meine Zukunftsperspektiven einschätze.

Tja. So einfach ist das. Bei meinem Problem handelt es sich schlicht um eine Diskrepanz zwischen Erwartung und Realität. Es sind schließlich nie Autos mit Lautsprechern durch die Straßen gefahren und es werden auch nie Autos mit Lautsprechern durch die Straßen fahren, die Menschen wie mir versprechen, dass alles glattläuft. Vielleicht habe ich das geglaubt, weil ich im wirtschaftlichen Wohlstand und der sozialen Sicherheit der sechziger, siebziger und achtziger Jahre aufgewachsen bin. Herausgekommen sind »great expectations«, wie meine Freundin Ally das nennt.

Robert ist der gleichen Ansicht. Er ist Ende vierzig, ein brillanter Autor, der als Freiberufler sehr erfolgreich ist, weil er alles schreiben kann, was man sich wünscht. Robert gibt, wie er selbst sagt, gerne mal den »Guido« und hält glühende Reden für Freiheit und Selbstverantwortung und gegen das »süße Gift der Versorgung«. Unnötig zu erwähnen, dass wir uns öfter politisch streiten. Robert findet meine Zukunftssorgen um meine soziale Position und mein ökonomisches Auskommen vollkommen unnötig.

»Die Abstiegsängste, die man hat, messen sich ja in der Regel am Wohlstand der Eltern. Und wenn es um die Mittelschicht geht, dann ist ja von Armut gar keine Rede, sondern dann geht es darum, dass man erlebt hat, dass es immer besser wird, dass es den Eltern immer besser ging, einem selber auch, und dass man dann erwartet oder gehofft hat, dass es einem für alle Zeiten besser gehen wird. Dass ein normales Leben daraus besteht, dass man immer mehr verdient und mit kleinen Rückschlägen immer weiter kommt, und dann möglicherweise sich das leisten kann, was sich die Eltern leisten konnten, ein Haus, eine Eigentumswohnung. Dass man immer mehr in den Urlaub fährt. Und dass immer alles besser wird.«

Auch viele andere meiner Freunde und Kollegen reagieren verständnislos bis gereizt auf die Rede von den Abstiegsängsten derer, die einen Flügel im Wohnzimmer stehen haben und darüber klagen, dass sie sich nicht den Fußboden leisten können, den sie gerne hätten. Wenn ich wirklich so unter dem Laminatboden leide, kommentiert auch mein Kollege Erich meine Klagen, solle ich mir Parkett legen, zur Not eben auch in die Mietwohnung, aber mir nicht permanent den Kopf darüber zerbrechen, wie schön es wäre, wohnte ich auf Parkett: »Eines Tages stirbst du und hättest eigentlich eine super Party auf deinem Laminat feiern können. Oder einen schönen Teppich drauflegen können. Also lerne dein Laminat lieben!«

Zusammengefasst lautet die Reaktion so: »Schau dich um, wertschätze, was du hast, bestell dein eigenes Gärtlein und reiß dich zusammen.«

Die Zahlen und der Buddhismus geben meinen Freunden Recht. Man kann nur sich selbst verändern. Ein einleuchtender und sympathischer Ratschlag. Warum missfällt er mir trotzdem?

Bin ich nicht bescheiden genug? Zu selbstmitleidig? Erwarte ich von der Gemeinschaft, was nur ich allein leisten kann? Glaube ich noch an große Ideologien statt an private Veränderungsfähigkeit?

Was mir an diesem Ratschlag nicht gefällt, ist, dass er sich nur auf die private Dimension meines Unbehagens bezieht. Die prinzipielle Sorge um unser bisheriges Gesellschaftsmodell lässt er völlig außer Acht. Es ist nämlich nicht so, dass der Wohlstand in Deutschland schrumpft. Im Gegenteil. Er wächst. Im Zeitraum von 1999 bis 2009 hat die Gesamtbevölkerung bei den verfügbaren Realeinkommen einen Zuwachs von knapp drei Prozent erlebt. Das ist auch das Lieblingsargument meiner Kollegin Christine. Allerdings übersieht sie dabei ein entscheidendes Detail: Von diesem Zuwachs profitiert im Wesentlichen nur das obere Fünftel der Bevölkerung.[4] Oder wie die *taz*-Redakteurin Ulrike Herrmann, die ein erhellendes Buch über den Selbstbetrug der Mittelschicht geschrieben hat, im Interview schlicht schlussfolgert: »Man muss sich klarmachen, dass die Wirtschaft wächst. Es gibt eigentlich immer mehr. Die Bevölkerung wächst nicht, das Pro-Kopf-Einkommen aber schon, und wenn davon bei Ihnen nichts ankommt, dann liegt das an der Verteilung.«

Die Verteilung in Deutschland ändert sich rasant, wie auch Jan Goebel vom Deutschen Institut für Wirtschaftsforschung bemerkt: »Seit 2000 beobachten wir eine sogenannte absolute Polarisierung: Es wurden in diesen unteren und oberen Bereichen nicht nur mehr Personen, sondern deren Einkommen hat sich auch noch weiter auseinanderentwickelt. Das heißt, die Ärmeren wurden ärmer und die Reicheren wurden reicher.«[5]

Mir als Mittelschichtskind geht es nicht einfach nur um die private Angst, von der sich öffnenden Schere nach unten gerissen zu werden. Es geht mir um ein ganzes Gesellschaftsmodell.

Das »Modell Deutschland«, dieses besondere Gleichgewicht zwischen Markt und Staat, das ökonomischen Erfolg mit sozialem Ausgleich verbindet,[6] diese Balance wackelt. Deutschland ist längst keine »nivellierte Mittelstandsgesellschaft« mehr, in der die Klassengegensätze überwunden scheinen – wie es der deutsche Soziologe Helmut Schelsky 1953 euphorisch formulierte. Die Gesellschaft spaltet sich in Gewinner und Verlierer. Dadurch verschärft sich die Ungleichheit, alte Klassenstrukturen werden wieder bedeutsamer und Ressentiments zwischen Bevölkerungsgruppen heftiger.

Die zunehmende Verachtung gegenüber den sozialen Verlierern kann ich selbst in meinem eigenen Bekanntenkreis spüren. »Wenn du über die Mittelschicht schreibst«, sagt die eine, »dann musst du auch über den Sozialadel schreiben, über die, die in dritter Generation vom Staat leben und sich prächtig eingerichtet haben.« Und auch einem anderen fallen als Erstes die vielen Hartz-IV-Empfänger ein, die unseren Staat so viel kosten, dass er an den Sozialausgaben zugrunde gehen wird. »Weißt du, was der größte Haushaltsposten dieses Staates ist?«, fragt mich auch meine kluge Redaktionskollegin Christine. »Die Sozialausgaben. 143 Milliarden Euro jährlich. Danach kommt erst mal lange nichts. Und du willst mir erzählen, dass der Sozialstaat in Gefahr ist?« Zunehmend wächst die Überzeugung, die am unteren Rand nicht mehr mitversorgen, sich die Sozialausgaben als dicksten Haushaltsposten nicht mehr leisten zu können: In den gegenwärtigen Debatten geht es häufig um die Frage, ob eine solidarische Gemeinschaft überhaupt noch gewährleistet werden kann.[7]

Um diese politische Dimension geht es mir. Denn natürlich kann ich bei aller Klage auf Laminat wohnen, ohne ein psychosomatisches Belastungssyndrom zu entwickeln. Aber warum können immer mehr Menschen sich nicht mal mehr Laminat leisten? Während andere bei der Manufaktur für Luxusböden Geld ausgeben, das sie möglicherweise dadurch erwirtschaftet haben, dass sie Risikostaaten wie Griechenland Geld geliehen haben – gegen hohe Zinsen wegen des Risikos der Zahlungsunfähigkeit des griechischen Staates. Das sie nun aber ohne jedes Risiko zurückbekommen werden, weil Menschen wie ich und mein Sohn es ihnen mit unseren Steuern und unseren zukünftigen Renten zurückzahlen werden. Wird mein Sohn später mal in einer Massenuniversität minderer Qualität studieren, weil der Staat nach der absurden Schirmspannerei kein Geld mehr für Bildung hat? Fließen meine nicht unbeträchtlichen Steuern nicht in die Bildung unserer Kinder, die Versorgung der Rentner, den Schutz unserer Umwelt, sondern versickern in Banken und den maroden Staatsfinanzen europäischer Länder?

»Insgesamt kann man sagen, dass die Generation der heute Zehn- bis 40-Jährigen Nettozahler sind, während alle anderen lebenden Jahrgänge mehr vom Staat empfangen, als sie ihm geben.«[8] So analysieren die beiden Wirtschaftsprofessoren Hanno Beck und Aloys Prinz die Lage.

Um Missverständnissen vorzubeugen: Ich persönlich hätte gar nichts dagegen, dem Staat mehr zu geben, als ich kriege – wenn es wirklich so wäre, dass der Staat dieses Geld in die Infrastruktur unserer Gemeinschaft steckt und die Belastungen einigermaßen gerecht verteilt wären. Und damit meine ich nicht das Geld, das Arbeitslose oder Hartz-IV-Empfänger vom Staat beziehen. Ich gehöre nicht zu den 60 Prozent Deutschen, die der Überzeugung sind, dass wir es uns schlicht nicht mehr leisten können, die am unteren Rand der Gesellschaft mit durchzufüttern.

Ich meine diese andere Ungerechtigkeit, die erstaunlicherweise für viel weniger Wut sorgt: Die Tatsache, dass das obere Fünftel der Bevölkerung in den letzten zehn Jahren beim verfügbaren Realeinkommen Zuwächse von 23 Prozent verbuchen konnte, während die ärmsten zehn Prozent Einbußen von knapp zehn Prozent hinnehmen müssen.[9] Ich meine die Tatsache, dass durch die Finanz- und Staatsschuldenkrise die Vermögensungleichheit weiter ansteigt, dass mittlere und untere Einkommenslagen ärmer und die oberen reicher werden, dass wir uns zunehmend in resignierte Verlierer und erfolgsfixierte Gewinner spalten. Dass »Wohlstand für alle« kein Slogan mehr für Deutschland nach den ersten zehn Jahren des 21. Jahrhunderts ist.

Wenn Menschen aber nicht mehr daran glauben, dass sie ihre Zukunft selbst positiv gestalten können, daran, dass morgen alles besser wird; wenn sie nicht mehr davon überzeugt sind, dass sie legal zu Wohlstand und Status oder auch nur zu einer bescheidenen bürgerlichen Existenz gelangen können, dann verliert die Gesellschaft ihre Legitimität. Dann könnte tatsächlich der soziale Zusammenhalt unserer Gesellschaft gefährdet sein. Oder wie es der französische Soziologe Robert Castel mit einigem Pathos formuliert: »Wir könnten vielleicht unser Morgen verlieren.«[10]

»Weißt du«, seufzt auch Michael bei einem gemeinsamen Frühstück, »als ich hierhergefahren bin, hab ich gedacht: Schade, dass ich nicht zwanzig Jahre älter bin. Dann hätte ich jetzt eine ordentliche Rente und diesen ganzen Mist hinter mir.«

Viele Menschen, die ich kenne, fühlen sich den Verhältnissen, in denen sie leben, mittlerweile hilflos ausgeliefert. Das erzeugt Angst und Unsicherheit, obwohl wir im Wohlstand leben. Aber wie lange noch?

Im Moment sieht es so aus: Wir sehen uns mit bleibender Arbeitslosigkeit konfrontiert, mit zunehmender Ungleichverteilung, mit überbordenden Sozialausgaben, abenteuerlicher Staatsverschuldung, fortgesetzter Naturzerstörung und bedrohlichem Klimawandel. Na Prost.

Da kann man sich schon mal fragen: Ist das, was wir gerade erleben, tatsächlich nur eine der viel beschworenen Krisen, die zum Kapitalismus dazugehören wie das Wasser zum Duschen? Oder stehen wir vor dem Ende der Ära?

Als Jugendliche habe ich mir nichts erträumt für meine Zukunft, außer: Dass alles so bleibt, wie es ist. Ich hatte schließlich alles, was ich brauchte. Hermann-Hesse-Romane und Sade-Platten, alte Männerhemden und ein Teegeschirr, Urlaube auf Sylt, dezidierte Ansichten, ein eigenes Pferd und mit achtzehn einen weißen R4. Wenn ich mir damals meine Zukunft vorstellte, dann sah ich nichts weiter vor mir als das Leben meiner Eltern, nur irgendwie cooler. Womöglich gehöre ich der ersten Nachkriegsgeneration an, die sich für ihre Zukunft nichts erträumte als die Fortsetzung der Gegenwart. Warum auch nicht? Anders als die vieler Vorgängergenerationen war unsere Gegenwart nicht schlecht. Wir mussten Flucht, Krieg und Vertreibung nicht erleben. Wir lebten nicht in einem totalitären Regime. Die meisten unserer Eltern waren zu jung, um Nazis gewesen zu sein. Und die schwarze Pädagogik hatten die Achtundsechziger hinweggefegt. So gesehen könnte man sagen: Ich habe mir nichts erhofft und kriege noch nicht einmal das. Ich bin mit – na ja – zumindest einem silbernen Löffel im Mund aufgewachsen und werde nach Maßgabe der Dinge mit dem Blechlöffel im Hintern alt werden. Ich werde es nicht einmal besser haben als meine Eltern, ich habe es schlechter. Wo die auf Parkett wohnten, wohne ich auf Laminat.

Wohlstandsphantasmen, Jammern auf hohem Niveau, Luxussorgen?

Ja – wenn es um mich persönlich geht. Nein – wenn es um unsere Gesellschaft geht. Wenn Sicherheit porös, Wohlstand prekär und die gesellschaftliche Position labil wird, dann verändert sich etwas. Und wenn das, was wir gerade erleben, erst die Risse im Gebälk des Sozialstaates sind – bedeutet das dann, dass demnächst das gesamte Haus einstürzen wird? »Man könnte alle möglichen Indizien anführen, die darauf hindeuten, dass wir nach einer lang anhaltenden Periode beträchtlicher Aufstiegsmobilität in eine der Abstiegsmobilität geraten sind«, schreibt Robert Castel.[11] Was bedeutet das? Erlebt unsere Wohlfahrtsgesellschaft den Anfang vom Ende? Gibt es keine Möglichkeit, Wohlstand und Sicherheit für alle unter den gegenwärtigen weltweiten Bedingungen zu erzeugen? Werden wir uns auf sozialen Unfrieden gefasst machen müssen, auf Wachmänner, die eingezäunte Villen bewachen, während arbeitslose Jugendliche aus den Problemvierteln Autos anzünden? Werde ich mich irgendwann noch mal nach meinem Laminat zurücksehnen?

Es sind diese Fragen, die aus meinem persönlichen Unbehagen, aus meiner individuellen Abneigung gegen Laminat mehr werden lassen als reine Wohlstandssorgen. Es sind diese Fragen, die aus einem Gefühl eine Stimmung und aus der Stimmung eine Debatte entstehen lassen: eine Debatte um nichts weniger als darum, in welcher Gesellschaft wir leben wollen. Ich denke mittlerweile, dass sich die Gegenwart nicht fortsetzen wird, wenn wir sie nicht verteidigen, und dass der Ausgang dieser großen Veränderung davon abhängt, was wir tun oder lassen.

# Idyllische Zeiten

## »In die fetten Jahre reingeboren«

Für meinen Bruder war unsere Neubausiedlung das Paradies. Er war sechs Jahre alt und Teil einer Geheimgesellschaft, die sich Nachbarkinder nannte. Ihre sichtbaren Unternehmungen bestanden darin, mit auf den Hosen aufgemalten Colts auf ihren Bonanzarädern durch die Gegend zu flitzen, die Straßen mit ihrem Rollhockey zu blockieren oder die Tomaten in den Schrebergärten auf ihre Funktion als Wurfgeschosse mit spektakulärer Aufprallwirkung zu testen. Ihre unsichtbaren Unternehmungen waren noch gefürchteter. Ein mannshohes unterirdisches Tunnelsystem zu graben, sehr geheim und sehr instabil. Mit Streichhölzern und Brennspiritus in der sorgfältig von innen verschlossenen Garage zu experimentieren. Sich kurz bevor die Müllabfuhr kam in der Tonne zu verstecken.

Meine Mutter zuckt immer noch zusammen, wenn mein Bruder von seiner glücklichen Kindheit im Neubauviertel schwärmt.

Ich dagegen habe es gehasst. Die Siedlung war die reine Verkörperung normierter Mittelstandsidyllen. Überall Vater-Mutter-zwei-Kinder-Familien in frei stehenden Einfamilienhäusern, weiß verputzt, mit einem Gartenzaun, hinter dem immer irgendetwas kläffte. Nirgends ein buntes Haus. Nirgends ein wilder Garten. Nirgends ein lebender Mensch. Lauter angepasste Zombies. Ich nahm unsere westdeutsche

Neubausiedlung im gängigen Vorurteilsraster einer Hermann-Hesse-lesenden Zwölfjährigen wahr.

Mein Vater war auf einer Dienstreise bei einem Autounfall ums Leben gekommen. Wir bekamen eine betriebliche Hinterbliebenenrente, die uns, zusammen mit dem, was meine Mutter als freie Mitarbeiterin einer Tageszeitung verdiente, ein einigermaßen sorgenfreies Leben bescherte. Das Haus konnte – auch dank einer Erbschaft – fertig gebaut werden, der Garten angelegt, ein Pferd gekauft werden. Vor dem Haus stand allerdings immer irgendein verbeultes Auto japanischer Herkunft, das innen so verdreckt war wie kein anderes Elternauto. Meine Mutter hatte als Kind mit ihrer Familie aus Polen fliehen müssen – gemeinsam mit dem Dienstmädchen. In Polen waren sie wohlhabend gewesen, in Deutschland wurden sie als »Flüchtlinge« und »Polackenschweine« abgelehnt und gedemütigt. Das hat meine Mutter der bürgerlichen Gesellschaft nie verziehen. Bei uns waren immer die willkommen, die die »anständigen« Leute ablehnten. Stromernde Katzen, auffällige Jugendliche, ausländische Familien. Statt einer Geschirrspülmaschine hatten wir Originale an den Wänden. So sahen die Prioritäten meiner Mutter aus. (Ich habe nie wieder in meinem Leben so viel Geschirr gespült wie bei uns zu Hause). Wenn schon sonst alle genormt waren in der DIN-Idylle unserer Neubausiedlung: Wir waren es nicht. Wir fegten samstags nicht die Straße. Wir wuschen samstags auch nicht das Auto. Wir engagierten uns nicht im Dorfverschönerungsverein, sondern bei Amnesty International. Wir gehörten nicht dazu. Und zwar, weil wir nicht dazugehören wollten und nicht etwa, weil wir nicht dazugehören konnten. Ein entscheidender Unterschied, den ich damals noch nicht als entscheidend wahrnahm.

Auch wir besaßen einen großen Holzesstisch, an dem wir uns zum Essen versammelten, auch wir fuhren jedes Jahr in den Sommerferien auf eine Nordseeinsel in Urlaub, auch wir tranken Rotwein vorm Kamin, während das unvermeidliche »Köln Concert« von Keith Jarrett lief. Wir hatten zwar keine Durchreiche von der Küche zum Esszimmer, aber ansonsten führten wir ein ganz normales Mittelschichtdasein.

Als außergewöhnlich privilegiert habe ich dieses Leben nie empfunden – und doch weiß ich noch, wie entsetzt ich war, als ich in der zwölften Klasse eine Schulkameradin besuchte, deren Vater Polizist war, und die mit ihren Eltern und ihren beiden Geschwistern in einem der Hochhäuser am Stadtrand in einer Mietwohnung wohnte, die von grauem Teppichboden und einer Tiefkühltruhe dominiert wurde. Ich hatte bis zu diesem Besuch überhaupt nie realisiert, dass jemand nicht in einem eigenen Haus wohnen könnte. In unserem Neubauviertel gab es keine Mietwohnungen.

Ich bin in relativem Wohlstand aufgewachsen, ohne diesen zu bemerken. Ich bin in relativer Sicherheit aufgewachsen, ohne diese zu bemerken. Und ich bin in relativer sozialer Durchlässigkeit aufgewachsen, ohne sie zu bemerken – dass Kinder aus den Mietwohnungen am Rande der Kleinstadt das Gymnasium ebenso besuchten wie die Arztsöhne und -töchter aus den umliegenden Villen am Hang, das war selbstverständlich. Man bemerkt Dinge eben erst in der Differenz – wer redet schon davon, dass Luft durchsichtig ist? Erst beim Smog-Alarm wird diese Tatsache erwähnenswert.

Wohlstand und Sicherheit habe ich ebenso wenig bemerkt wie die staatliche Infrastruktur, die mein Leben prägte. Dass ich beispielsweise jederzeit aufgrund meiner Krankenversicherung kostenfrei zum Zahnarzt gehen konnte. (Ein Segen?

Von wegen. Ich litt schon mit vierzehn unter einer Zahn-arztphobie und wäre lieber nicht hingegangen.) Dass meine Schulbücher nichts kosteten, sollte das erwähnenswert sein? Schlimm genug, dass ich unter cholerischen Mathematikleh-rern leiden oder obligatorisch ein Fach wie »Handarbeit« besuchen musste. Dass mein Vater bezahlten Urlaub hatte – das war doch selbstverständlich. Dass die Möglichkeit, drei Wochen nach Sylt oder Kärnten zu fahren, irgendwann mal in der Geschichte von einer kraftvollen Arbeitnehmervertre-tung erkämpft worden war, das wusste ich nicht.

Der Zusammenbruch des Weltwährungssystems von Bret-ton Woods, die Ölkrisen von 1973 und 1978, Massenarbeits-losigkeit – mag sein, dass in den achtziger Jahren das »Modell Deutschland« bereits seine ersten Schrammen abbekommen hatte. Dass das politische Umdenken in Richtung »Neoli-beralismus« bereits begonnen hatte. Dass das, was glänzte, schon kein Gold mehr war. Nur weil man etwas nicht be-merkt, ist es deshalb noch lange nicht nicht vorhanden. Aber wer in den achtziger Jahren aufwuchs, sah die heute deutlich klaffenden Risse im Sozialstaatskörper damals noch nicht. Es schien alles sicher.

»Oliver Twist« war für mich eine Geschichte aus einem Buch, das ich im Englischunterricht lesen musste. Dass ich selbst nur wenige Jahrzehnte früher möglicherweise auch in elenden Verhältnissen hätte aufwachsen können, kam mir nie in den Sinn.

Als ich das meinem Kollegen Erich erzähle, schüttelt der über so viel Naivität nur den Kopf: »Die totale Sicherheit, in der wir groß geworden sind, ist sowohl historisch als auch geografisch der absolute Ausnahmezustand, das Normale ist doch, dass nichts sicher ist.«

Und meine Schulfreundin Anna meint: »Wir haben gegen nichts gekämpft. Ein bisschen gegen Atomkraft, und das war es dann schon. 1968 geboren, da bist du in die fetten Jahre reingeboren worden. Warum solltest du gegen irgendwas sein?«

Dass wir in unserer Neubausiedlung hätten dazugehören können, lag an dem materiellen Wohlstand, in dem wir lebten. Eine Tatsache, die ich zu ignorieren versuchte. Geld haben zu wollen erschien mir als ein vulgärer Charakterzug. Meine Nachbarin lacht darüber noch heute. Sie stammt aus einer Arbeiterfamilie mit fünf Kindern und trug in der Schule die braunen Cordhosen ihrer älteren Brüder auf, während sie sich schämte, dass ihre Mutter putzen gehen musste. Meiner Nachbarin ist Geld bis heute sehr wichtig.

Ich dagegen kannte Armut nicht. Und verachtete den Konsum. Ausreichend Geld zu haben, um die Bedürfnisse des täglichen Lebens problemlos erfüllen zu können, erschien mir selbstverständlich, dieses Geld nutzte man aber natürlich nicht dazu, sich ein repräsentatives Auto vor die Tür zu stellen, sondern dazu, sich mit dem zu beschäftigen, was wirklich wichtig war. Das Innen erschien mir immer wertvoller als das Außen. Für Markenklamotten etwa hatte ich nur Verachtung übrig, materiellen Wohlstand deutete ich als bedeutungslos. Klassenzugehörigkeit? Antiquiert. Das monatliche Einkommen? Unwichtig. Vermögen? Verdirbt nur den Charakter.

Jürgen, der Architekt, stammt aus wohlhabendem Elternhaus. Sein Vater ist Richter. Jürgen bekam die siebeneinhalb Jahre seines Studiums von den Eltern finanziert. Er sagte den schönen Satz: »So ein Innenleben überhaupt zu entwickeln ist ja totaler Luxus.« Genau damit waren wir jahrzehntelang beschäftigt: ein Innenleben zu entwickeln und es dann hübsch einzurichten. Wir mussten ja auch nicht kämpfen. Wir waren schon da, wo andere hinwollten. Unsere Eltern waren in den Wirtschaftswunderjahren aufgestiegen. Als Kinder von Aufsteigern befanden wir uns in einer privilegierten Situation. Nicht nur wirtschaftliche Vermögen, auch »Bildungskapital« wurde in großem Maß vererbt, was den Nachkommen der Gutsituierten einen für die anderen kaum einholbaren sozialen Vorsprung bescherte.[1]

Diesen Vorsprung haben wir alle gespürt, auch wenn er uns nicht bewusst war. Nicht bewusst sein durfte. In Klassen zu denken war politisch verpönt. Ich war Mitglied bei den Jusos und kämpfte für soziale Gerechtigkeit, Krötentunnel und die Sandinisten. Allerdings mehr aus dem vagen Gefühl, dass mein engagierter Deutschlehrer und die Völker der Welt das von mir erwarteten, als aus einem ernsthaften Gefühl der Empörung. Klassengegensätze spielten, da war ich mir sicher, nur noch in historischen Filmen eine Rolle. In meiner Clique waren schließlich auch ein paar dabei, die nicht das Gymnasium besuchten. Die Lehren machten. Aber auch Palästinensertücher trugen und kifften. Dann aber irgendwann verschwanden, weil sie im Gegensatz zu uns morgens um fünf rausmussten, weil sie arbeiteten, wenn wir uns am See trafen und über die Unzulänglichkeiten der Welt, wie sie war, sprachen. Wir wollten nicht arbeiten, wir wollten »etwas Interessantes« machen. An Geld dachten wir nicht.

Etwas Interessantes machen. Das war bei vielen von uns Mittelschichtskindern ein vage formuliertes Lebensziel. Natürlich wollten wir mit diesem »Interessanten« auch irgendwann Geld verdienen. Aber Geldverdienen als Selbstzweck? »Ich wollte die Welt verbessern, ich wollte Entwicklungshilfe machen. Ich habe mir über Geld keine Gedanken gemacht«, sagt auch Anna, die heute Architektin ist. »Wenn man Entwicklungshilfe macht, dann braucht man ein Handwerk. Das habe ich alles ausprobiert, Gärtnerei, Krankenpflege, aber es war mir zu anstrengend. Da dachte ich, dann verbessere ich eben nicht die ganze Welt, sondern nur ein Haus, und so kam ich dann zur Architektur. Man kann auch mit guter Architektur Entwicklungshilfe machen.«

Ich habe mich mit neunzehn für ein Philosophiestudium entschieden. An dieser Wahl hat mir tatsächlich gefallen, dass sie so wenig rationell war, so wenig instrumentell, so wenig verwertbar im »falschen Leben«, dass sie die von der Banklehre am weitesten entfernte Berufswahl war. Für Sandra, die schon immer Journalistin werden wollte, gilt das immer noch. Sie kann sich bis heute nicht vorstellen, in einer Bank zu arbeiten. Auch wenn einige ihrer Freunde dort ziemlich viel Geld verdienen.

Das ist ein merkwürdiges Phänomen besonders der bildungsbürgerlichen Mittelschicht: die arrogante Ignoranz der Bedeutung von Geld. Eine Ignoranz, die man bei denen, die wirklich viel Geld haben, nicht findet.

Vielleicht ist das der Versuch, finanzielle Unabhängigkeit zu demonstrieren, eine Unabhängigkeit, die es bei Menschen, die lohnabhängig sind, natürlich nicht geben kann. Vielleicht handelt es sich schlicht um Realitätsverleugnung oder um die Imitation eines Lebensstils, in dem Geld tatsächlich keine Rolle spielt.

Dieser Zug spielte in meiner Jugend jedenfalls eine entscheidende Rolle. Statt Außen Innen, statt Geld »was Interessantes«, statt beruflichem Erfolg Selbstverwirklichung. Mein Kollege Erich schüttelt darüber nur den Kopf. »Selbstverwirklichung. Was sind das eigentlich für tolle Selbste, die sich da verwirklichen?«

Sandra, dreißig, Zeitungsvolontärin, ist in Berlin-Zehlendorf groß geworden in einem Haus mit Garten. Ihr Vater ist Ingenieur, ihre Mutter Publizistin. In der Grundschule hatte sie eine beste Freundin, »die hatte eine Mutter, die hatte fünf Kinder, alle von verschiedenen Vätern, hat nie selber gearbeitet. Und da dachte ich, wenn man nicht arbeitet, dann lebt man halt mit fünf Kindern in einer Fünf-Zimmer-Wohnung. Das ist dann eben selbst gemachtes Pech«.

Es ist nicht so, dass es Elend in den glorreichen Zeiten nicht gegeben hätte, als der Wohlfahrtsstaat noch in Saft und Kraft zu stehen schien. Wir waren nur der Ansicht, dass wir immun wären gegen dieses Elend. Dass es uns nicht treffen könnte. Und zwar nicht, weil wir mit dem goldenen Löffel im Mund geboren worden wären. Es war uns schon klar, dass wir irgendwann einer lohnabhängigen Tätigkeit würden nachgehen müssen, um unseren Lebensunterhalt zu verdienen. Vermögen, Immobilien, Besitz hatte keiner von uns. Wir waren nicht reich, gehörten nicht zur Oberschicht. Aber natürlich waren wir der Überzeugung, dass wir dieser Tätigkeit problemlos würden nachgehen können, wenn wir uns ein wenig Mühe gäben.

In unserem von meiner Mutter eher links geprägten Haushalt war es tabu, Menschen, die in irgendeiner Form von sozialem Elend lebten, zu verurteilen. Man unterstützte sie, ließ ihnen Fürsorge zuteil werden. Meine Mutter wurde Leiterin eines von der SPD initiierten Jugendclubs. Viele der langhaarigen Vierzehnjährigen, die Mitte der Siebziger dort ein und aus gingen, kamen aus Elternhäusern, in denen getrunken und geprügelt wurde. Schon als Achtjährige, die von der Kleidung (Jackett zu Jeans, wow!) und dem Habitus (Jungs mit langen Haaren, holla!) der Jugendlichen schwer beeindruckt war, wusste ich, dass ich deren Probleme nie haben würde. (Was ich unterschätzt habe, ist die natürliche Vielfalt der Problemmöglichkeiten, sodass noch genügend andere Probleme für mich drin waren.)

Trotz aller *German Angst,* diesem kollektiven Hang der Deutschen zum Grübeln und zu diffuser Zukunftssorge, ging ich in meiner frühen und auch späteren Jugend immer davon aus, dass ich ohne größere Schwierigkeiten den mir gemäßen Platz in der Gesellschaft finden würde. Dass ich einen Studienplatz, eine Arbeit, eine Familie und ein Haus haben würde. »Ich glaube, damals sind wir von unseren Eltern an den Startblock gesetzt worden«, nennt Anna diese unreflektierte Überzeugung, immer nur geradeaus gehen zu müssen, um anzukommen. Allzu anstrengend, davon waren wir auch überzeugt, würde das schon nicht sein. Es war ein wichtiger Bestandteil des Lebensgefühls in den Achtzigern, dass man eigentlich nicht »durch den Rost fallen« konnte. »Wenn du halbwegs mitschwimmst, deine Schulabschlüsse machst, dann geht's schon irgendwie«, lautete damals unsere Überzeugung. Uns schienen alle Türen offenzustehen, ganz gleich, ob man Philosophie studierte, Florist lernte oder eine Druidenschule besuchte. Sandra bringt dieses Lebensgefühl so auf den Punkt: »Wieso sollte man, wenn man einigermaßen was draufhat, es nicht hinbekommen?«

In den Achtzigern hatten wir zwar viel Angst: Angst vor dem Ausbruch eines Atomkriegs, Angst vor dem Waldsterben, Angst vor dem sauren Regen. Duran Duran besang die Apokalypse, und wir waren überzeugt, »No future« zu haben. Aber diese Zukunftsangst bezog sich auf äußere Faktoren: auf Umweltzerstörung und Wettrüsten. Dass unser eigenes, ganz privates Leben von innen heraus bedroht sein könnte, weil das »Modell Deutschland« außer Balance zu geraten drohen würde, damit rechneten wir damals nicht.

Ich hatte in den achtziger Jahren nicht die Sorge, dass ich für die nähere Zukunft mit einem Philosophiestudium wirtschaftlich möglicherweise nicht optimal gerüstet sein könnte. Ich konnte mich ganz dem hingeben, was ich als die Entfaltung meiner Persönlichkeit ansah, weil ich mich – trotz aller allgemeiner globaler Zukunftsangst – in Deutschland in meiner Existenzsicherung nie gefährdet sah. Deshalb war mein Lebensentwurf auch nicht riskant, sondern nur Ausdruck meiner historischen Naivität, der Überzeugung, dass mein schönes Innenleben mich durch eine Zukunft tragen würde, die ich mir als ewige Fortsetzung der Gegenwart vorstellte.

Heute ist das anders. Mein vierzigjähriger Kollege Erich konnte nach dem Abitur seine Studienwahl, genau wie ich, völlig frei treffen. Doch eine von jeglichen Wirtschaftserwägungen freie Studienwahl wollen er und seine Frau ihren Kindern nicht zugestehen. »Ich würde meinen Kindern nicht sagen, ihr dürft das nicht. Aber ich würde ihnen klarmachen, dass sie darüber nachdenken müssen, wie sie damit ihr Geld zu verdienen gedenken. Meine Eltern haben darüber nie mit mir gesprochen.«

Weil es damals noch keine Notwendigkeit dafür gab. Weil das Gesellschaftsmodell, das über Jahre praktiziert worden war, noch funktionierte.

## »Der Fahrstuhl fuhr immer nach oben«

Der französische Soziologe Pierre Bourdieu sagte über den europäischen Sozialstaat, er sei eine »Errungenschaft so unwahrscheinlich und so kostbar wie Kant, Beethoven, Pascal und Mozart«.[2]

Während ich Kant und Pascal studierte, sind mir die unwahrscheinlichen Klänge des Sozialstaats entgangen. Ja, natürlich: Die Busse fuhren über glatte Asphaltflächen, die Uniklos wurden immer mal wieder renoviert, aus dem Wasserhahn kam Wasser, mein selbstverwirklichendes Studium war kostenlos, meine Arztbesuche ebenfalls. Hätte ich den Baggersee nicht vorgezogen, hätte ich jederzeit ins Schwimmbad gehen können. Besuche im subventionierten Theater konnte ich mir ebenso leisten wie einen Ausweis der städtischen Bibliothek. Als Halbwaise bezog ich bis zu meinem 27. Lebensjahr eine komfortable Rente. Diese Gegenwart, diese Welt erschien mir nie als Errungenschaft, im wörtlichen Sinne: Ich wusste nicht, dass sie errungen worden und also gemacht war.

Klar: Ich wusste, dass in anderen Ländern andere Verhältnisse herrschten. Es gab Diktaturen etwa in Südamerika, es gab den Ostblock. Es gab arme Länder, in denen kein Wasser aus dem Wasserhahn kam, wie in Afrika. Es gab für meine Begriffe grotesk ungleiche Gesellschaften mitten in Europa wie Großbritannien, wo die Upper Class sich so unmoralische Dinge erlauben konnte, wie während einer Fuchsjagd über einen Dorffriedhof zu galoppieren. Das waren Länder, in denen ich nicht leben wollte.

Durch meine Literaturbegeisterung wusste ich zudem, dass es in der Geschichte andere Zustände gegeben hatte. Dass in

Russland Leibeigene zu Tode geprügelt worden waren, dass die französische Königin Marie Antoinette Hungernden angeblich empfohlen hatte, Kuchen zu essen, wenn sie kein Brot hätten, und dass im 19. Jahrhundert in Deutschland die Weber unter elenden Bedingungen hatten hungern und arbeiten müssen.

Doch erstaunlicherweise – trotz Sozialkundeunterrichts und der Tatsache, dass während meines Studiums die Historiker im selben Gebäude untergebracht waren wie die Philosophen – ist mir nie in den Sinn gekommen, dass irgendwann irgendjemand diese Zustände geändert haben musste. Dass das »Gebilde der Staatlichkeit«, in dem ich lebte, hergestellt, eben: errungen worden war. Ich habe die beiden Zustände – schlechte Vergangenheit, bessere Gegenwart – nie kausal miteinander verknüpft. Obwohl ich Hegels Geschichtsphilosophie studierte, nahm ich die Gegenwart als naturgegeben hin. Heute verstehe ich dieses Ausmaß an Phantasielosigkeit nicht mehr. Es erscheint mir ungeheuer kindlich, denn Kinder nehmen die Verhältnisse, in denen sie aufwachsen, bis zu einem gewissen Alter ja ebenfalls als naturgegeben, selbstverständlich, normal hin, ganz gleich, wie diese Verhältnisse sind. Weil ich – so wenig wie ein Kind die Schutzmaßnahmen der Eltern wahrnimmt – die Schutz- und Sicherungssysteme nicht wahrnahm, die der Staat über mir spannte, war mir auch meine eigene Abhängigkeit von diesen Systemen nicht bewusst. Ich hielt mich in meinen Ansichten, Zielen und Wünschen für ein unabhängiges, freies Individuum, das die Kraft und die Verpflichtung besaß, sein grandioses Selbst zu verwirklichen. Ich hatte wenig Ahnung davon, dass mir all das nur durch die Entwicklung der Gesellschaft möglich gemacht worden war.

Es war mir nicht bewusst, dass ich »staatsbedürftig«[3] war. Offenbar gibt es so etwas wie eine kollektive Vergesslichkeit der Tatsache, dass unsere Umwelt von uns selbst gemacht wird. Wir bemerken den Wohlfahrtsstaat nur dann, wenn er Steuern eintreibt oder Leistungen gewährt oder verweigert.[4] Oder als bedrohlicher Machtapparat in Erscheinung tritt.

So habe ich den Staat als Jugendliche in den achtziger Jahren in der Zeit der Friedens- und Umweltbewegung interpretiert. »Der Staat«, das war der, der Pershing-II-Raketen und Cruise Missiles stationieren wollte und die Polizisten bezahlte, die morgens um fünf vor schlafenden Hüttendorfbewohnern mit ihren Schlagstöcken auf ihre Schutzschilde trommelten. »Der Staat«, das war der »Big Brother«, der eine Volkszählung durchführte und der die widersinnigen Lehrpläne für die gymnasiale Oberstufe aufstellte, gegen die ich als Schülervertreterin protestierte. »Der Staat«, das war auch der, der nach der nuklearen Katastrophe von Tschernobyl am Ausbau von Atomstrom festhielt. »Der Staat« war in den achtziger Jahren mein Feind. Später dann habe ich die Anwesenheit dieses Staates in meinem Leben vergessen. Ich war mit meinem Privatleben beschäftigt.

Mir ging es damals so, wie es meiner guten Freundin Anna heute noch geht. Als ich sie nach der Rolle der Politik in ihrem Leben frage, muss sie lange nachdenken und schüttelt dann langsam ihre dunklen Locken: »Ich sehe nicht, wo Politik in meinem Leben eine Rolle spielt. Wir sind nicht an einer staatlichen Schule oder sonst irgendwo.« Dann fällt ihr aber doch noch was ein: »Klar, wir benutzen die Autobahn.«

Diese »Staatsvergessenheit« hat sich bei mir erst in dem Moment geändert, als der langsame Rückzug des Staates

mein Privatleben unangenehm berührte, weil dieser Rückzug nämlich Lücken hinterließ, die ich selbst schließen musste – und immer noch muss. Weil ich als gesetzlich Versi-
cherte private Zusatzversicherungen, beispielsweise für die
Zähne, abschließen muss. Weil ich mich um eine private
Altersvorsorge kümmern muss. Weil ich mich entscheiden
muss, ob mein Sohn in eine städtische Kindertageseinrich-
tung geht oder in eine vermeintlich bessere private. Weil ich
Geld für die Ausbildung meines Sohnes zurücklegen muss,
da ich nicht mehr davon ausgehen kann, dass er kostenfrei
studieren kann.

Erst jetzt fange ich an, mich für die wohlfahrtsstaatliche
Ordnung zu interessieren, in der ich aufgewachsen bin. Und
fange an, mir die Augen zu reiben vor Staunen. Mir ist klar
geworden, warum Pierre Bourdieu diesen Staat als »kulturelle Errungenschaft« bezeichnet.

Um das zu verstehen, müssen wir uns ins Jahr 1945 zu-
rückbeamen.

Hinter den Völkern Europas lag eine entsetzliche Zeit. Von
1914 bis 1945 hatten sie Massenelend, Besatzung, Zerstörung, ethnische Säuberung, Folter, Vernichtung, Krieg und
Genozid in unvorstellbaren Dimensionen erlebt. Weltwirtschaftskrise und Faschismus waren nicht vergessen. Die Frage war nun, wie man dafür sorgen konnte, dass sich die
Erfahrungen dieser Jahre 1914 bis 1945 nie mehr wiederholten.

Mit dieser Frage beschäftigte sich vor allem der Ökonom
John Maynard Keynes. Nach der Weltwirtschaftskrise hatte
sich für ihn der Glaube an das kapitalistische Dogma, dass
private Gewinne stets der Allgemeinheit zugute kämen, erledigt. Denn es war schließlich ein kompromissloser Kapitalis-

mus gewesen, der zu Weltwirtschaftskrise, Verelendung und in der Folge zu Faschismus geführt hatte – den Rückfall in eine solche Vergangenheit wollte Keynes auf jeden Fall verhindern, den Markt an sich aber auch nicht durch eine zentralisierte staatliche Ordnung und Planung ersetzen. Was also tun?

Seine Lösung war überraschend. Sie lautete: mehr Staat. »Paradoxerweise sollte der Kapitalismus durch Maßnahmen gerettet werden, die gemeinhin mit dem Sozialismus assoziiert wurden und werden.«[5] Keynes plädierte für einen starken Staat. Einen Staat, der die natürlichen Härten des Kapitalismus abmildert, der dem Markt Zügel anlegt und der gegenwärtigen und künftigen Wohlstand für alle verspricht. »Dieser Staat«, sagt mir auch Berthold Vogel, »war eine der Konsequenzen aus den Erfahrungen mit den beiden Totalitarismen des 20. Jahrhunderts, also sowohl Kommunismus als auch Nationalsozialismus. Man ging davon aus, dass man einen stärkeren gesellschaftlichen Rahmen braucht, mehr Sicherheit, mehr Schutzmechanismen gesellschaftlicher Art, auch mehr Beteiligung an der Gesellschaft.«

Es waren also sehr starke moralische Überlegungen, die zu einer ökonomischen Neuordnung führten. Weil die Erfahrungen von Terror und Krieg so entsetzlich waren, weil sie allen Beteiligten noch in den Knochen saßen, wollte man einen gesellschaftlichen Rahmen bauen, der die Wirtschaft begrenzte und den Menschen Schutz vor den Risiken des Lebens bot.

Eine Grundlage für den stärkeren gesellschaftlichen Rahmen schuf im Dezember 1948 die Vollversammlung der Vereinten Nationen. Da verabschiedete sie die »Universal Declaration of Human Rights«, die Allgemeine Erklärung der Menschenrechte.

Die war eine Revolution. Zum ersten Mal in der Geschichte wurde eine internationale Verantwortung für die Wohlfahrtsentwicklung in der ganzen Welt formuliert. Daraus entstand ein Konzept der Menschenrechte, dessen grundlegender Bestandteil die Existenz sozialer Grundrechte ist. Dazu zählen neben den Freiheitsrechten und dem Recht auf politische Beteiligung auch die Rechte auf Zugang zu soziokulturellen Mindeststandards und Rechte der wirtschaftlichen Existenzsicherung.[6]

Im Mittelpunkt der Deklaration steht Artikel 22. Der geht so: »Jeder Mensch hat als Mitglied der Gesellschaft Recht auf soziale Sicherheit; er hat Anspruch darauf, durch innerstaatliche Maßnahmen und internationale Zusammenarbeit unter Berücksichtigung der Organisation und der Hilfsmittel jeden Staates in den Genuss der für seine Würde und die freie Entwicklung seiner Persönlichkeit unentbehrlichen wirtschaftlichen, sozialen und kulturellen Rechte zu gelangen.«

Da Ökonomen unterschiedlicher Ausrichtung und Politiker unterschiedlichster Lager nach Terror und Krieg der Überzeugung waren, dass der Markt allein nicht in der Lage sei, die Verwirklichung dieser Rechte zu garantieren, wurde in fast allen europäischen Staaten ein starker gesetzlicher Rahmen, das heißt: ein starker Staat geschaffen. Der wurde sehr konkret tätig: Er baute das Gesundheits- und Bildungssystem aus, schaffte kostenlose Schulbildung und über die Sozialversicherungssysteme kostenlose oder günstige medizinische Versorgung, Renten- und Arbeitslosenunterstützung. Das Ziel dabei war, die »spürbaren Unzulänglichkeiten der Märkte« auszugleichen.[7]

Wie stark nach dem Krieg der Konsens darüber war, lässt sich an den Landesverfassungen Deutschlands ablesen. In der hessischen Verfassung, die von CDU- und SPD-Politikern gemeinsam erarbeitet und am 1. Dezember 1946 verabschiedet wurde, stehen beispielsweise in Artikel 38 die aus heutiger Sicht unwahrscheinlichen Sätze: »Die Wirtschaft des Landes hat die Aufgabe, dem Wohle des ganzen Volkes und der Befriedigung seines Bedarfs zu dienen. Zu diesem Zweck hat das Gesetz die Maßnahmen anzuordnen, die erforderlich sind, um die Erzeugung, Herstellung und Verteilung sinnvoll zu lenken und jedermann einen gerechten Anteil an dem wirtschaftlichen Ergebnis aller Arbeit zu sichern und ihn vor Ausbeutung zu schützen.«

Jedermann sollte einen gerechten Anteil erhalten, ganz gleich, von welcher Position aus er gestartet war. Heribert Prantl, Leiter des Ressorts Innenpolitik bei der *Süddeutschen Zeitung,* beschreibt diese Haltung so: »Das Schicksal teilt ungerecht aus; und es gleicht Ungerechtigkeiten nicht immer aus. Hier hat der Sozialstaat seine Aufgabe. Er sorgt dafür, dass der Mensch reale, nicht nur formale Chancen hat.« Der Sozialstaat ist also entgegen eines weitverbreiteten Missverständnisses nicht einfach der Gabengeber für die, die es brauchen, er sorgt nicht nur für Benachteiligte, sondern will die strukturellen Ursachen abbauen.[8]

Um diesen Abbau zu bewerkstelligen, muss der Staat konkret tätig werden, und das, sagt Berthold Vogel, spielte gerade für die Entwicklung der Mittelschicht eine besondere Rolle, weil dadurch auch neue Arbeitsfelder entstanden. Nämlich im öffentlichen Dienst, im Gesundheitswesen, im Bildungswesen, in den Ämtern, die die öffentlichen Infrastrukturen in Gang brachten.

Die Idee an sich – dass Altersrenten oder kostenlose medizinische Versorgung erstrebenswert seien – war weder neu noch revolutionär. Das wirklich Neue war die Überlegung, dass diese Aufgaben am besten vom Staat gewährleistet werden, also auch in staatliche Hände gehörten.[9] Dieser politische Konsens war damals in fast allen europäischen Ländern und in den USA sehr hoch. Der Staat wurde keineswegs als bevormundend betrachtet, sondern als Garant von Schutz und Sicherheit.

In Deutschland entwickelte Ludwig Erhard das »Modell Deutschland«, die soziale Marktwirtschaft, in der ökonomischer Erfolg und sozialer Ausgleich kombiniert wurden und die für »Wohlstand für alle« sorgen sollte.

Dass es sich bei diesem »Wohlstand für alle« um einen Mythos handelt, das habe ich erst bei meinen Recherchen zu diesem Buch herausgefunden. Denn die sozialen Unterschiede blieben bestehen, die ungleichen Einkommensverhältnisse unangetastet: »Deutschland war nie die soziale Marktwirtschaft, wie sie sich als Klischee eingebürgert hat: Die Chancengleichheit war immer eingeschränkt.«[10] Allerdings stieg durch den Wirtschaftsaufschwung tatsächlich der Wohlstand in allen Schichten. Auch Arbeiter, so Ulrike Herrmann, konnten sich plötzlich ein Wohnzimmer leisten. »Das sind zentrale Prestigezugewinne. Bis dahin hatten sie nur eine Wohnküche, jetzt konnten sie es sich auch leisten, ein Zimmer zu haben, das gar nicht genutzt wurde, außer am Sonntag. Oder sie konnten in den Urlaub fahren, hatten ein Auto, hatten ein Konto, keine Lohntüte mehr. Am Ende hieß es ja auch nicht mehr Arbeiter, sondern Angestellte.«

Das Wirtschaftswunder führte dazu, dass, wie der Soziologe Ulrich Beck in einem berühmt gewordenen Bild bemerkte, die gesamte Gesellschaft im Fahrstuhl ein paar Stockwerke nach oben fuhr. Die Klassenunterschiede blieben bestehen, aber fast alle profitierten vom Wachstum und den neu ge-schaffenen Sicherungsmechanismen. Und interessierten sich deshalb nicht für soziale Klassen, wie mir der Jenaer Sozio-loge und Wohlfahrtsstaat-Experte Stephan Lessenich erzählt. »Solange es bergauf und allen gut geht, verschwinden im All-tag die Ränder oben und unten: Denen unten geht es relativ gut, und die oben, die sollen halt ihr persönliches Glück ha-ben, mir selbst geht es ja auch gut.«

Die große Rentenreform von 1957 nahm dann auch die in den Blick, die von der steigenden Lohnentwicklung aus-geschlossen blieben: die Alten. Gegen nicht unbeträchtliche Widerstände von Ludwig Erhard und seiner eigenen Partei setzte Kanzler Konrad Adenauer diese Reform durch – für Stephan Lessenich ist diese Rentenreform die eigentliche Ge-burt des westdeutschen Sozialstaats: Bei der Rentenreform 1957 ging es darum, den Wohlstand zu demokratisieren, also auf breite Bevölkerungsschichten auszudehnen, vor allem auf die nicht mehr Erwerbstätigen. Allerdings mit dieser typisch deutschen Besonderheit, bestehende Ungleichheiten nicht an-zutasten: »Es gibt wenige Rentensysteme, die in so einer star-ken Weise wie das deutsche den Erwerbsstatus in den Nach-erwerbsstatus übertragen und damit die Ungleichheiten vor der Rente weiterschreiben für die Zeit nach der Rente.« Also: Keine »Flatrate-Rente«, sondern schön ordentlich eine, die nach Einkommen abgestuft ist.

Deshalb gilt für Deutschland nach dem Krieg: Die grund-sätzliche soziale Ungleichheit blieb bestehen, aber Deutsch-lands Mitte rundete sich zu einem Wohlstandsbauch. Der Historiker Tony Judt beschreibt diese Zeit so: »Die Jahre 1945 bis 1975 wurden weithin als Wunder angesehen. Zwei Generationen – jene, die den Zweiten Weltkrieg erlebt hatten, und ihre Kinder, die späteren Achtundsechziger – genossen sichere Arbeitsplätze und Aufstiegsmöglichkeiten in beispiellosem (und einmaligem) Ausmaß. Das kriegszerstörte Deutschland stieg dank seines Wirtschaftswunders innerhalb einer Generation zur reichsten Nation Europas auf. In Frankreich sollten diese Jahre einmal (ganz ernsthaft) als ›Les Trentes Glorieuses‹ bezeichnet werden«,[11] die glorreichen dreißig Jahre.

Ja, ich sehe jetzt schon das ironische Grinsen der »Alte-Sack-Fraktion« vor mir, mit der ich lange in einer politischen Redaktion zusammengearbeitet habe. Nostalgie an sich ist ihnen verdächtig, und die Verherrlichung der fünfziger und sechziger Jahre erst recht. Immerhin sind sie in ihnen aufgewachsen und haben gegen wieder in Amt und Würden gesetzte Nazis, Kuppelei-Paragrafen und tausendjährigen Muff gekämpft. Auch Stephan Lessenich hält diese Rückschau auf den deutschen Sozialstaat für ziemlich euphorisch und beschönigend. Und zwar eben deshalb, weil es eine Rückschau rein aus der Mittelschichtsperspektive ist. Dass es in dem angeblichen Wohlstandsparadies immer Arme und Ausgeschlossene gegeben hat, blendet diese Perspektive aus. »Durch diese Mittelschichtszentrierung gerade des deutschen Sozialstaates waren die Ränder immer prekärer als diese Mitte abgesichert.«

Was auch ausgeblendet wird, ist die Tatsache, dass das Wachstum, auf dem der Wohlstand beruhte, nicht nachhaltig war. Zum einen, weil dieses Wachstum nur zu Lasten anderer Länder möglich war. Davor, sagt Stephan Lessenich, verschließen wir strukturell die Augen: dass unser im historischen Vergleich unglaublicher Wohlstand mit der Armut in anderen Ländern erkauft ist, dass unsere Wirtschaftsweise

Millionen Menschen hungern lässt. Zum anderen entstand und entsteht dieses Wachstum auf Kosten der Umwelt. Fossile Energiequellen waren damals der Motor und sind es bis heute: Kohle, Gas und Öl. Der Wohlstand entstand durch den rasanten Verbrauch der naturgegebenen Gemeingüter – Artenvielfalt, Boden, Klima, Luft, Rohstoff, Wasser.[12]

Mir geht es hier allerdings auch nicht um eine prinzipiell nostalgische Rückschau der fünfziger bis siebziger Jahre.

Mir geht es um den »sozialen Kompromiss«, der in dieser Zeit ausgebaut wurde. Die Ungleichheit blieb zwar bestehen, wurde aber auf erträgliches Maß reguliert. Und zwar, indem die prinzipielle Unsicherheit der Arbeitnehmer abgemildert wurde, unter anderem durch »ein wachstumsabhängiges Einkommen, das nicht unter den Sozialhilfesatz rutscht, ein Arbeitsrecht, das der Arbeitgeberwillkür zunehmend Grenzen setzt, ein soziales Netz, das bei den hauptsächlichen Wechselfällen des Lebens wie Krankheiten, Unfällen oder Ausscheiden aus dem Arbeitsprozess (Ruhestand) schützt«.[13]

Diese Errungenschaften der dreißig goldenen Jahre kann vielleicht tatsächlich nur in vollem Umfang schätzen, wer die schwarzen Jahre davor miterlebt hat. Wie der ehemalige Resistance-Kämpfer Stéphane Hessel, der 2010 mit seiner kleinen Streitschrift *Empört euch!* für Furore sorgte. Hessel hat das Konzentrationslager Buchenwald überlebt und nach dem Krieg als Diplomat an der Erklärung der Menschenrechte mitgearbeitet. Für ihn ging es nach dem Ende des Zweiten Weltkriegs darum, die Menschheit dauerhaft vom Gespenst des Totalitarismus zu befreien.[14]

Menschen wie Pierre Bourdieu und Stéphane Hessel wissen die gerechteren Verhältnisse, die der Sozialstaat in vielen gesellschaftlichen Bereichen geschaffen hat, in ihrer voller Dimension zu ermessen: dass sie Menschenleben retten. Tony Judt prägte daher den Begriff »social democracy of fear«, der meint, wenn man schon nicht aus Verantwortung oder Gerechtigkeitssinn oder Solidarität oder Nächstenliebe oder sonst einem romantischen Quatsch für ein soziales Gemeinwesen einstehen wolle, dann solle man es aus Furcht tun. Denn die Vorstellung, was passiert, wenn dieses Gemeinwesen zusammenbricht und Menschen flächendeckend zu der Überzeugung gelangen, nur jenseits des Staates sei das eigene Heil zu finden, diese Vorstellung ist furchteinflößend.

Für Menschen wie mich war diese Dimension nie sichtbar. Ich kannte die Menschenrechtserklärung nicht. Und wenn ich sie doch – was wahrscheinlich ist – in irgendeiner Sozialkundestunde kennengelernt haben sollte, so erschien sie mir nicht wichtig. Und zwar deshalb, weil ich sie nicht mit meinem eigenen Leben verknüpfen konnte. Was hatten Krieg, Terror, die Flucht meiner Mutter, die Menschenrechtserklärung und Tarifverträge damit zu tun, dass ich mit meinen Eltern in Urlaub fahren konnte und regelmäßig zum Zahnarzt gehen musste? »Für die Nachkriegskinder war der Wohlfahrtsstaat keine Antwort auf alte Probleme, sondern normaler und langweiliger Alltag.«[15]

Seit ein paar Jahren ist dieser Alltag erstmals sichtbar ins Stocken geraten. Jedenfalls für Menschen wie mich. Der Fahrstuhl fährt nicht mehr ausschließlich nach oben. Erstmals seit dem Krieg macht sich auch die Mittelklasse Sorgen.

Warum? Weil man merkt, dass dieses Gesellschaftsmodell an seine Grenzen stößt und man sich nicht mehr darauf verlassen kann, dass »das« immer so weitergehen wird.

Woran man das merkt? An den Stolpersteinen.

## »Wir müssen uns mehr anstrengen, um weniger zu erreichen«

»Wir sind von unseren Eltern an den Startblock gesetzt worden«, sagt Anna. Die Strecke vor uns schien nicht allzu schwieriges Terrain zu sein. Das Ziel: ein Leben wie unsere Eltern. Vielleicht ein bisschen besser.

Da sind wir also losgerannt. »Dann haben wir unser Studium gemacht, haben eine Arbeit gesucht, uns kennengelernt und Kinder gekriegt, das war alles so zack, zack, zack.«

Und dann kamen die ersten Stolpersteine. Jörg, Annas Ehemann, war Teilhaber einer Softwarefirma und verdiente bis zur Dotcom-Blase im Jahr 2000 in der IT-Branche gutes Geld. Als das nach und nach immer weniger wurde, verkaufte er seine Firmenanteile und arbeitete in wechselnden Jobs als Vertriebsleiter. Dort verdiente er bis zu 80 000 Euro im Jahr. Der vierköpfigen Familie ging es finanziell gut – bis Jörg mit Mitte vierzig überraschend gekündigt wurde. »Aus dem Nichts! Zum Gespräch gebeten worden und nichts geahnt, nichts gewusst. Zwei Stunden später alles abgewickelt, Übergabe gemacht, die Firma verlassen. Ich fuhr nach Hause, und alles war weg. Zack, freigestellt, sofort.« Sein einziger Fehler: als Letzter eingestellt worden zu sein. »Das konnte ich ja nicht persönlich nehmen, denn wenn einer nach mir gekommen wäre, hätte es wohl den erwischt.«

Weil Jörg nur wenige Monate in der Firma gearbeitet hatte, hatte er nur Anspruch auf sechs Monate Arbeitslosengeld I. Danach drohte der Bezug von Hartz IV. Meine zahlenliebende Freundin Anna führte in dieser Zeit eine Excel-Tabelle, »eingeteilt in Minimum und Maximum, die für mehrere Szenarien die Finanzen abbildete: Wenn wir nur noch fünfhundert Euro haben, dann müssen wir diese und jene Lebensversicherung aufgeben. Wenn wir Arbeitslosengeld haben, dann können wir dieses und jenes behalten. Wenn Jörg wieder einen Job kriegt, geht dies oder das.« Viereinhalb Monate musste Anna diese Tabelle führen, denn Jörg, der eine Banklehre und ein Informatikstudium absolviert hat, fand keinen Job. »Wir gingen sogar zur Hartz-IV-Infostelle in Mannheim. Die waren etwas überrascht, als sie uns sahen, so wohlgekleidet und gut ausgebildet, aber wir wollten einfach mal wissen, wie es ist. Vom Reihenhaus zum Filterkaffee der evangelischen Beratungsstelle.« Der Ausflug der beiden war kurz, aber prägend. Sofort nachdem Jörg eine neue, wenn auch deutlich schlechter bezahlte Stelle gefunden hatte, nahmen sie einen Kredit auf – was nur ging, weil im Arbeitsvertrag keine Probezeit eingetragen war. Mit diesem Kredit bauten sie Annas Elternhaus um, in dem sie nun leben. Und achten streng darauf, dass die monatliche Kreditrate nicht zu hoch ausfällt: »Wir wollten damit einfach der Hartz-IV-Falle entgegenwirken, damit wir, falls wir abstürzen, ein Dach über dem Kopf haben, das uns kein Sozialamt nehmen kann. Der Satz, den wir zahlen, um das Haus zu halten, ist so niedrig, dass wir hier selbst mit Hartz IV wahrscheinlich nicht rausmüssen. Das war die Rechnung.«

Mit dem Firmenwagen besitzt die Familie zwei Autos. Die Kinder gehen auf eine Waldorfschule, lernen Instrumente. Das Haus – Anna ist schließlich Architektin – ist geschmackvoll umgebaut und eingerichtet. Eine bürgerliche Idylle, gebaut auf einem Fundament aus Angst. Der Angst vor Arbeitslosigkeit, der Angst, doch noch in eine 70 Quadratmeter große Sozialwohnung mit den Kindern ziehen zu müssen. Dennoch immerhin haben die beiden ein Elternhaus, das sie umbauen konnten, immerhin gibt es einen Acker, der noch verkauft werden könnte, immerhin konnte Jörg noch etwas Geld aus dem Verkauf seiner ersten Firma in den Umbau des Hauses stecken. Ins Nichts fallen die beiden nicht. Doch die Erfahrung der überraschenden Arbeitslosigkeit sitzt tief. »Zu sehen, es hat noch nicht mal was mit dir zu tun, es kann jeden treffen, dass du keinen Job mehr hast. Das geht fast schon in Richtung Panik. Das ist auch keine Wut, denn dazu bräuchte man ja ein Gegenüber, das schuld ist und worauf man seine Wut richten könnte. Es ist Angst.« Im Freundeskreis, sagt Anna, sieht es ähnlich aus: »Viele leben mit der Unsicherheit. Ganz zufrieden sitzt da keiner auf seinem Stuhl.«

An Unzufriedenheit stirbt man nicht, würde vermutlich mein Kollege Erich kühl bemerken. Er hat ein paar Jahre lang in Osteuropa gearbeitet und weiß, was echte Armut bedeutet. Aber auch wenn er die Abstiegsängste anderer Leute nicht teilt, so beobachtet er sie doch – beispielsweise an den Nachbarn in seiner Reihenhaussiedlung oder bei Freunden. »Es ist so, dass fast alle unsere Freunde nicht so viel erreichen wie ihre Eltern. Es ist kein Absturz, aber wenn die Eltern auf dem Niveau gelebt haben, dann sind die Kinder möglicherweise etwas darunter. Viele unserer Freunde kriegen alle sehr viel Geld von ihren Eltern und haben selber Kinder. Es ist aber klar, dass keiner von denen in der Lage sein wird, seinen Kindern so viel zu geben, wie er selber von seinen Eltern bekommen hat. Da ist schon ein Abstieg da. Sie selber halten ihren Lebensstandard nicht mehr aus eigener Kraft.« Unsere Eltern, sagt Erich, haben mit schlechteren Ausgangsbedingungen mehr erreicht als wir heute. Was, wie er einräumt, an den veränderten Verhältnissen liegt. »Wir müssen uns mehr anstrengen, um weniger zu erreichen.« Weil die meisten sich mit dem Weniger aber nicht zufriedengeben wollen, »lebt da eine ganze Generation über ihre Verhältnisse«.

Das sind die Mitglieder der Generation Laminat, deren Eltern dafür sorgen können und wollen, dass der Nachwuchs auf Parkett wohnen kann. »Die meisten, die wir kennen«, analysiert Erich, »haben einen Lebensstil, den sie selbst nicht finanzieren können, sondern der nur funktioniert, weil sie immer noch, auch mit 40, von ihren Eltern kofinanziert sind.«

Es sind die Eltern der Generation Laminat, die große Batzen der Hauskredite bezahlen oder zumindest als Bürgen bei der Bank auftreten. Auch meine Freundin Anna muss sich heute nur deshalb über Wärmepumpe und Rosenstockverpflanzung den Kopf zerbrechen, weil sie das Haus ihrer Mutter umbauen konnte. »Wir hatten das Glück, dass es dieses Haus überhaupt gab, weil wir uns das aus eigener Leistung nie hätten ermöglichen können.« Das gab es ja einfach schon durch meine Mutter. Die Generation, die es irgendwie bewahrt hat.

Die Generation, die es bewahrt hat, gibt es weiter an ihre Kinder, die ihren Lebensstil immer seltener aus eigener Leistung ermöglichen können. Mal tausend Euro zusätzlich für den Urlaub, mal ein Fahrrad für die Tochter – in vielen Familien wird jährlich ein kleines zusätzliches Gehalt von den Großeltern an die Eltern weitergereicht

»Eigentlich bleibst du da ein Leben lang ein Kind«, resümiert Erich die psychischen Folgen dieser Lebensführung. Doch warum ist sie überhaupt nötig geworden? Warum liegen auch jemandem wie Sandra Stolpersteine im Weg? Sandra, die selbstsicher und entspannt 2002 ein sehr gutes Abitur gemacht hatte, fand, wie viele andere, zunächst keinen Studienplatz. »Das war das erste Mal, dass ich merkte, das geht ja doch nicht so einfach weiter. Meine Eltern hatten das so nicht erlebt.« Sandra ist keine, die über ihre Verhältnisse lebt. Noch nicht. Sie ist dreißig und in der journalistischen Ausbildung. Da nimmt man Einkommenseinbußen als vorübergehende Investition in die eigene glorreiche Zukunft noch hin. Doch die Zukunft hat sich widerspenstig gezeigt. Die erste Hürde – einen Studienplatz zu bekommen – war nicht die letzte. Nach dem Studium musste sie Hartz IV beantragen. »Es ist schon ein komisches Gefühl, aber ich fand es nicht so schlimm, weil ich viele Leute kannte, die das nach dem Studium machen mussten. Wenn du nicht mehr als Student versichert bist, kriegst du es in Berlin einfach nicht mehr hin, dich mit einem normalen Job über Wasser zu halten. Das ist wirklich nicht so einfach.«

Vieles ist nicht mehr so einfach wie damals, als unsere Eltern uns an den Startblock gesetzt haben. »Du musst für dein Alter vorsorgen, du musst zurücklegen, um deine Kinder studieren zu lassen, du musst vielleicht irgendwann deine Eltern pflegen – da kommt was auf uns zu«, sorgt sich auch meine Kollegin Maren über die Belastungen, die sie zu tragen hat. Es sind neuartige Belastungen, wie der Soziologe Berthold Vogel betont. »Man wird doch immer stärker eingebunden in die Finanzierung dieser Dinge, die doch in der Vergangenheit, und damit ist ja eine bestimmte Generation groß geworden, eigentlich selbstverständlich vorhanden waren.«

»Ich glaube, wenn unsere Eltern heute so alt wären wie wir, dann würden die nichts haben, die würden komplett untergehen«, ist Erich angesichts der vielen gesellschaftlichen Veränderungen überzeugt.

Tatsächlich sieht momentan alles danach aus, dass die jetzt

heranwachsende Generation durchschnittlich weniger günstige Lebensumstände als ihre Eltern zu erwarten hat.

Es gibt viele Indizien, die darauf hindeuten, dass wir nach einer langen Periode der Aufstiegsmobilität in eine der Abstiegsmobilität geraten sind[16]: »Die Eckpfeiler der sozialen und wirtschaftlichen Existenz der Mittelklasse, die Familie, die Bildungslaufbahn, die Erwerbsarbeit und der Beruf, aber auch der Wohlfahrtsstaat verlieren an struktureller Festigkeit.«[17]

Sandra drückt es so aus: »Man hat schon das Gefühl, die goldenen Jahre sind vorbei.«

Aber für wen eigentlich genau?

# Raus aus der Komfortzone

## »Die Mitte schrumpft«

Jörg und Anna hat es aus der Komfortzone der oberen Mittelschicht beinahe ganz nach unten katapultiert. Wäre Jörg noch sechs Wochen länger arbeitslos gewesen, hätte die Familie Arbeitslosengeld II bezogen, also Hartz IV. Meine Nachbarin, die vierzehn Jahre Intranet und Website einer Bank betreut hatte, wurde entlassen und findet seit mehreren Jahren keine vergleichbare Arbeit. Michael und ich müssen bei unserer gut bezahlten Arbeit im Rundfunk Honorareinbußen hinnehmen – unser Arbeitgeber muss sparen und interpretiert den Tarifkatalog neu. Oder streicht Sendungen. Oder beschäftigt nur noch Festangestellte. Wer Journalisten aus dem Print-Bereich kennt, der hat in letzter Zeit die Vokabeln Auflösungsvertrag und Abfindung sehr oft gehört.

Immerhin: Weder bei Jörg und Anna, Michael und mir, meiner Nachbarin oder auch meinen journalistischen Bekannten aus den Zeitungsredaktionen handelt es sich um Vertreter der Spezies »weltferner Akademiker«, dieser Spezies, die nicht in der Lage ist, im ganz normalen Wahnsinn eines durchschnittlichen Unternehmens zu bestehen. Im Gegenteil: Es handelt sich um anpassungsfähige, leistungswillige, gut ausgebildete und erfahrene Arbeitnehmer. Wenn die ihren Job verlieren können – dann kann es prinzipiell jeden treffen. Dann ist das Risiko, seinen Job zu verlieren und in

Folge innerhalb eines Jahres sozial Richtung Hartz IV abzu-
stürzen, allgegenwärtig, dann sind die Besuche bei der Ar-
beitsagentur in unmittelbarer Nähe. Dann schützt offenbar
auch Bildung vor gar nichts.

Das ist die Botschaft, die von solchen Erfahrungen ausgeht.
Die Erlebnisse anderer schwappen als gedankliche Vorweg-
nahme ins eigene Leben, weshalb Soziologen dieses Phänomen auch »Überschwapp-Effekt« nennen, natürlich auf Neudeutsch: »Spill-over-Effekt«. Der besagt: Man ist selbst zwar
nicht betroffen, wird aber dadurch verunsichert, dass andere, die vergleichbar qualifiziert sind, betroffen sind. Wenn
der Nachbar seinen Arbeitsplatz verliert, zieht man eben in
Erwägung, dass einem das auch passieren könnte. Wenn die
Freunde nur noch befristete Stellen finden, dann geht man
nicht davon aus, dass ausgerechnet man selbst eine unbefris-
tete findet. Niemand ist schließlich eine Insel: Warum sollte
es nur die anderen treffen?

Unsicherheit und Prekarisierung weiten sich aus, fressen
sich – in einer Art Laminatisierung der soliden Mitte – langsam von unten nach oben, demoralisieren schleichend die Le-
benswelten der Mittelschicht, bringen eine neue soziale Verwundbarkeit mit sich, verursachen sozialen Abstieg, erzeugen
verstärkt Ungleichheit, zerfasern den gesellschaftlichen Zusammenhalt und stellen damit die Integrationskraft der Gesellschaft auf eine schwere Probe.

Oder nicht?

Laut Statistik gibt es keinen einheitlichen Trend einer
Prekarisierung von oben nach unten. Oder, um noch mal
den Fahrstuhl zu aktivieren: Es ist mitnichten so, dass die
gesamte Gesellschaft in dem Fahrstuhl, in dem sie nach dem
Krieg nach oben gefahren ist, mittlerweile nach unten fährt.

Es ist eher so, dass zwei gegenläufige Bewegungen festzustellen sind: Die einen fahren winkend nach oben, die anderen kämpfen verzweifelt gegen die Fahrt nach unten an.

Denn schaut man sich die Statistiken an, dann fällt seit 1999 vor allem eins auf: Einen deutlichen Zuwachs verzeichneten die unteren und obersten Einkommensschichten.[1] Das bedeutet: Es gibt immer mehr Reiche und immer mehr Arme.

Dieser Befund ist nicht neu, auch wenn er vielleicht lange nicht ins Bewusstsein gedrungen ist. Jedenfalls nicht in meins. Reichtum in Deutschland ist eben so verdammt diskret. Und Mittelschichtsangehörige wie ich sind so verdammt selbstbewusst. Wir denken, nur weil wir studiert und gute Jobs gefunden haben, gehören wir schon zur Elite. Dass da nicht mehr viel Luft nach oben wäre. Was nur daran liegt, dass die weiter oben tatsächlich so etwas wie Luft für uns sind. Die wahre Oberschicht, die sich heute gern Elite nennt, treffen wir nicht in unserer Schule, unserer Kneipe, an unserem Arbeitsplatz an. Die wahre Elite bleibt unter sich und damit unsichtbar für uns. Diese Unsichtbarkeit lässt Menschen wie mich glauben, diese Elite wäre gar nicht da. Wie viele Superreiche es in Deutschland gab und gibt, habe ich nie wahrgenommen – ich habe immer an die Legende von der nivellierten und einigermaßen gerechten Mittelstandsgesellschaft geglaubt.

Allerdings ist in Deutschland die Einkommensungleichheit seit 1990 erheblich stärker gewachsen als in den meisten anderen OECD-Ländern, heißt es in einer aktuellen Studie der OECD, der Organisation für wirtschaftliche Zusammenarbeit und Entwicklung. In der OECD sind immerhin 34 Länder vereinigt, darunter Mexiko, die Slowakei und Chile,

Länder, von denen man nicht meinen würde, dass Deutschland sie in Sachen Ungleichheitsentwicklung überholen könnte.

Aber: Wer gilt in Deutschland eigentlich als reich, wer als arm? Wer gehört zur Mitte?

Zeit für einen kurzen Ausflug in Sachen Einkommensverteilung.

## »Wer einmal nach unten rutscht«

Um diese Einkommensverteilung messen zu können, haben Statistiker das Nettoäquivalenzeinkommen erfunden. Denn der durchschnittliche Nettoverdienst reicht nicht aus, um Haushalte miteinander vergleichen zu können.

Logisch: Ein Single, der 2700 Euro netto nach Hause bringt, hat ungleich mehr Geld zur Verfügung als eine vierköpfige Familie, die über die gleiche Summe verfügen kann. Deshalb teilt man das Nettoeinkommen durch die Anzahl der Personen, die in einem Haushalt leben, und zwar nach einer bestimmten Gewichtung. Ein Erwachsener wird mit 1,0 berechnet, weitere Erwachsene sowie Kinder über 14 Jahren mit 0,5, weil man davon ausgeht, dass sich in einem größeren Haushalt viele Kosten aufteilen lassen, die ein Single allein tragen muss. Kinder unter 14 Jahren zählen 0,3.

Also: Hat ein Single ein Nettoeinkommen von 2700 Euro, dann sind 2700 Euro auch sein Nettoäquivalenzeinkommen. Hat eine vierköpfige Familie mit einem Kind über und einem unter 14 Jahren 2700 Euro netto zu Verfügung, dann teilen sich die 2700 Euro durch 2,3 (1,0 + 0,5 + 0,5 + 0,3), das bedeutet, das Nettoäquivalenzeinkommen dieser Familie beträgt rund 1173 Euro.

Wenn man die Haushalte so miteinander vergleichbar gemacht hat, dann bleibt noch die Frage, wie hoch das durchschnittliche Nettoäquivalenzeinkommen in Deutschland ist. Das kann man zwar einfach mathematisch bilden, indem man das Einkommen aller Haushalte durch deren Anzahl teilt. Aber schließlich ist die »Einkommensspreizung« in Deutschland, wie gesagt, sehr hoch. Einigen sehr Reichen stehen viele Arme gegenüber, das Durchschnittseinkommen würde bei einer mathematischen Berechnung also viel höher ausfallen, als es in Wirklichkeit ist. (Man muss sich nur mal vorstellen, dass Bill Gates unsere Redaktionsräume betreten würde – dann fiele das redaktionsweite Durchschnittseinkommen um mehrere Millionen höher aus.)

Deshalb haben Statistiker den Median erfunden: Man reiht alle Haushalte nach ihrem Nettoäquivalenzeinkommen hintereinander auf und sieht sich dann an, wie viel derjenige Haushalt zur Verfügung hat, der sich genau in der Mitte befindet.

2010 befand sich dieser Median bei 1616 Euro im Monat. Das bedeutet: So viel hat ein Single im Mittel monatlich zur Verfügung. Von diesem Median aus wird dann berechnet, wer als arm oder reich gilt und wer zur Mittelschicht gehört: Als arm gilt, wer weniger als 60 Prozent des Medians monatlich zur Verfügung hat, das bedeutet 970 Euro. Zur Mittelschicht gehört, wer zwischen 70 Prozent und 150 Prozent des Medians zur Verfügung hat. Bei einem Alleinstehenden bedeutet das zwischen 1130 und 2420 Euro netto; eine vierköpfige Familie mit zwei Kindern unter 14 Jahren müsste zwischen 2370 und 5080 Euro verdienen, um zur Mittelschicht gerechnet zu werden. Wer mehr als 200 Prozent des Medians zur Verfügung hat, den stuft die Bundesregierung als reich ein. Ein Single ist demnach reich, wenn er etwa 3230 Euro netto verdient, die vierköpfige Familie ist reich, wenn sie 6790 Euro im Monat hat.

Da staunt man, was? Wie schnell man in Deutschland als reich gilt.

Ich zum Beispiel gehöre damit als alleinerziehende Mutter zur oberen Mittelschicht. Mein Kind unter 14 wird ja nur mit 0,3 Prozent einberechnet. In manchen Monaten – ich habe kein regelmäßiges Einkommen – darf ich mich sogar als reich betrachten. Das Finanzamt tut das dann auch. Warum es dann nicht für Parkett reicht? Offenbar bin ich nicht sparsam genug.

Nein, rechnet die zahlenkundige Ulrike Herrmann in ihrem Buch *Hurra, wir dürfen zahlen!* vor. Der Grund, dass ich als wohlhabend oder gar reich gelte, liegt im Gegenteil an einem schrumpfenden Median, denn: »Weil die Einkommen der meisten Haushalte sinken, sinkt auch der Median – und damit gleichzeitig die Grenze zum Reichtum.«[2] Weil immer mehr Menschen immer weniger Einkommen beziehen, gelten immer mehr Menschen immer schneller als reich – so paradox funktioniert Statistik.

Durch die negative Lohnentwicklung sinken die Reallöhne in Deutschland. Auch in den Boomzeiten. Anderswo ist das anders. In Norwegen beispielsweise konnten abhängig Beschäftigte in den Jahren zwischen 2000 und 2009 Reallohnzuwächse von mehr als 25 Prozent verbuchen. Dann folgen Länder wie Finnland, Korea, Australien, Spanien, Niederlande, Kanada, um nur ein paar zu nennen. An unterster Stelle steht Deutschland: Hier sind die Reallöhne zwischen 2000 und 2009 (wie in Japan) nicht nur nicht gewachsen, sie sind zurückgegangen – um ganze 4,5 Prozent.

Ein einzigartig starker Rückgang, weshalb mein Kollege Erich Deutschland als »China Europas« bezeichnet: »Weil wir innerhalb Europas das chinesische Modell des Niedriglohns haben.« Dabei spielt der Niedriglohnsektor bei dieser Entwicklung keineswegs eine so prominente Rolle, wie man denken könnte: In der ersten Hälfte des letzten Jahrzehnts noch waren die Geringverdiener die Verlierer, doch in den letzten fünf Jahren blieben auch die Gehaltssteigerungen bei mittleren und höheren Entgelten hinter der Teuerung zurück. Die Lohndebatte ist daher einseitig, da sie ausblendet, dass die Gehälter allgemein nicht mit dem Anstieg der Wirtschaftsleistung mithalten.[3]

Daher hat die Mittelschicht, wie Ulrike Herrmann schreibt, allen Grund, verstört in die Zukunft zu blicken. Seit dem Zweiten Weltkrieg sind die Nettolöhne tendenziell immer gestiegen, jetzt sinken sie zum ersten Mal – und zwar nicht nur während einer Konjunkturkrise. Sie fielen zwischen 2004 und 2008, obwohl die Wirtschaft damals kräftig wuchs. Das ist historisch einmalig. Bisher war es so, dass bei jedem Aufschwung auch die Beschäftigten profitierten, doch diesmal kam das Wachstum allein den Unternehmern und Kapitaleignern zugute.

Kein Wunder, habe ich da übrigens das erste Mal gedacht, dass ich mir nur Laminat leisten kann.

Die volle Härte dieser Lohnentwicklung trifft natürlich nur die, die lohnabhängig beschäftigt sind. Wer über andere Einkommensquellen, zum Beispiel Immobilien, Wertpapiere, Mieteinnahmen, verfügt, der ist von den sinkenden Reallöhnen nicht so massiv betroffen.

Weshalb Statistiker zwischen Reallöhnen und Realeinkommen unterscheiden. Untersucht man die Verteilung des Realeinkommens in Deutschland, so zeigt sich, dass vor allem die einkommensstärksten fünf Prozent der Bevölkerung beim Realeinkommen Zuwächse von etwa 23 Prozent aufweisen. Im gleichen Zeitraum haben am anderen Ende der Skala die ärmsten zehn Prozent der Bevölkerung knapp zehn Prozent weniger.[4] Das bedeutet: Auf der einen Seite immer mehr »untere Einkommensschichten«, also Arme. Sie machen mittlerweile mindestens ein Fünftel der Bevölkerung aus. Und auf der anderen Seite: immer mehr »Top-Einkommensbezieher«.

Man stößt also immer und immer wieder auf diesen Befund: Die Armen werden mehr und ärmer, und die Reichen werden mehr und reicher. Wie geht es dagegen der Mitte?

Wir Kinder der Generation Laminat stammen zum größten Teil aus ihr, denn diese Einkommensschicht umfasste in den achtziger Jahren in Westdeutschland rund 64 Prozent der Gesamtbevölkerung. Für diese Mitte bleibt das kontinuierliche Sinken der Reallöhne nicht folgenlos: Sie schrumpft. Im Jahr 2009 gehören nur noch 59 Prozent der Bevölkerung zu dieser Mittelschicht.

Also doch! Die Mitte schrumpft! Warum wird das Armutsrisiko in den mittleren Einkommenslagen dann angeblich überschätzt? Wie passt das zusammen?

Es passt so zusammen: Vor allen Dingen schrumpft die untere Mitte, also diejenigen, die 70 bis 90 Prozent des Durchschnittseinkommens zur Verfügung haben. In den letzten zehn Jahren sank ihr Anteil um mehr als 15 Prozent, das sind 2,5 Millionen Menschen,[5] die aus der Mittelschicht heraus- und in die Armut hineinfallen. Und dort bleiben. Die

Soziologen nennen dieses Phänomen »abnehmende Einkommensmobilität«. Das heißt: Wer einmal nach unten rutscht, kommt dort weniger schnell raus als früher. Weshalb die Armut in Deutschland sich nicht nur ausweitet, sondern auch verfestigt. Und es sind keineswegs nur die Hartz-IV-Bezieher, die arm sind – immer mehr Menschen mit Arbeit gelten als arm, weil ihr Einkommen so gering ist. Immer mehr Menschen sind auf Transferzahlungen angewiesen, obwohl sie arbeiten. Das bedeutet: Sie arbeiten, und ihr Verdienst liegt trotzdem unter dem Hartz-IV-Niveau, weshalb der Staat ihr Gehalt »aufstockt«. Aufstocker werden diese Menschen deshalb genannt.

Arbeit, sagt Berthold Vogel, hat in Deutschland an Substanz verloren. Dieser Substanzverlust hat so gravierende Folgen, dass Robert Castel Arbeit sogar als das »Epizentrum der sozialen Frage«[6] bezeichnet und ein ganzes Buch der »Krise der Arbeit« gewidmet hat.

Mein allererster ernsthafter Freund Fred war, als ich ihn kennenlernte, hessischer Landesschulsprecher und Kommunist. Er wollte die Revolution und nicht ein paar Reförmchen, die die bestehenden Ungerechtigkeiten nicht antasteten. Fred arbeitet heute – durchaus realitätstauglich und reförmchenfähig – als Bereichsleiter einer tarifpolitischen Abteilung bei Ver.di. Oft nachts und am Wochenende, denn er wird immer dann gerufen, wenn Arbeitnehmer Konflikte mit ihrem Arbeitgeber haben. Und zwar bundesweit. Fred kennt die »Krise der Arbeit« aus eigener Anschauung. »Die einfachste Art, Produktionskosten zu drücken, geht über die Personalkosten«, sagt er und erzählt davon, wie die Unternehmen versuchen, ältere Arbeitnehmer nach 25 Jahren Betriebszugehörigkeit über staatlich bezuschusste Teilzeitregelungen loszuwerden, um Jüngere unter Tarif einzustellen. Wie Belegschaften unter Druck gesetzt werden, unbezahlte Mehrarbeit zu leisten, damit die Rendite der Anteilseigner nicht unter zehn Prozent sinkt. Wie flächendeckend Tarifflucht betrieben wird. Wie kaum noch jemand ohne befristeten Vertrag eingestellt wird. Eigentlich ist Fred ein freundlicher und ausgeglichener Mensch. Als er mir von seinen Erfahrungen in der Arbeitswelt erzählt, verhärtet sich allerdings sein Gesicht. »Es ist ein Vernichtungskrieg«, befindet er bitter. »Irgendwann hast du das Problem, dass die Lohnkosten immer niedriger werden, dann kann aber keiner mehr was kaufen.«

Das ist es, was Menschen wie mir Angst einjagt. Angst, abzurutschen. Angst, bei der sich öffnenden Schere am unteren Blatt zu hängen. Angst, im Sumpf der substanzlosen Arbeit unterzugehen.

Und mit dieser Angst bin ich, trotz meiner angstunwilligen Freunde, nicht allein. »Der Anteil der Menschen, die sich große Sorgen um ihre eigene wirtschaftliche Lage machen, lag bei der Gesamtbevölkerung 1990 nur bei rund 13 Prozent, 2000 bei knapp 16 Prozent und 2009 bei über 24 Prozent.«[7] Deshalb ist es nicht die Gier, die die Menschen so zum Rennen antreibt, dass sie im besten Fall eines der vielen neu in den Apotheken auftauchenden Produkte zum Ein- und Durchschlafen brauchen, im schlimmsten Fall nach Alkohol- und Tablettenmissbrauch in einer der vielen Burn-out-Kliniken landen, die wie Pilze aus dem Boden schießen. Es ist die pure Angst, sagt der Jenaer Soziologe und Zeitforscher Hartmut Rosa, als wir über ein ganz anderes Thema sprechen, über Beschleunigung: »Menschen haben Angst, nicht nur den Job zu verlieren, Geld zu verlieren, sondern insbesondere auch Status, Anerkennung und Freunde, ja in einen Abgrund der Nichtexistenz zu stürzen.«

Doch wer hat tatsächlich Anlass, Angst zu haben?

## »Geh mal nach Bulgarien in die Kinderheime«

Gefühl hin oder her: In Deutschland trifft es keineswegs jeden. Auch wenn man schon mal einen promovierten Chemiker getroffen hat, der nach sechzig Bewerbungen immer noch arbeitslos ist, oder jede Menge arbeitsloser Journalisten kennt, die sich Blogger nennen. Oder eben eine Freundin hat, deren Informatiker-Gatte beinahe Hartz IV bezogen hätte, und einen Arbeitsplatz, der aufgrund von endlosen Konsolidierungsplänen bedroht ist oder wenigstens bedroht scheint.

Dennoch. Verlässt man sich nicht auf Einschätzungen, Erfahrungen, Gefühle und Anekdoten, sondern untersucht die Abstiegsängste der Mittelklasse nach »Lebenslagen«, wie es die Bremer Soziologen Olaf Groh-Samberg und Florian R. Hertel getan haben, dann ändert sich das Bild. Die beiden Forscher unterteilten die Mittelklasse noch mal in drei Zonen, eine obere, eine mittlere und eine untere. Ihr Befund: Es zeigt sich, dass kaum einer aus der sogenannten Wohlstandslage in Armut abstürzt, sondern fast alle aus der mittleren bis unteren Lage, also aus unsicheren bis prekären Verhältnissen.[8]

Also, noch mal: Nicht die gesamte gesellschaftliche Mitte fährt nach unten, sondern die Armut am unteren Rand der Gesellschaft verfestigt sich. Die, die arm sind, werden ärmer und kommen immer seltener aus der Armut wieder raus. Und Menschen, die nicht studiert, sondern eine Ausbildung absolviert haben, also Facharbeiter, Krankenschwestern, Mechatroniker oder Speditionskauffrauen oder auch Routine-Dienstleister wie Kassiererinnen im Supermarkt oder Objektschützer, sind eindeutig armutsgefährdeter als eine studierte Philosophin – und als ein Maschinenbauingenieur sowieso. Auch Ulrike Herrmann betont, dass die Arbeitslosenquote bei Akademikern vier Prozent beträgt, also praktisch Vollbeschäftigung herrscht.

Die angstvoll geraunten Erzählungen vom taxifahrenden Philosophen, vom ehemals erfolgreichen Verleger, der sich heute als freier Lektor mehr schlecht als recht durchschlagen muss oder von der entlassenen Journalistin scheinen bei Licht betrachtet wenig mehr als schaurige Geschichten vom Tiger. Ganz so, wie mein Freund Robert es bereits in ein Bild gefasst hat. An dem Abend, als wir uns über den Zustand der Mittelklasse gestritten haben, hat Robert gesagt: »Es wird immer vom Tiger gemunkelt, und pass auf, dass du nicht als Nächstes dran bist. Und das erzeugt auch einen großen Teil dieser absoluten Angst, dass da was ganz Schlimmes passieren kann.« Anstatt sich von dieser Angst lähmen zu lassen, sollte man »aus dem Fenster schauen und gucken, ob da wirklich der Tiger steht«.

In meinem Fall scheint keiner da zu stehen. Jedenfalls kein Tiger aus sozialstatistischen Zahlen und Fakten.

Ich muss gestehen, dass diese Zahlen mich in Verwirrung gestürzt haben.

Meine ganze Angst – nicht berechtigt? Die gesellschaftliche Architektur – nicht gefährdet? Mein Gefühl – ein Irrtum?

Nach einer Weile des Nachdenkens bin ich zu folgendem Schluss gelangt: Meine konkrete Angst, also die Angst, die sich auf meinen persönlichen sozialen Abstieg bezieht, mag tatsächlich weitgehend unberechtigt sein. Das bedeutet aber nicht, dass diese Angst prinzipiell irren würde. Sie hat sich nur an das nächstliegende, an das konkreteste Objekt geheftet: an mein persönliches Einkommen. Da gehört sie nicht hin. Aber auch wenn mein Einkommen nicht konkret gefährdet ist, dann doch offensichtlich das anderer Menschen.

Und da stellt sich dann schon eine interessante Frage: Ist für mich tatsächlich die soziale Integrationskraft der Gesellschaft erst dann gefährdet, wenn Leute wie ich vom Abstieg bedroht sind? Führt erst die Angst um meine eigene Position dazu, dass ich von einer sozialen Schieflage zu sprechen beginne? Stellen die knapp zwölf Millionen Menschen, die in Armut leben, etwa kein Gerechtigkeitsproblem dar, nur weil sie eher aus der unteren Gesellschaftsschicht stammen? Ist das Thema Abstieg, Unsicherheit, soziale Verwundbarkeit so lange akzeptabel, wie sich soziale Risiken auf die Menschen außerhalb meines sozialen Umfelds beschränken? Wird es erst dann ein großes Thema, wenn die Mittelschicht betroffen ist? Ist Armut, solange sie mich und meine Freunde nicht betrifft, mir tatsächlich gleichgültig? (Und wir reden ja hier nur von Deutschland, weltweit sieht die Sache so aus: »Ein Siebtel der Menschheit ist unterernährt, zwei Milliarden Menschen haben keine ausreichende medizinische Versorgung, eine Milliarde hat keinen Zugang zu sauberem Wasser, mehr als 200 Millionen Kinder sind Soldaten, Prostituierte, Wanderarbeiter und Teppichknüpfer.«[9])

Solidarisch gefühlt habe ich mich mit denen am unteren Rand der Gesellschaft jedenfalls bisher nicht. Ich habe mich noch nicht mal für sie interessiert. Ihre Armut ist mir, tatsächlich, gleichgültig. Obwohl ich früher mal für Kröten und Sandinisten gekämpft habe. Obwohl ich ganz allgemein eine gerechte Gesellschaft fordere. Obwohl ich mich für einen gesellschaftlich interessierten Menschen mit einem ausgebildeten moralischen Bewusstsein halte.

»Das ist jetzt auch genau die Ambivalenz dieser Diskussion, dass solche Themen erst wirklich breitenwirksam werden, wenn sie sich, wenn man es jetzt so bildhaft machen möchte, nach oben fressen. Und solange davon nur ein paar Millionen Hartz-IV-Empfänger betroffen sind, kümmert es halt nicht wirklich. Sobald aber die Mittelschicht kriselt, dann ist es plötzlich ein großes Thema. Das sagt viel über die Aufmerksamkeitsökonomie in dieser Gesellschaft aus«, befindet Stephan Lessenich. Die unteren Schichten sind politisch und gesellschaftlich eben einflusslos.

Ein paar Statistiken in der Tagesschau. Ein paar gewerkschaftlich organisierte Demonstrationen hier und da, ein paar mahnende Worte von Pfarrern und ehrenamtlichen Tafelmitarbeitern und mal wieder Plakate von der Linkspartei, die endlich eine Vermögenssteuer fordert. Langweiliger bundesrepublikanischer Alltag. Nichts, was Menschen wie mich anzugehen scheint.

Dieser blinde Fleck in meiner Wahrnehmung von Gesellschaft hat mich schockiert, weil er überhaupt nicht zu meinem Selbstbild passt. Wahrscheinlich stellt kein einigermaßen sensibler Mensch gerne fest, dass er sich wie ein egozentrischer Leistungsfetischist verhält. Also muss ich mir die Frage stellen: Warum interessiere ich mich nicht für Armut, genauer: nicht für die Armut der anderen?

Da ist zum einen die Scheu, in einem der reichsten Länder

der Welt von Armut zu sprechen. »Ich hab vielleicht zu viele arme Länder und Menschen gesehen, als dass ich in diesem Land vor irgendetwas Angst hätte«, sagt beispielsweise Erich. Dessen Vater vertrieben worden ist. Gemessen an den Erlebnissen der Elterngeneration ist Armut in Deutschland für Erich ein Spaziergang. »Diese Generation hat wirklich noch in den Abgrund geschaut. Meine Eltern gehören noch dazu, die haben als Kinder den Krieg und die Nachkriegszeit erlebt. Mein Vater ist vertrieben worden, die waren echt halb tot. Die mussten Kohlen klauen, um den Winter zu überleben.« Heute muss niemand mehr Kohlen klauen, heute übernimmt das Amt die Heizkosten. Den Armen in Deutschland geht es im historischen und geografischen Vergleich gut – und dass sich arme Kinder keine Markenschuhe leisten können, das als Problem anzuerkennen, weigert sich die Generation Laminat – Konsumkritik ist unter ihren Mitgliedern en vogue. Wenn uns Konsum auch mittlerweile verdächtig vorkommt, so sitzt uns der Glaube an Leistung allerdings immer noch in allen Körperzellen. Robert zum Beispiel, der leistungsstarke Autor, verbindet die Überzeugung, dass Armut in Deutschland unspektakulärer ist als in anderen Ländern, mit dem prinzipiellen Glauben an Leistungsfähigkeit zu einem eigenen Argument gegen das Krisengefühl. »Ich bin immer leicht verstimmt, wenn das Ganze so als Katastrophe ausgemalt wird: Es bricht alles weg, es geht den Bach runter. Das stimmt einfach nicht. Geh mal nach Bulgarien in die Kinderheime. Die Leute hier sind alle vergleichsweise gesund, kräftig und durchaus in der Lage, was aus sich zu machen.«

Die in Deutschland, schwingt da doch mit, machen trotz weniger brutaler Armutsbedingungen nichts aus sich, Leistungsideologie, ick hör dir trapsen.

## »Du musst flexibel sein, kreativ, stark«

Die Mittelschicht ist traditionell aufstiegsbesessen – schließlich ist man noch nicht ganz oben angekommen, kann sich nicht auf einem Vermögenspolster ausruhen, ist immer noch lohnabhängig und hat immer die vor Augen, die mehr haben, die mehr gelten. Da will man hin. Und wie kommt man da hin?

Durch Leistung. Daran glauben wir Mittelschichtsangehörige fest, auch wenn Untersuchungen zeigen, dass es anders ist, dass die Elite unter sich bleibt, dass der Aufstieg selten gelingt. Spitzenkarriere und soziale Herkunft hängen laut dem Elitenforscher Michael Hartmann in Deutschland eng zusammen. Doch der Glaube daran, dass man durch außergewöhnliche Leistung aufsteigen, seine soziale Position verbessern kann, dass man vom Tellerwäscher vielleicht nicht unbedingt zum Millionär, aber zumindest zum Tellerwäscherabteilungsleiter werden kann, diesen Glauben lassen wir uns nicht nehmen. Er kostet uns schließlich auch viel. Um ihm Genüge zu tun, müssen wir uns permanent selbst optimieren, selbst motivieren, selbst modellieren. Denn: »Sie sind der Autor Ihres Lebens. Wenn Ihnen das Drehbuch Ihres Lebens nicht gefällt, dann schreiben Sie es um.«[10]

So einfach ist das. Wer unglücklich, ärgerlich oder deprimiert ist, ist selbst dran schuld, weil er seinen negativen Gedanken glaubt. »Sie können beginnen, das Drehbuch Ihres Lebens hier und jetzt umzuschreiben. Sie können sich trennen von Ansichten und Einstellungen, die Sie am Erreichen Ihrer Ziele hindern, die Ihnen seelische Probleme machen, die Sie daran hindern, glücklich zu sein.«

Man kann sich leicht lustig machen über so etwas Albernes

wie Charisma-Training, Ausstrahlungscoaching oder Selbst-sicherheits-Hypnose-CDs. Aber dass es das alles gibt und dass erwachsene Menschen bereit sind, viel Geld dafür auszuge-ben, zeigt, wie tief die Selbstoptimierungs-Philosophie in die Köpfe eingedrungen ist. Wie sehr »positives Denken« zu einer Verzweiflungsstrategie angesichts neuer Verteilungskonflik-te geworden ist. Jörg, Annas Ehemann, der mit Ende vierzig nach den aufreibenden Monaten der Arbeitslosigkeit einen Job gefunden hat, in dem er nicht glücklich ist, sagt: »Ver-änderungen sind da, dagegen kann ich mich nicht stemmen. Also kann ich eigentlich auch positiv rangehen, kann es neh-men, wie es ist. Aber ich kriege diesen Optimismus einfach nicht hin.«

Erfolglosigkeit ist in der »Leistungsgesellschaft« selbst verschuldet. Keine Spur mehr von dem Glauben, dass das Schicksal ungerecht austeilt, dass es unverschuldete Aus-gangspositionen gibt, die alles andere als gleich sind. Dass die einen in der Hochhaussiedlung, die anderen im Einfa-milienhaus geboren werden. Dass die einen, wie ein Freund von mir sagt, der auf dem Bauernhof aufgewachsen ist, vom Kartoffelacker Steine und die anderen im Bett Bücher lesen. In der Leistungsgesellschaft ist jeder der Unternehmer seiner selbst, sein eigenes Kapital, sein eigener Produzent und seine eigene Einkommensquelle.[11]

Nach dieser Denkweise nutzt jemand wie Jörg dieses Kapi-tal nicht effektiv, weil er sich von seiner Furcht lähmen lässt. Also geht er zum Berater. Die Trainingsbranche boomt. Die Therapiebedürftigkeit der verunsicherten Mittelschicht ist groß. Berater, Coaches und Psychologen verdienen mit dem Glauben an die Macht des souveränen Auftritts ihr Haus, ihr Auto, ihr Boot. Sie leiten die Empowerment- und Charisma-Seminare, lehren die Kreativitäts-, Kommunikations- und Kooperationstechniken, schreiben die Ratgeber und Lehrbücher, die uns Normalmenschen dazu befähigen sollen, das Drehbuch unseres Lebens umzuschreiben und den Idealen im modernen Wettbewerb gerecht zu werden. So ist auch Jörg davon überzeugt, dass er nur weiter suchen muss: »Ich bin mir fast sicher, dass ich, wenn ich nur das Richtige finde oder die richtige Leidenschaft dafür entwickle, damit auch Geld verdienen werde.«

Auch wenn man nicht zum Charisma-Doktor geht, entkommt man dieser Denkweise kaum. Ich zum Beispiel muss in meinem Beruf immer wieder an den Muskeln meiner verschiedenen Standbeine arbeiten, darf nicht nachlassen, ganz gleich, wie erschöpft ich bin. Denn: Es ist nie genug. Immer schwächelt irgendetwas. Immer ist ein Standbein bedroht: Einem Literaturhaus wird der Etat gekürzt. Eine Hörfunkwelle spart ihre Buchbesprechungen ein. In einer Redaktion werden nur noch Festangestellte beschäftigt. Dann muss etwas Neues her. Permanent erfinde ich Bereiche meines Lebens neu. Genau wie Michael. Wenn er seinen Flügel nicht irgendwann tatsächlich verkaufen will, muss er sehen, woher er das Geld kriegt, das die Rundfunkanstalt nicht mehr zahlt. Nachhilfe in einer der fünf Sprachen, die er spricht? Portugiesische Stadtführungen? Klavierunterricht geben? Michael denkt immer wieder über Alternativen oder Zusatzverdienste nach. Wie fast alle meine Freunde, Bekannten und Kollegen. »Du musst flexibel sein, kreativ, stark«, fasst Anna die geforderte Haltung zusammen. »Flexibel auch vor allem im Kopf, ich darf nicht verzweifeln. Was mache ich jetzt? Wird da was kommen?«

Permanent Zuversicht zu produzieren, ist anstrengend. Da

braucht es Mutmacher und Glaubenssätze, wie sie die Psycho-Euphoriker und Ich-Ermächtiger im Dutzend im Köcher haben. Das Prinzip des allgegenwärtigen Wettbewerbs ist dabei längst nicht mehr auf den Arbeitsmarkt beschränkt, es hat sich ausgedehnt – es gibt Schönheitsmärkte, Liebesmärkte, Gefühlsmärkte. Wer Kinder hat, kennt den gnadenlosen Muttermarkt. Pastinake oder Möhre? Welcher Brei ist die perfekte erste Beikost? Ganz egal – Hauptsache selbst geerntet, selbst gekocht, selbst püriert, selbst abgefüllt. Überall herrscht Wettbewerb.

Die allgemeine Devise lautet: »Yes, we can« – alles ist möglich. Eine Devise, die »das Versprechen von Autonomie, Selbstentfaltung, Selbstverwirklichung und Anerkennung durch beruflichen Erfolg«[12] transportiert. »Du kannst das. Und du kannst es noch besser. Alles ist möglich.« So lautet das Mantra.

Es ist allerdings eines, das aufgrund der zunehmenden Polarisierung der Gesellschaft in Oben und Unten mittlerweile längst nicht mehr nur Verheißung ist, sondern auch Drohung: Denn wer es nicht schafft, »es zu können«, wer nicht zu den Gewinnern gehört, der wird ganz schnell zu einem Verlierer in einer Gesellschaft, in der Märkte eine zunehmende Rolle spielen und auch das Privateste unter marktwirtschaftlichen Gesichtspunkten betrachtet wird. Das hat natürlich Folgen für die, die sich auf diesen Märkten präsentieren. In einer Hörfunkreihe, die ich 2004 über »Scham« gemacht habe, hat der Soziologe Sighard Neckel die Konsequenzen so beschrieben: »In den Medien, im Marketing, aber auch in ganz normalen Dienstleistungsberufen ist es heute von zentraler Wichtigkeit geworden, in einer angemessenen Weise nach außen hin zu erscheinen. Es hat sogar den Charakter eines sozialen

Zwangs angenommen, ein angenehmes Selbst anderen Personen gegenüber darstellen zu können. Märkte spielen für unser Leben in allen möglichen Bereichen heute eine größere Rolle als früher. Nicht nur die Angebote müssen möglichst schön aufpoliert sein, auch die Personen, denn es kommt permanent darauf an, sich anderen Personen gegenüber darstellen zu müssen, sich durchsetzen zu müssen.«

Bei diesem »Yes, we can« handelt es sich also eigentlich um einen Befehl: »Yes, we must.« Ich kenne das – natürlich – sehr gut von mir selbst, wie alle es von sich selbst kennen. Eigentlich könnte ich in vielerlei Hinsicht mit mir zufrieden, ja sogar stolz auf mich sein: Ich verdiene alleine ausreichend Geld, um mich und meinen Sohn ganz gut durchzubringen. Wir können uns Urlaub und Kino mit Popcorn und den Besuch von Theaterstücken wie »Peterchens Mondfahrt« leisten. Wir essen gesund (ich zumindest), sind anständig angezogen und haben einen liebevollen Familien- und Freundeskreis um uns herum. Und doch ist es eigentlich nie genug. Ständig bedrängen mich Fragen: Bin ich glücklich genug? Authentisch genug? Zufrieden genug? Wohlhabend genug? Gut aussehend genug? Sind meine Beziehungen gut genug?

So betrachtet, gibt es nichts in meinem Leben, was auf der nach oben offenen Optimierungsskala nicht noch ein bisschen verbesserungsfähig wäre. Und wenn ich ganz perfide drauf bin, dann denke ich, dass ich meine Widerstandskraft gegenüber dem Selbstoptimierungscredo optimieren müsste.

Die Selbstoptimierungspflicht schlägt schnell in einen Selbstausbeutungszwang um. Von dem daraus erwachsenden Druck zeugen die steigenden Zahlen von Depression und Burn-out. Die in einem lebenslangen Abenteuer anzustrebende, prinzipiell nicht abschließbare Ich-Werdung überfordert uns: Krank macht uns in Wirklichkeit nicht das Übermaß an Verantwortung und Initiative, sondern der Druck, immer leistungsfähig sein zu müssen.[13]

Roberts Freundin Maren, Mitte dreißig, kennt ebenfalls das Gefühl, den Zwang zum permanenten Selbst-Update nicht aushalten zu können. »Schon seit der Pubertät, als ich anfing, darüber nachzudenken, was mal aus mir werden soll, spüre ich dieses Gefühl, es wird alles weniger, wir müssen den Gürtel enger schnallen, jeder muss flexibel sein und sich weiterentwickeln. Es wird einfach alles so auf einem abgeladen, das ist manchmal kaum auszuhalten.« Das erscheint ihr dann aber offensichtlich doch ein wenig zu sehr gejammert, denn sie fügt, fast ein wenig entschuldigend, hinzu: »Ich weiß nicht, es gibt viele Menschen, die haben sehr viele Möglichkeiten, und die sind sehr taff darin, sich neue Möglichkeiten zu erschließen, aber es gibt eben auch Menschen, bei denen ist es irgendwie anders.«


## »Wir mussten noch nie solidarisch sein«

Was hat die Anstrengung der Selbstausbeutung mit der Frage zu tun, warum mich die Armut am unteren Rand der Gesellschaft bisher nicht interessiert hat, warum ich so unberührt kühl auf zwölf Millionen arme Menschen reagiere und mich so lange nicht aus der Ruhe bringen lasse, wie ich mich selbst nicht von Armut bedroht wahrnehme?

Weil auch ich die Leistungslogik verinnerlicht habe. »Ökonomisierung des Privaten« heißt das, wenn man sich im Privaten der Marktlogik anpasst. Und zwar trotz Reflexion.

Trotz parodistischer Freude an dem »Nützen-Sie-Ihr-Potenzial«-Gefasel. Irgendwie dringt es doch durch die Poren ins Innerste, wo es sich unheilvoll ausbreitet. Auch ich will zu den Gewinnern gehören. Auch ich glaube daran, dass ich nicht untergehe, wenn nur die eigene Leistung, das eigene Auftreten, die eigene Persönlichkeit sich hübsch genug poliert präsentiert.

Wer zu den Verlierern gehört, der ist dieser Logik zufolge zu Recht ein Verlierer. Der verfügt eben nicht über ausreichend Eigeninitiative, Eigenverantwortung und Eigenständigkeit, über zu wenig unternehmerische Tugenden – im Gegensatz zu mir.

In der Logik dieses »kulturellen Kapitalismus«[14] haben soziale Gewinner und Verlierer nichts miteinander zu schaffen. In dieser Logik ist es leicht, andere moralische Maßstäbe an die Gruppe der Verlierer anzulegen. Sie als Menschen zweiter Klasse zu betrachten. Soziale Verlierer müssen verdientermaßen Verlierer sein, damit sie nicht das Leistungsprinzip bedrohen, an das wir Mittelschichtsangehörige mehr glauben als jede andere Schicht. Sie müssen schlicht per Kategorisierung andere Menschen sein, damit wir ihr Schicksal von uns fernhalten können, damit ihre Armut uns nicht wie eine mögliche eigene Zukunft erscheint.

Die Missachtung der Armut ist daher in meinen Augen eine direkte Folge aus der Verehrung des Erfolgs, der »Ich-Ermächtigung« und des »unternehmerischen Selbst«, das seine eigene potenzialgefüllte Haut optimistisch und optimiert zu Markte trägt. Das tatsächlich glaubt, Erfolg oder Misserfolg hänge nur von seiner Leistung ab. Und nicht von seiner Startposition im Leben.

»Zu sagen, ich bin privilegiert, ist ja blöd, weil die Idee hier ist ja, Leistung wird belohnt, nicht das Privileg. Wenn man jetzt sagt, ich bin reich, ich bin gebildet, weil ich aus der richtigen Familie komme, dann würde ja die individuelle Leistung entwertet, das will man ja nicht. Und zweitens, das Anrecht auf diesen ganzen Reichtum, das würde ja auch entwertet.« Erklärt die *taz*-Journalistin Ulrike Herrmann diesen Mechanismus, der immer unverhüllter auftritt.

Während mich die Erkenntnis, dass ich meine moralischen Standards einer offenbar durchsetzungsstarken Marktlogik geopfert habe, beunruhigt bis beschämt, gibt es zunehmend Menschen, die nicht so viele Skrupel haben. Für die Solidarität nicht mal mehr eine Option ist. Die im Gegensatz fleißig dabei mithelfen, eine zweifache Moral zu entwickeln: Eine, die für uns, die Erfolgreichen, und eine, die für die anderen, die Erfolglosen, gilt.

Der Philosoph Peter Sloterdijk ist so einer. 2009 hat er in dem *FAZ*-Artikel »Die Revolution der gebenden Hand« zwischen »Produktiven« und »Unproduktiven« unterschieden und die These vertreten, das neue Phänomen der Zeit sei nicht die Ausbeutung der Armen durch die Reichen, sondern die Ausbeutung der Produktiven durch die Unproduktiven.[15] Dieser Ausbeutung sollten sich die »Leistungsträger« widersetzen: durch einen »fiskalischen Bürgerkrieg«, sprich: die Verweigerung von Steuerzahlungen. Dieser Artikel hat eine heftige Debatte ausgelöst. Dass Sloterdijk mit seinem Ressentiment gegen die sozial Schwachen nicht alleine dasteht, bewies ein Jahr später die breite Zustimmung zu Thilo Sarrazins Thesen.

Ressentiment ist dabei eine »Mischung aus Missgunst und Verachtung, die auf Unterschieden zwischen sozialen Lagen fußt und bei der man die Verantwortung für das eigene Unglück bei jenen Gruppen sucht, die sich auf der sozialen Leiter knapp oberhalb oder knapp unterhalb der eigenen Position befinden.«[16]

Genau hier hat sich etwas Entscheidendes geändert. Ressentiment findet sich nicht mehr nur bei denen, die knapp oberhalb oder unterhalb der Position stehen. Es ist nicht länger die Friseurin im Angestelltenverhältnis, die über den Kollegen lästert, der als Friseur in einem Laden einen Stuhl mietet, um zu arbeiten. Es ist nicht länger der Leiharbeiter, der über einen aus der Stammbelegschaft herzieht, weil der die Privilegien genießt, die der Leiharbeiter selbst gerne hätte. Es ist nicht länger nur die gelernte Verkäuferin, die die Aushilfskassiererin verachtet. Ressentiments finden sich gerade bei den mittleren bis hohen Einkommensbeziehern, bei Ärzten, Rechtsanwälten, Geschäftsbesitzern: Sie werten soziale Verlierer wie Langzeitarbeitslose oder Obdachlose verstärkt ab. Wie scharf die Trennlinie zwischen »hochkulturellem Oben und dekadent-verwahrlostem Unten«[17] mittlerweile ist, das zeigt eben die ungeheure Zustimmung zu Sarrazins These von der Selbstabschaffung Deutschlands oder zu Guido Westerwelles Philippika gegen die »spätrömische Dekadenz« und den »anstrengungslosen Wohlstand« der Hartz-IV-Empfänger.

»Das Ressentiment ist ein intensives soziales Gefühl, das sich häufig von seinen ökonomischen Ursprüngen löst und auf andere Bereiche überträgt. Es erzeugt Abneigung gegen Bevormundung durch eine Elite oder auch Hass auf die Juden oder andere innere Feinde, die sich angeblich gesellschaftliche Vorteile verschaffen, auf die sie keinen Anspruch haben.«[18]

Als ich eines schönen Spätnachmittags nach Hause radelte, begegnete ich auf dem Weg Silke, einer Bekannten, zu der ich ein paradoxes Verhältnis habe, weil wir uns aus einer sogenannten Familienaufstellungsgruppe kennen. Regelmäßig trifft sich da ein Kreis von Leuten, die mithilfe der psychologischen Technik des Familienstellens Lebensprobleme angehen wollen. (So viel zum Thema Selbstoptimierung in meinem eigenen Leben.) In so einer Gruppe lernt man sich sehr rasch sehr gut kennen, denn man trifft sich ohne soziale Maske – man weiß, wer seit zehn Jahren keinen Sex in der Ehe und wer ein bettnässendes Kind hat, wer trotz strahlenden Lächelns unter massiver Einsamkeit leidet und wer mit Ende fünfzig immer noch alle Kräfte im Kampf gegen die eigene Mutter verschleudert. Man weiß einerseits manchmal mehr als die Partner der Gruppenmitglieder und hat andererseits doch keine Ahnung, wie die Wohnungen eingerichtet sind, in denen die Menschen leben, welche Berufe sie ausüben, wie ihr Partner aussieht.

Silke mochte ich sehr – eine schmale, hübsche Blonde mit klugen Augen und angenehmer Stimme. Und mit einer turmhohen Mercedes-Geländelimousine. Dass sie Geld haben musste, war klar. Das hatte mir schon eine Sitznachbarin mal zugeflüstert: Dass Silkes Schlangenledergürtel kein Imitat sei. Und dass ihr Mann Investmentbanker sei.

Als ich Silke traf, war sie auf dem Bürgersteig mit Barbourjacke und Gummistiefeln unterwegs und warf dem neuen Labrador Bällchen, während zwei ihrer drei Kinder Tennisunterricht hatten. Ich hielt an, wir umarmten uns zur Begrüßung, ich erzählte von den Themen, die mich beschäftigten, von der sich vertiefenden Spaltung in der Gesellschaft, von ungerechter Steuerpolitik. Silke trat einen Schritt zurück.

Dass sei furchtbar, wie Reiche in Deutschland behandelt würden, sagte sie, als ob man sich schämen müsse, reich zu sein. Dabei sei es wie bei der Eintracht: Hunderttausende würden als Kinder im Verein starten, nur einer würde Nationalspieler. Dem könne man den Erfolg doch gönnen. Aber nein, dieser Neid, dieser Hass.

Als ich erwiderte, dass Reichtum in Deutschland oft weniger mit Leistung und viel mehr mit der Startposition im Leben zu tun hätte und uns die OECD gerade eine massive Entwicklung hin zu Ungleichheit beschieden habe, wurde Silke ärgerlich. Ihr Kind würde in der Schule strenger behandelt als ein Ausländerkind, und außerdem kenne sie Arbeitslose, die Hartz IV kassieren und heimlich schwarz arbeiten würden. Und was die Steuern angehe: »Ich«, sagte Silke, »habe das Glück, dass mein Mann genug verdient und ich nicht arbeiten gehen muss. Ich brauche die vielen Kitas nicht, die jetzt ausgebaut werden. Warum sollte ich Steuern zahlen wollen?«

Leider war ich so schockiert von dieser unverblümten Absage an Gesellschaft als Gemeinschaft, von diesem Ausstieg aus dem Bewusstsein, in gegenseitiger Abhängigkeit voneinander zu leben, dass ich nicht darauf kam, sie zu fragen, wer denn dann die Straßen bauen sollte, über die sie mit ihrem Geländewagen ihre Kinder zu Kindergarten und Gymnasium fahren wollte? Stattdessen fragte ich bissig, ob sie die zunehmende Ungleichheit denn nicht wenigstens persönlich beunruhige. Irgendwann müsste sie eventuell Wachmänner vor ihrer Taunus-Villa postieren, um beim Buchsbaumgießen nicht vom Pöbel erschlagen zu werden – ähnlich wie in Brasilien, wo die weiße Mittelschicht sich mittlerweile in geschlossene Siedlungen zurückzieht.

Der Raum zwischen Silke und mir wurde während des Gesprächs immer größer – am Ende hob sie die Hand abwehrend in meine Richtung und sagte: »Ich glaube, du fährst besser. Du hast da ein persönliches Problem, in das du mich reinziehst. Da muss ich eine Grenze ziehen.«

Das ist der Nachteil einer Psychogruppe: Man gewöhnt sich einen solchen Jargon an. Jedenfalls sind Silke und ich als Klassenfeinde geschieden – und haben uns seitdem in der Gruppe gemieden. Zwischen uns ist eine Kluft entstanden, von der ich nicht weiß, wie sie zu überbrücken sein soll, so tief ist sie. So unverständlich und so schädlich erscheint mir ihr Klassen-Egoismus, so beschämend kurzsichtig ihr Ressentiment gegen die Schwächsten der Gesellschaft als diejenigen, die sich angeblich gesellschaftliche Vorteile verschaffen, auf die sie kein Anrecht haben. Übrigens: Der Schaden, der durch die paar – tatsächlich vorhandenen – Nichtarbeitswilligen entsteht, die Sozialleistungen vom Staat kassieren, ohne grundsätzlich bereit zu sein, Gegenleistungen zu bringen, ist viel kleiner als der, der durch Steuerhinterziehung oder durch die Finanz- und Eurokrise entstanden ist und noch entsteht.

Silke, das ist das wirklich Beunruhigende, ist nicht die Einzige. Schon sind etwa sechzig Prozent aller Deutschen der Überzeugung, dass wir heute zu viele sozial schwache Menschen mitversorgen müssen, obwohl wir uns das in diesen Krisenzeiten gar nicht mehr leisten können. »Die Sensibilität für soziale Probleme und die Bereitschaft, Verantwortung zu übernehmen, sinkt in Gruppen mit hohen Äquivalenzeinkommen.«[19]

Die Krise ist dabei das entscheidende Stichwort: Der Bielefelder Soziologe Wilhelm Heitmeyer hält diese Verachtung für eine Verarbeitungsstrategie der Finanz- und Eurokrise und nennt sie »Entmoralisierung«, das heißt: die »Aufkündigung des Prinzips der Gleichwertigkeit schwacher Gruppen«. Ohne ein Prinzip der Gleichwertigkeit aber ist Mitgefühl nicht möglich. Denn Mitgefühl, Empathie, setzt voraus, dass ich die Perspektive des anderen übernehmen kann, dass ich seine Wahrnehmungen, Gefühle und Vorstellungen verstehen, dass ich in »seinen Mokassins laufen« oder eben in »seine Haut schlüpfen« kann.

Diese Fähigkeit zum Perspektivenwechsel ist nicht nur wichtig für Mitgefühl, sie ist entscheidend für die friedliche Lösung von Konflikten. Und zwar nicht nur in einer Ehe, sondern auch in einer Demokratie. Doch es scheint, dass sich die Einkommenspolarisierung in einer Art Mentalitätspolarisierung niederschlägt: Erfolg und Scheitern, Arm und Reich, Gewinner und Verlierer sind die neuen Gegensätze, zwischen denen sich Gräben auftun, die eine Perspektivübernahme unmöglich machen, weil der andere als jeweils kategorial Anderer definiert wird. Stattdessen machen sich Verachtung und Ressentiment breit. Und zwar insbesondere unter den sogenannten Eliten – »Eliten, von denen freilich niemand so recht weiß, ob sie nicht längst selbst zu einem Teil des Problems geworden sind.«[20]

»Vertrauen, Sicherheit und Gemeinschaftsgefühl tragen entscheidend zum sozialen Wohlbefinden bei – wo sie fehlen, leiden wir körperlich und seelisch, und die Gesellschaft ist in Gefahr.[21]

Als ich all das meiner langjährigen Freundin Agnes bei einem sonnigen Herbstspaziergang durch die Streuobstwiesen am Frankfurter Lohrberg erzähle, stelle ich inmitten rot leuchtender Äpfel noch mal die Frage, warum auch ich offenbar diese Logik verinnerlicht habe, warum mich die Armut der anderen nicht weiter interessiert hat, warum ich so wenig Solidarität fühle, obwohl Solidarität als Begriff für mich durchaus wichtig ist.

Agnes, die beruflich mit Behinderten, Sozialverbänden und der Bundespolitik zu tun hat, antwortet: »Weil du noch nie solidarisch sein musstest.« Gemeinsam stapfen wir einen Kartoffelacker entlang. »Ich ja auch nicht. Bisher hatten wir einfach nur eine Haltung. Aber dass wir auf ein paar Prozent unseres Gehalts verzichten müssten, damit es anderen besser geht, vor diese Entscheidung sind wir noch nie gestellt worden. Solidarität war lange von uns nicht gefordert.«

Maren, die sich genau wie ich oft von den neuen Lebens- und Arbeitsbedingungen überfordert fühlt, nennt noch einen anderen Grund: »Die Leute sind alle so sehr mit ihrem eigenen Kram beschäftigt, dass man nie irgendwie das Gefühl hat, zu etwas zu kommen. Man ist permanent unter Strom und hat nie das Gefühl, mal angekommen zu sein oder an einem Punkt zu sein, um auch mal für andere da zu sein. Und das verändert die Gesellschaft, wenn jeder nur noch selbst durchkommen will.«

Überforderung, Trägheit, Angst, Erschöpfung: Es gibt viele Gründe, warum wir nur auf unsere eigene Position im schärfer werdenden Kampf um Einkommen und Status schauen. Klar scheint mir aber zu sein, dass diese Polarisierung der Einkommen und Mentalitäten niemandem guttut. Verlierer wie Gewinner entkoppeln sich von dem Bewusstsein, eine Gemeinschaft zu brauchen. Die Verlierer, weil sie von der Gemeinschaft nichts zu erwarten haben, die Gewinner, weil sie glauben, auf sie nicht angewiesen zu sein.

Schon macht das Schlagwort von der »sozialen Rezession« die Runde: steigende Raten von Angst, Burn-out und Depression, immer mehr Menschen, die alleine leben, abnehmendes Zugehörigkeitsgefühl zu dem Staat, in dem man lebt, sinkendes Vertrauen, steigende politische Apathie, zunehmende

Zukunftsangst. Dabei ist Wohlstand nicht das Gleiche wie materieller Reichtum. Wohlstand bedeutet mehr als die Versorgung mit materiellen Dingen für den Lebensunterhalt, er fußt auf der Möglichkeit zu gedeihen – physisch, psychisch und sozial.[22] Und um zu gedeihen, braucht das Individuum – entgegen der heroischen Ich-Interpretation der Gegenwart – die Gemeinschaft.

Agnes und ich sind uns auf unserem Spaziergang entlang Kartoffeläckern und Apfelbäumen einig, dass wir nicht bindungslos und »sozial leer« leben möchten, so gehetzt und ichbezogen. Dass wir gerne weniger arbeiten und uns mehr füreinander und miteinander beschäftigen würden. »Es gab doch mal eine Zeit, da haben wir uns regelmäßig sonntags zu einem Festessen getroffen«, erinnert sich Agnes, »da haben wir füreinander Gulasch und Braten und Klöße gekocht.« »Stimmt«, sage ich, »machen wir nicht mehr. Ist einfach eingeschlafen. Keine Zeit.«

Aber wofür haben wir eigentlich noch Zeit?

An erster Stelle steht die Arbeit, dann kommen – schon ziemlich abgeschlagen – Kinder und Partner. Kaum einer von uns macht noch etwas nur für sich. Geschweige denn für andere. Alle leiden wir unter Zeitknappheit. Es ist genau so, wie Maren es beschrieben hat: Wir sind so gehetzt im eigenen Leben unterwegs, dass wir keine Zeit finden, für uns selbst oder für andere da zu sein. Wohl fühlen wir uns dabei nicht. Kein Wunder: »Das nur sich selbst suchende Individuum muss in sich selbst ertrinken, weil es keinen äußeren Halt oder Bezugspunkt hat.«[23]

Agnes erzählt von Menschen, die sie bei ihrer Verbandsarbeit kennenlernt, Menschen, die viel arbeiten und leisten, aber religiös und regional verankert seien. »Bei denen stelle ich oft fest, dass die nicht so atemlos sind wie ich«, sagt sie.

Woher kommt diese Atemlosigkeit? Die Besorgnis? Das permanente Strampeln? Der Ärger, die Angst, die Hilflosigkeit? Was ist es, das uns dieses Gefühl eines schwankenden Bodens vermittelt?

# Bröckelnder Eckpfeiler I: Arbeit

## »Jeden Samstag Lotto spielen …«

»Vielleicht«, denkt Agnes während unseres langen Spaziergangs laut nach, »vielleicht hat man einfach sein Lebensthema?«

Ihres, davon ist sie überzeugt, wäre die Arbeit. Genauer: die permanent neu auftretende Angst, beruflich zu versagen. »Da hab ich es schon so oft geschafft, und trotzdem vertrau ich mir nicht«, sagt sie.

Agnes und ich reden oft über Arbeit. Eigentlich rede ich mit allen meinen Freunden oft über Arbeit. Über Versagensängste, Schwierigkeiten mit der Unternehmensstrategie, Probleme mit dem Führungspersonal, Konkurrenz unter Kollegen, die Unfähigkeit, Nein zu sagen, das Gefühl permanenter Überlastung bei gleichzeitiger Sorge, den wenig geliebten Arbeitsplatz möglicherweise zu verlieren. Es scheint, als ob die Arbeit wie ein Pilz unser gesamtes Leben befällt und sich langsam, aber sicher darin ausbreitet.

Eigentlich schade, dass die Arbeit, die doch eigentlich Lebenssinn geben soll, zum Gegenteil, zum Ärgernis, schon fast zum Lebenshemmnis wird, befindet Jürgen, der Architekt Mitte dreißig. Auch Robert treibt die Arbeit als Ärgernis um. Ärgernis aufgrund kreativitätstötender Arbeitsbedingungen und nervtötender Unternehmensstrategien. »Normal wäre es in einer Redaktion, wenn man sich einfach zusammensetzt und, zunächst ohne groß kreativ sein zu müssen, überlegt, was heute anliegt. Dazu sind wir ja da: Weil man uns zutraut, dass wir das können. Das passiert aber nicht mehr, sondern es wird irgendeine Großstrategie ausgegeben, dann kommt irgendein Medienforscher und erzählt uns, warum das Publikum gerade jetzt genau das oder das will. Und wenn wir anderer Meinung sind oder es sogar anders machen, gibt's Ärger mit den höheren Etagen. Das hat einfach was mit Entmündigung zu tun.«

Robert, Maren, Agnes und ich – nicht nur wir können uns stundenlang über Arbeitsstrukturen aufregen. Beim Wandern ebenso wie beim Wein. Der Arbeitspilz bereitet uns permanenten mentalen Juckreiz.

Weshalb Jörg, Annas Mann, seit einigen Jahren tatsächlich jeden Samstag Lotto spielt. Kleinere Gewinne werden regelmäßig »reinvestiert«, wie er es nennt – als wäre Lottospielen eine seriöse Wirtschaftstätigkeit.

»Aber das Schönste wäre, einfach nicht mehr arbeiten zu müssen und dem ganzen Mist da zu entkommen. Es macht einfach keinen Spaß mehr.«

Keine Arbeit zu haben war für Jörg und seine Familie äußerst bedrohlich. Nun hat er nach Arbeitslosigkeit und »Bewerbungsarie« wieder einen Job in einem kleinen Software-Unternehmen gefunden. Dennoch atmen weder Anna noch Jörg auf. Das Unternehmen mit dreiundzwanzig beunruhigt.

»Das Blöde ist nur, dass ich jetzt unruhig schlafe, weil ich weiß, was für Probleme in der Firma sind. Was passieren muss, bevor da wieder Ruhe einkehrt. Ich kenne die Situation, habe genau das Gespür für. Das macht mir viele Sorgen.«

Jörg verdient zwar wieder Geld, wenn auch zu wenig, um

den Lebensstandard der Familie zu halten, doch zufrieden ist er nicht. »Er denkt bereits wieder über einen Jobwechsel nach, obwohl er erst seit einem Jahr dabei ist. Doch trotzdem hat er Angst, dass er auch diesen – ungeliebten – Job wieder verlieren könnte. Eigentlich absurd: Angst zu haben, das zu verlieren, was man gar nicht will. Wie konnte es so weit kommen? Durch einen Systemwandel des Kapitalismus.

## »Blockflöte übt man erst, wenn man nicht dauernd darüber nachdenkt, ob man morgen etwas zu essen kriegt«

Was sich alles im Hinblick auf unseren Job in den letzten zwanzig Jahren verändert hat, fasst mein Kollege Erich so zusammen:

»Die Kollegen, die jetzt in Frührente gehen, verdienen als Rentner mehr als ich während meiner Berufstätigkeit. Weil die Arbeitsverdichtung zugenommen hat, haben sie extrem viel weniger gearbeitet. Und zu der Zeit, als sie den Job bekommen haben, waren die Anforderungen viel niedriger. Mein Gehalt läge, wenn man es von 1980 auf heute umrechnen würde, wahrscheinlich um zweitausend Euro höher. Und dann würden wir so im Luxus leben, dass wir diese ganzen Diskussionen gar nicht zu führen bräuchten.«

Verdichtung, Verunsicherung, Reallohnverlust: So viel hat sich in den letzten zwanzig Jahren geändert, dass die Soziologen von einer Transformation sprechen, und zwar von einer großen. Um Art und Umfang dieser Transformation zu begreifen, ist es hilfreich, einen Blick zurück zu werfen, einen Blick auf die Situation, bevor sie umgewälzt wurde, am besten ein ganzes Stückchen weiter zurück in die Vergangenheit. Robert Castel erklärt in seinem Buch *Die Krise der Arbeit* die Theorie des »sozialen Kompromisses« ausführlich. Er beginnt seine Erklärung im 17. Jahrhundert. Denn das ist die Zeit, in der sich das moderne Individuum zu entwickeln beginnt. Castel fragt, was die Voraussetzungen damals dafür waren, dass der Einzelne sich von überkommenen Zwängen und einer kirchlichen Ordnung befreien konnte. Dass er in einer höchst unsicheren Zeit, in der Schutz keineswegs selbstverständlich war, unabhängig werden konnte.

Die Antwort ist eindeutig und folgt der Argumentation des britischen Staatsphilosophen John Locke: Es ist das Eigentum. Nur wer über privates Eigentum verfügt, ist Herr seiner selbst, denn es stellt eine Absicherung gegen die Wechselfälle des Lebens wie Krankheiten oder Unfälle dar. Das Privateigentum war bis weit ins 19. Jahrhundert hinein die einzige Möglichkeit, Unabhängigkeit, Sicherheit und Status zu erlangen. Nur der konnte sich ein einigermaßen menschenwürdiges Leben leisten, konnte das sein, was wir heute unter einem »Individuum« verstehen, also: eigenverantwortlich handeln, sein Leben mit einem Mindestmaß an Unabhängigkeit führen und für sich selbst einstehen – nur der konnte all das tun, der über Eigentum verfügte. Mit Eigentum erkaufte er sich die Zugänge zu Bildung, Gesundheit, Status. Wer über Eigentum verfügte, benötigte keine andere soziale Institution, weil er sich einfach kaufen konnte, was er brauchte.

Was umgekehrt natürlich bedeutet, dass die, die nichts hatten, auch gesellschaftlich nichts waren. Sie hießen »Pöbel« und bildeten ein Millionenheer. Friedrich Engels hat die Verhältnisse, unter denen die besitzlosen Arbeiter zu Beginn des

Kapitalismus dahinvegetierten, eindrucksvoll beschrieben: »Man gibt ihnen feuchte Wohnungen, Kellerlöcher, die von unten, oder Dachkammern, die von oben nicht wasserdicht sind. Man baut ihre Häuser so, dass die dumpfige Luft nicht abziehen kann. Man gibt ihnen schlechte, zerlumpte oder zerlumpende Kleider und schlechte, verfälschte und schwerverdauliche Nahrungsmittel. Man setzt sie den aufregendsten Stimmungswechseln aus – man hetzt sie ab wie das Wild und lässt sie nicht zur Ruhe und zum ruhigen Lebensgenuss kommen. Man entzieht ihnen alle Genüsse außer dem Geschlechtsgenuss und dem Trunk, arbeitet sie dagegen täglich bis zur gänzlichen Abspannung aller geistigen und physischen Kräfte ab.«[1]

Die Arbeiter, so Engels, seien faktisch die Sklaven derjenigen, die über Eigentum verfügten, der »besitzenden Klasse«. Es waren solche Verhältnisse, die Charles Dickens zu seinem Roman *Oliver Twist* inspirierten, den ich als Jugendliche nie in dem Bewusstsein gelesen habe, dass auch ich solchen Verhältnissen hätte ausgeliefert sein können – wenn nicht Otto von Bismarck die Sozialversicherung erfunden hätte.

Mit dieser Erfindung wehrte der deutsche Reichskanzler eben jene Gefahr ab, die von der Massenverelendung und Friedrich Engels ausging. Denn anders als viele fürsorgliche Bürger dieser Zeit wollte Friedrich Engels, gemeinsam mit Karl Marx, die Missstände, unter denen die einfachen Arbeiter litten, nicht einfach nur lindern, sondern beseitigen. Das Mittel der Wahl war ihnen und der sich bildenden radikalen Arbeiterbewegung die Revolution. Das bedeutet: Die elenden Lohnarbeitsverhältnisse stellten für die Gesellschaften im industriellen Aufschwung eine massive Gefahr dar, nämlich die des Umsturzes.

»Wie sollte eine liberale Gesellschaft auf die Armut und die katastrophalen hygienischen Verhältnisse in den neuen Industrieländern reagieren? Wie konnte man die Proletarier als Wähler, als Staatsbürger, als Teilhaber in die Gesellschaft integrieren, ohne dass es zu Protesten, Unruhen oder gar Revolutionen kam?«[2] Die friedliche Lösung auf die Fragen lautete: mit dem Wohlfahrtsstaat.

Erst die Sozialversicherung machte den Kapitalismus überlebensfähig.[3] Und genau so begründete Otto von Bismarck auch ihre Einführung: Sein Gedanke war, die arbeitenden Klassen dazu zu bringen, den Staat als soziale Einrichtung anzusehen, die ihretwegen besteht. Die geniale Lösung, die Bismarck für das neu geschaffene Deutsche Reich zwischen 1883 und 1889 fand, verband also Arbeit und finanzielle Absicherung.

Diese soziale Gestaltung, die in den achtziger Jahren des 19. Jahrhunderts begann, wurde in den Wohlfahrtsstaaten nach 1945 perfektioniert. »Existenzsicherung in der industriellen Gesellschaft« hieß der Plan. Er bestand aus drei zentralen Punkten: aus der Sicherung im Krankheitsfall, aus der Unterstützung im Fall des Arbeitsplatzverlustes und aus der Sicherung des Einzelnen und seiner Familie im Alter.[4]

Diese Sozialversicherungen schafften damit etwas, was Robert Castel soziales Eigentum nennt. Es handelt sich dabei um eine ganz neue Art von Eigentum: Es ersetzt einen Mangel, nämlich den an Privateigentum. Und es erfüllt die gleiche Funktion: Es schützt. Denn wer nichts besitzt außer seiner Arbeitskraft, kann seitdem allein durch die Tatsache, dass er arbeitet, Ansprüche auf Leistungen stellen, die vorher nur dem zur Verfügung standen, der über ein ausreichend großes Privateigentum verfügte. Wenn ein Arbeitnehmer krank wird, hat er Anspruch auf Krankengeld. Wenn er zu alt zum Arbeiten ist, hat er Anspruch auf eine Rente. Das Sozialeigentum bildet einen Rechtsanspruch,[5] der an die Erwerbsarbeit gekoppelt ist. Es ist Eigentum desjenigen, der arbeitet.

Statt Fürsorge also ein Rechtsanspruch, statt Almosen soziales Eigentum. Die Aufgabe des Staates bestand darin, diese Ansprüche zu garantieren und zu schützen und damit die bisherigen sozialen Risiken – Krankheit, Alter, Arbeitslosigkeit – zu verringern. Niemand musste mehr, wie Engels es noch beschrieben hatte, wegen Arbeitslosigkeit im bloßen Liegen verhungern.

Der grundlegende Konflikt zwischen den Interessen der Arbeiter und den Interessen der Kapitalbesitzer wurde also nicht aufgelöst, was meinen kommunistischen Exfreund Fred bis heute mit Unzufriedenheit erfüllt. Dennoch kann man schon feststellen, dass dieser grundlegende Konflikt durch die reformistische Antwort des »sozialen Kompromisses« einigermaßen befriedet wurde. Revolutionen blieben aus, und die Arbeiter wurden in bemerkenswertem Umfang in die Gesellschaft integriert – denn wer um seine gesicherte Position weiß, wird selbst bei großer Armut weniger anfällig für eine Revolte sein als jemand, der nicht weiß, welche Stellung er in der Gesellschaft einnimmt.[6]

Es fand also keine äußere Revolution statt, sondern eine innere, eine, deren Tragweite zweifellos unterschätzt wurde, weil sie so still und heimlich vonstatten ging.[7] Warum besitzt das Sozialeigentum eine so revolutionäre Bedeutung?

Weil aufgrund des staatlich geschützten Arbeitsstatus aus elenden Tagelöhnern vollständige Individuen wurden. Sie entwickelten sich aufgrund steigender Löhne zu selbstbewussten und abgesicherten Konsumenten, die alles andere als eine Gefahr für den Kapitalismus darstellten, sondern eine beispiellose Expansion der Märkte und Profite ermöglichten. Sie lebten zwar nicht im Überfluss, konnten sich aber ein Auto und einen Urlaub leisten, einer Partei oder einem Verein beitreten, wenn sie Lust dazu hatten, die soziale Pflichten übernehmen und sich dem Staat, in dem sie lebten, zugehörig fühlen. Denn zum ersten Mal in der Geschichte verfügten mit dem Sozialeigentum jetzt auch die über Eigentum, die nichts weiter hatten als ihre Arbeitskraft. Und eben damit hatten sie die Voraussetzung, als Individuen zu leben, das heißt: ihr Leben wenigstens teilweise selbst zu bestimmen, Pläne zu realisieren, die Zukunft zu planen und sich zu wehren, wenn sie die Verhältnisse für ungerecht hielten.

Ich würde es so ausdrücken: Blockflöte übt man erst, wenn man nicht dauernd darüber nachdenkt, wie man morgen etwas zu essen kriegt. Zwar fielen die Klassenschranken nicht, aber das soziale Eigentum schuf durch die Absicherung der Arbeitnehmer die Voraussetzung dafür, den scheinbar unüberbrückbaren Gegensatz zwischen Eigentümern und Nichteigentümern zu überwinden.[8] Damit wurden die Ungleichheiten erträglicher, es entstand eine Art »Gesellschaft der Ähnlichen«, in der die Mitglieder trotz unterschiedlicher Stellung in der sozialen Hierarchie durch gleiche Rechte, etwa Arbeitsrecht, das Recht auf Gesundheitsfürsorge oder das Recht auf Ruhestand, miteinander verbunden sind.[9]

Das ist ein entscheidender Punkt: Es ist nicht nur so, dass sich die persönliche Situation der Arbeitnehmer durch Arbeitsrecht und Sozialversicherungen verbessert hat. Es ist auch so, dass die Arbeit durch die Rechte, die an sie gekoppelt sind, und durch das soziale Eigentum, das man über sie erwirbt, die Mitglieder der Gesellschaft miteinander verbindet. Das über die Arbeit gebildete soziale Eigentum bildet so den Klebstoff, der die Mitglieder des Wohlfahrtsstaates zusammenhält. Denn auch wenn der leitende Angestellte eine höhere Rente bezieht als der Arbeiter, so teilen doch beide das Recht auf Rente.

Garantiert wird dieses Recht von der Kollektivinstanz »Staat«.

Überhaupt, sagt Robert Castel, ist der Wohlfahrtsstaat von Kollektiven geprägt. Kollektive wie beispielsweise die Gewerkschaften, die den Einzelnen schützen und ihm helfen, zwischen unterschiedlichen Interessen zu vermitteln. Der Wohlfahrtsstaat, als Kollektivinstanz par excellence, hält per Gesetz seine schützende Hand darüber. Voraussetzung und Ergebnis dieses Wohlfahrtsstaates ist daher das wachsende Wissen um die gegenseitige soziale Abhängigkeit. »Soziale Interdependenz« nennen die Soziologen das. Oder wie Maren es ausdrückt: »Dass sich alle gerecht behandelt fühlen, sich mit der Gesellschaft identifizieren können und das Gefühl haben, sie bietet ihnen etwas.«

Das staatlich gesicherte und durch Arbeitsrecht regulierte Arbeitsverhältnis ist also ein wesentlicher Motor für eben dieses Gefühl, dass alle sich mit der Gesellschaft identifizieren können. Es stellt ein Zukunftsversprechen dar, das, wie Maren findet, zu einer gut funktionierenden Demokratie dazugehört. »Dass eben alle glauben, dass sie Perspektiven haben.« Wenn dieses Arbeitsverhältnis sich verändert, dann, davon ist nach dieser Argumentation auszugehen, hat das immense Folgen für den Glauben des Einzelnen, in dieser Gesellschaft Perspektiven zu haben.

Und genau das geschieht.

## »Spaß hatten wir früher«

»Arbeit ist zwar unheimlich viel da, wir haben mit 40 Millionen Erwerbstätigen auch eine so hohe Erwerbsquote wie noch nie. Ist ja eine tolle Sache, könnte man sagen. Das Problem ist nur, die Erwerbsarbeit, von der wir heute reden, ist eine andere als diejenige, von der wir noch in den Siebzigern gesprochen haben. Die Erwerbsarbeit hat sehr viel an Substanz verloren, das sieht man an der Ausdehnung prekärer Beschäftigung, an der Entwicklung der Niedrigentlohnung und daran, dass immer mehr Leute von ihrer Erwerbstätigkeit ohne staatliche Unterstützung gar nicht mehr leben können. Und das gilt inzwischen auch in den gesellschaftlichen Kreisen, die eigentlich noch über relativ stabile Arbeitsplätze verfügen«, erklärt mir Berthold Vogel die wesentlichen Veränderungen in der Art, wie Menschen mittlerweile arbeiten.

Maren fasst ihr Unbehagen an dieser Veränderung so in Worte: »Man sagt, jeder habe eine Marktmacht als Arbeitnehmer, wenn man gute Arbeit liefert. Aber de facto ist das nicht so. Es ist ein ungleiches Machtverhältnis.« Was Maren angesichts ihrer Arbeitssituation empfindet, ist ein Gefühl, das durch den »sozialen Kompromiss«, durch den staatlichen Schutz, unter den das Arbeitsverhältnis gestellt wurde, eigentlich als überwunden galt: das Gefühl des Ausgeliefertseins. Und wie schon einmal entschuldigt sich Maren für dieses Gefühl. »Dieses Sich-ausgeliefert-Fühlen, das setzt eben keine Energien frei, sodass ich sage, jetzt komm ich ins Handeln, sondern es mich lähmt eher. Es gibt eben Menschen, die sind nicht so supertaff wie andere.«

Da sind sie wieder: die »Supertaffen«. Die »Supertaffen«

sind die, die »unternehmerisch« denken, die statt von Problemen von Herausforderungen sprechen, die leichtfüßig Stand-
und Spielbein wechseln, es sind die, die jederzeit flexibel, kreativ und stark sind. Maren zählt sich selbst nicht dazu. Was
allerdings nicht heißt, dass sie mit Ärmelschonern arbeiten
will. »Einerseits hätte ich gern Sicherheit, andererseits graut
es mir davor, wie meine Mutter als Lehrerin die Tage bis zur
Pension zu zählen und zu wissen, was bis dahin jeden Tag
passieren wird. Eine gewisse Unsicherheit hält mich vielleicht
auch jung und vital, damit ich mich eben nicht ausruhe und
alt und bequem werde.«

Maren ist bereits in dieser Kultur aufgewachsen, in der sich
das Individuum selbst als Ziel und Endzweck sieht.[10] Oder
wie Kollege Erich es formuliert: »In den Achtzigern dachten
wir alle irgendwie, dass wir mal große, berühmte Was-weiß-
ich-was sein müssen. Und jeder, der das Riesenziel auch nur
um zwei Zentimeter verfehlt, hat ein Problem. Eigentlich ist
es ja immer schon normal gewesen, dass jedes Kind Astronaut werden will, aber früher war's auch normal zu akzeptieren, wenn man nicht Astronaut geworden ist.«

Heute fällt diese Akzeptanz schwer. Denn wer in der »Leistungsgesellschaft« kein Astronaut, ergo kein Gewinner wird,
ergo keinen Erfolg hat, der gehört zum Bodenpersonal und
damit zu den Verlierern. Der Soziologe Sighard Neckel geht
deshalb noch einen Schritt weiter und spricht nicht mehr von
der Leistungs-, sondern von der Erfolgsgesellschaft: Sozialer
Aufstieg sei nicht unbedingt als Resultat besonderer Kompetenz zu begreifen: Erfolg ist nicht an sich eine Leistungskate-
gorie, er kann, er muss aber nicht auf Leistungen basieren.[11]

Es ist also nicht unbedingt der Glaube an Leistung, der in
unseren Köpfen steckt, es ist der Glaube an Erfolg. Und Er-

folg besteht in erster Linie darin, Geld zu besitzen und Aufmerksamkeit zu erfahren, beachtet zu werden. Nicht durchschnittlich, sondern etwas Besonderes, einzigartig zu sein. Dafür muss man flexibel, kreativ, stark sein, eben »supertaff«, wie Maren es nennt. Dieser Glaube steckt als »kultureller Kapitalismus« in unseren Köpfen.

Deshalb ist Maren Opfer und Täter zugleich, wenn sie sich dafür entschuldigt, nicht zu den »Supertaffen« zu gehören. Und deshalb kann sich selbst der kluge Erich, der sich über den Zwang zur Selbstverwirklichung mokiert, von diesem Zwang nicht frei machen. In unserem Gespräch versucht er mich – sehr freundlich – über mein Laminat und also meine wirtschaftliche Durchschnittlichkeit hinwegzutrösten, indem er mir versichert, dass ich immerhin als Moderatorin und Rezensentin überdurchschnittlich, nämlich unverwechselbar sei. »Du bist du«, sagt er, »dich könnte man nicht einfach morgen austauschen.« Indem Erich meine Einzigartigkeit als Lob und Trost anführt, argumentiert er genau im Sinne jenes erfolgsorientierten Selbstverwirklichungscredos, das er andererseits so ironisch kritisiert.

Es ist leichter, wie Erich über die Ketten aus Selbstverwirklichungszwang und »Subjektivitätsexzess«[12] zu spotten, als sie abzulegen. Das muss die Generation Laminat immer wieder erfahren. Denn die fühlt sich trotz aller Analyse zunehmend in eben diese Ketten gelegt. Wie Maren, die von ihrem Traumjob Journalistin zu permanenter Selbstoptimierung gezwungen wird und etwas trotzig bemerkt: »Es ist ja auch nicht so, dass alle Leute nur rumjammern oder sagen, wir nehmen die Herausforderung nicht an. Wir hätten uns zum Beispiel auch ganz andere Berufe suchen können. Nur muss man aufpassen, dass man mit der Zeit nicht den Bogen überspannt.«

Ist der Bogen überspannt?

Erich sagt: »Man kann ablesen, wie das so runtergegangen ist.«

Ulrike Hermann sagt: »Der Abstieg erfolgt eigentlich über Reallohnverluste.«

Jörg sagt: »Spaß hatten wir früher.«

Sandra sagt: »Ich weiß auf jeden Fall, wenn ich so leben will, wie ich aufgewachsen bin, das werd ich wahrscheinlich nicht so hinbekommen.«

Anna sagt: »Wir haben gemerkt: Langfristige Pläne funktionieren nicht mehr.«

Robert sagt: »Das hat was mit Entmündigung zu tun.«

## »Der Nächste steht schon draußen vor der Tür«

»Diese Entmündigung. Das ist das, was viele Leute ihre Nerven kostet, teilweise ihre Gesundheit. Was gar nicht unbedingt heißt, dass sie finanziell oder in ihrer Existenz gefährdet sind. Aber die Unternehmen, die stellen auf Kommando um – von oben nach unten.«

Robert kann sich über die Arbeitsstrukturen in großen Unternehmen sehr ereifern. Eine Weile haben wir das oft gemeinsam getan. An dem Abend, an dem wir über Abstiegsängste und Zukunftssorgen diskutieren, sagt er zu mir: »Ich glaube, es spielt eine große Rolle, dass die Leute nicht in der Lage sind, ihre Arbeitsbedingungen zu durchschauen. Dass sie nicht in der Lage sind, sich zu wehren, wenn man sie in den Dreck tritt. Anstatt einfach zu sagen, halt, so geht das nicht.«

In den Dreck getreten fühlt Robert sich oft genug auch. »Halt« sagt er allerdings genauso wenig wie ich. Obwohl auch Robert detailfreudig darüber phantasieren kann, wie er denen, die ihm dumm kommen, mal ordentlich Bescheid gibt. Dass er das nicht tut, liegt daran, sagt er, dass er nicht fest angestellt ist. Dass er keinerlei Garantien und Sicherheiten besitzt. Robert hat nie einen Arbeitsvertrag unterschrieben. Er arbeitet in einem unsicheren Arbeitsverhältnis.

Auch wenn Roberts Arbeitssituation nicht von potenzieller Armut geprägt ist, so sie doch »prekär« zu nennen, weil sie nicht aus einem gesicherten »Normalarbeitsverhältnis« besteht. Roberts Beschäftigungssituation ist zumindest dauerhaft unsicher. Unsicherheit wiederum ist durchaus definierender Bestandteil dessen, was unter dem Begriff Prekarisierung in den letzten Jahren zu einem Schlagwort avanciert ist.

Prekarisierung meint – ganz grob –, dass das sogenannte Normalarbeitsverhältnis seit etwa dreißig Jahren langsam verschwindet. Unter Normalarbeitsverhältnis versteht man dabei ein Arbeitsverhältnis, das von folgenden Elementen geprägt ist:

- Es ist die einzige Einkommens- und Versorgungsquelle.
- Es verschafft mindestens ein existenzsicherndes Einkommen.
- Es wird in Vollzeit verrichtet.
- Es ist unbefristet.
- Es ist tariflich und rechtlich abgesichert, wodurch die Vertragsbedingungen und die sozialen Sicherungen ebenso wie die zeitliche Organisation der Arbeit geregelt sind.
- Es bildet einen mehr oder weniger langen Abschnitt einer kontinuierlichen Erwerbsbiografie, die allenfalls durch kurze Phasen der Arbeitslosigkeit unterbrochen ist. Alter,

Beschäftigungsdauer, vor allem aber Betriebszugehörigkeit drücken sich in zunehmenden Statusrechten und -sicherungen aus.[13]

Es ist eben dieses Arbeitsverhältnis, das Soziologen zum Schwärmen bringt. Es ist dieses »Normalarbeitsverhältnis«, das in den dreißig goldenen Jahren die Lage der Lohnabhängigen vollständig gewandelt und das Fundament einer Arbeitsgesellschaft geschaffen hat, die ihren Mitgliedern wirtschaftliche Unabhängigkeit und umfassende soziale Sicherheit garantiert.

Und es ist eben dieses Arbeitsverhältnis, das immer seltener wird. Die Folge ist allerdings nicht, dass es allen Beschäftigten finanziell gleichermaßen schlechter geht, dass alle im Fahrstuhl nach unten fahren. Auch hier gilt wieder der Befund, den wir schon öfter hatten: Die Gesellschaft spaltet sich. Ungleichheit nimmt zu.

»In den vergangenen 15 Jahren hat sich die Lohnschere zwischen den obersten und untersten zehn Prozent der Vollzeitarbeitenden um ein Fünftel erweitert«, schreibt die OECD.[14] Der Grund: Der Niedriglohnsektor hat sich während der letzten zehn Jahre nirgendwo in Europa stärker ausgeweitet als in Deutschland.[15] Seit 1984 ist der Anteil der Teilzeitarbeiter in Deutschland von elf auf 22 Prozent gestiegen, das heißt, von knapp drei auf mehr als acht Millionen Menschen. Sie verdienen deutlich weniger als zwei Drittel des durchschnittlichen Lohns. Konkret bedeutet das: Eine Friseurin beziehungsweise ein Friseur verdient in Westdeutschland gerade mal 5,50 Euro pro Stunde. Noch weniger verdient etwa Wach- und Kontrollpersonal. Da liegt der Durchschnittslohn in Westdeutschland unter 5,50 Euro pro

Stunde. Am Ende dieser Statistik stehen die landwirtschaftlichen Hilfsarbeiter, die bundeseinheitlich einen Stundenlohn von etwa 4,50 Euro erhalten.

Es gibt in Deutschland circa 1,4 Millionen Menschen, die trotz Arbeit nicht mal die sogenannte Grundsicherung (den Hartz-IV-Satz) verdienen. Die beträgt zurzeit 364 Euro. Wer arbeitet und weniger als diese 364 Euro verdient, hat Anspruch auf staatliche Hilfe. »Erwerbstätige Hilfebedürftige« werden diese Menschen genannt oder auch Aufstocker. Die Kosten hierfür werden aus dem Haushalt getragen und belasten damit die Staatsfinanzen deutlich, denn die Subventionierung dieser Beschäftigungsverhältnisse ist teuer.

Durch die Zusammenlegung von Sozial- und Arbeitslosenhilfe zu ALG II hat der Staat also keineswegs Geld gespart. Denn nun muss er die unterstützen, die trotz Arbeit unter dem Existenzminimum leben. Sie gehen den ganzen Tag arbeiten – und am Ende bleibt nicht genug zum Leben übrig. »Sittenwidrigen Lohn« nennen die Gewerkschaften das. Manche Menschen fragen sich da, warum sie überhaupt arbeiten gehen sollen.

Auf der Seite der Online-Ausgabe einer Münchner Tageszeitung habe ich folgende Diskussion gefunden. Da schreibt »HarziBazi«: »Ich war Leiharbeiter für 7,50 Euro brutto!! Jetzt hab ich Hartz IV und fast dasselbe Geld. Die Regierung fördert Leiharbeit und schneidet sich damit ins eigene Fleisch. Wer wenig verdient, zahlt auch wenig Steuern. Also jammert nicht wegen zu wenig Steuereinnahmen. Gleiches Geld für gleiche Arbeit. Wenn das nicht geht, werde ich nie wieder für diesen Staat arbeiten und mich bis an mein Lebensende von euch durchfüttern lassen. Prost!« Die Antworten auf HarziBazis offene Ansage reichen von Kommentaren wie »Sozialschmarotzer, windiger« bis zu ernsthaften Antworten: »Was mich persönlich eher aufregt, sind Leute, die damit prahlen, dass sie von Hartz IV leben, und auch nicht im Entferntesten bereit sind zu arbeiten. Natürlich denkt nicht jeder Hartz-IV-Empfänger so – ganz klar –, aber die, die so denken, ziehen die ›Rechtschaffenen‹ in den Dreck. Nach wie vor gebe ich Westerwelle in einem Punkt recht: Arbeit muss sich lohnen. Es kann nicht sein, dass es nach Abzug meiner Lohnnebenkosten nur gerade noch reicht, Miete, Strom und Telefon zu bezahlen.«[16]

Das unterste Viertel der Lohnbezieher hat innerhalb der letzten zehn Jahren Reallohneinbußen von 14 Prozent hinnehmen müssen.[17] Einer der Hauptrends für den sozialen Abstieg der unteren Mittelschicht in die Unterschicht ist das Sinken der Reallöhne. Deshalb, sagt die *taz*-Journalistin Ulrike Herrmann, gibt es ja so riesige Debatten über das Lohnabstandsgebot. Durch das Lohnabstandsgebot, das im Sozialgesetzbuch geregelt ist, soll sichergestellt werden, dass die Einkommen, die als Sozialhilfe oder Arbeitslosengeld aus Steuergeldern gewährt werden, deutlich unter den Einkommen liegen, die aus Erwerbsarbeit stammen. Grob: Es soll einen Abstand zwischen Lohn und staatlicher Hilfe geben. Wer arbeitet, soll mehr Geld haben als der, der nicht arbeitet, damit er einen »Leistungsanreiz« hat, wieder arbeiten zu gehen. Mittlerweile ist dieser Lohnabstand gar nicht so leicht einzuhalten, weil die Reallöhne permanent sinken, teilweise eben sogar unter das Existenzminimum.

»Hartz IV«, sagt Ulrike Herrmann, »kann man nicht senken, weil es ja schon das Existenzminimum ist. Dadurch wird aber der Lohnabstand immer kleiner.« Für Menschen wie HarziBazi lohnt sich Arbeit dann tatsächlich nicht mehr. Was teuer für den Staat ist. Und für HarziBazi sicher nur halb so gemütlich, wie er tut – Arbeitslosigkeit gehört zu den dramatischsten Belastungen für erwachsene Menschen. Denn sie geht einher mit dem Gefühl, nutzlos, wertlos, überflüssig zu sein. Was zu Resignation und Apathie führen kann, weshalb sich einige der »Abgehängten« wohl tatsächlich nicht mehr um Arbeit bemühen, sondern sich eingerichtet haben. Einige sind auch einfach nicht mehr in der Lage, den Anforderungen des Arbeitslebens gerecht zu werden. Um sie herum organisiert sich ein Wohlfahrts- und Fürsorgemarkt, der den Staat viel kostet.

Doch erst mal zurück zu der entscheidenden Frage: Warum sinken die Löhne? Ulrike Herrmann nennt zwei Gründe: Der eine ist die Schwäche der Gewerkschaften. Immer weniger Menschen, gerade aus der Mittelschicht, organisieren sich in ihnen. »Das ist also auch wieder diese Abgrenzung der Mittelschicht gegenüber der Unterschicht. Gewerkschaften haben diesen Geruch, da sind ja nur Facharbeiter drin oder Unterschicht oder so. Und viele haben das Gefühl, ich kann ja viel besser für mich alleine kämpfen, also wieder das, was man überall sieht, ob das Privatschulen sind oder die Verteufelung des Staates, immer dieses Gefühl, ich sorge für mich selbst«, erklärt sie die schrumpfenden Mitgliederzahlen der Gewerkschaften.

Und trifft dabei hundertprozentig ins Schwarze – jedenfalls bei mir. Nach dem Volontariat, als ich mich als Berufsanfängerin verwundbar und den großen Rundfunkanstalten in meinem Einzelkämpferdasein ausgeliefert fühlte, bin ich in die Gewerkschaft Ver.di eingetreten. Dem deutschen Journalistenverband wollte ich nicht beitreten, weil der mir zu elitär erschien – im Rundfunk machte ich die Erfahrung, dass ich auf eine gute und enge Zusammenarbeit mit den Technikern angewiesen war, deshalb wollte ich in die Gewerkschaft eintreten, in der wir Hörfunkmitarbeiter uns alle gemeinsam organisieren konnten. Ein paar Jahre später war ich einigermaßen etabliert und fühlte mich sicher. In einer Anwandlung von Geiz (Sparsamkeit nannte ich das) erschien mir der monatliche Gewerkschaftsbeitrag zu teuer. Als sichtbare Gegenleistung bekam ich dafür nur den Journalistenausweis, den konnte ich mir günstiger beim Deutschen Journalistenverband besorgen. Außerdem erschienen mir Gewerkschaften irgendwie anachronistisch. Unzeitgemäß schwerfällig, nicht gerüstet für die flexiblen Arbeitsstrukturen einer neuen Zeit, die auf Freiheit und Selbstverantwortung setzte. Die Zeiten und die Arbeit hatten sich geändert, waren fließender geworden, so wie das ganze Leben – da konnte man nicht auf den Bedingungen einer »Normalerwerbsbiografie« aus den Sechzigern beharren. Fand ich. Und hielt mich für ziemlich modern und aufgeschlossen, also bin ich ausgetreten. Meinem kommunistischen Exfreund Fred habe ich das nie erzählt, er wird jetzt sicherlich empört sein. Vielleicht aber hat er es auch geahnt. Meine Metamorphose war ja eine ziemlich zeitgeisttypische. Nach den Erfahrungen der letzten Berufsjahre, in denen permanentes Sparen im Zeichen einer nie absehbaren Konsolidierung steht, habe ich Asche auf mein gewerkschaftsignorantes Haupt gestreut. Ver.di hat viel für uns freie Rundfunkarbeiter durchgekämpft. Mittlerweile habe ich am eigenen Leib erfahren, dass die Veränderungen der letzten dreißig Jahre in den Institutionen, in der Arbeitswelt entgegen der anderslautenden Ideologie »dem Menschen keine Freiheit gebracht haben«.[18]

Ulrike Herrmann nennt – außer der Schwächung der Gewerkschaften durch so abgrenzungswütige Mittelschichtler wie mich – noch einen zweiten Grund für das Sinken der Löhne: die starke Exportorientierung Deutschlands, die über Lohndumping funktioniert, das wiederum unter anderem auf Leiharbeit fußt: Erst entlässt man die Leute, dann stellt man sie als Leiharbeiter für weniger Geld wieder ein. Die Steuergesetzgebung tut ein Übriges, doch dazu später mehr.

Die sinkenden Löhne treffen zwar – in der Logik der auseinandergehenden Lohnspreizung – hauptsächlich die unteren Einkommensbezieher, sie haben aber auch Folgen für Menschen wie Erich und mich, Menschen, denen es vergleichsweise gut geht. Denn wenn es, wie in den letzten Jahren geschehen, durchgehend nicht zu Lohnanhebungen kommt, sind auch die mittleren und höheren Einkommensbezieher von sinkenden Reallöhnen betroffen. Zumindest gefühlt. Berthold Vogel beschreibt das so: »Natürlich merken auch diejenigen, die noch eine relativ stabile Erwerbsbiografie haben oder über stabile Arbeitsplätze verfügen, dass sich an der Substanz der Erwerbsarbeit etwas geändert hat. Und das ist entscheidend! Gerade in unserer Gesellschaft, in der nicht nur das Geld zählt, das man im Portemonnaie hat, sondern auch der Status, die Identität, die das Erwerbsleben gewährleistet. Und wenn man dann merkt, dass so eine ganz zentrale Stellgröße für das eigene Leben an Substanz verliert, man den Eindruck hat, um einen herum verschieben sich Dinge, dann ist das ein ganz wesentliches Moment für Besorgnis und Statusängste.«

Im »prekären Sektor« herrschen aber oft nicht nur niedrige Löhne vor, sondern eben auch »Sittenwidrigkeit«, das heißt: die Abwesenheit arbeits- und tarifrechtlichen Schutzes. »In diesem Sektor herrscht ein Klima, das durch ›Repression und Angst‹ gekennzeichnet ist.«[19]

Man kann sich natürlich fragen, warum so viele Menschen bereit sind, für einen Lohn, der den Namen nicht verdient, unter katastrophalen Bedingungen zu arbeiten. Weil sonst der Bezug von Hartz IV droht. Meine Nachbarin kann davon ein Lied singen. 14 Jahre lang hat sie bei einer Bank Intranet und Webseite betreut. Dann wurde die Abteilung verkleinert, und sie verlor ihre Arbeit. Eine befriedigende Vollzeitstelle hat sie danach nie mehr gefunden. Ihre Qualifikationen: gelernte Bürokauffrau, gelernte Fremdsprachenkorrespondentin, Fortbildungen in Webdesign, Grafik und Layout. Mittlerweile ist sie 46 Jahre alt. Ihre letzte Stelle hatte sie in einem Werbebüro. »Eine Stelle, Teilzeit, 25 Stunden. Real über 40 Stunden. Das ging sechs Wochen, und als ich dann meinem Chef kommuniziert habe, dass die Arbeit in der Zeit nicht zu schaffen ist und er mir die Überstunden ausbezahlen möchte, hatte ich am nächsten Tag die Kündigung auf dem Tisch.«

Ihr Eindruck von diesem Chef: »Der sucht sich über die Jobagentur billige Arbeitskräfte zum Ausbeuten. Das ist richtige Ausbeutung. Und wenn ich als Arbeitnehmerin mal ein Stopp setze oder sage, nein, so läuft's nicht, das geht nicht, habe ich eben Pech gehabt, denn der Nächste steht ja schon draußen schon vor der Tür.« Bei einer Zeitarbeitsfirma will sie sich trotzdem nicht bewerben. »Ich kann nicht mit 46 von einer Zeitarbeitsfirma in die nächste hopsen wegen eines Lohns, von dem ich nicht mal leben kann. Das ist für mich keine Perspektive, so kann ich nicht die nächsten 15 Jahre arbeiten. Das schafft man gar nicht.«

Sie will keine »Arbeitnehmerin zweiter Klasse« werden, will nicht den Zeitarbeitsfirmen Gewinne ermöglichen, indem sie dreißig bis fünfzig Prozent weniger Lohn als die regulär Beschäftigten bekommt, keinen Kündigungsschutz hat und mit permanentem Wechsel rechnen muss. Nur, was dann? Dann droht ihr Hartz IV. »Da wird mir schon ein bisschen mulmig. Das ist wirklich kein Spaß.«

Hartz IV zu beziehen, das ist für die meisten Menschen verständlicherweise eine Horrorvorstellung. Wie Hartz-IV-Bezieher gesellschaftlich wahrgenommen werden, das kann man in den Fernsehberichten zur besten Sendezeit studieren, selbst im seriösen Flagschiff der ARD, in der Tagesschau. Sobald da über Hartz IV berichtet wird, wird eine dicke Familie eingeblendet. Dicker Vater, dicke Mutter, dickes Kind, billig gekleidet. »Hartzer« sind körperlich anders als »Nicht-Hartzer«. Und da sind wir wieder beim Thema Perspektiven-übernahme und Mitgefühl. So wie Hartz-IV-Bezieher medial dargestellt werden, ist Mitgefühl mit ihnen kaum möglich, denn: Sie verdienen es nicht. Die mediale Darstellung von Hartz-IV-Empfängern zeigt, wie tief die gesellschaftliche Spaltung bereits reicht.

Wie demütigend der Bezug von Hartz IV empfunden wird, zeigt sich an der Kompromissbereitschaft der Arbeitssuchenden. 81 Prozent aller Hartz-IV-Empfänger würden auch eine Anstellung annehmen, die unterhalb ihres Ausbildungsniveaus liegt. Rund zwei Drittel könnten mit einem längeren Arbeitsweg, größeren Belastungen am Arbeitsplatz und ungünstigeren Arbeitszeiten leben. Immerhin die Hälfte würde lieber überhaupt eine neue Stelle haben, als dort auch angemessen bezahlt werden.

Insofern kommt Hartz IV eine »abschreckende Wirkung« zu. Genau die war ja auch mal beabsichtigt. Der SPD-Kanzler Gerhard Schröder wollte 2001 Schluss machen mit dem massenhaften Herumfläzen in der angeblich so bequemen »sozialen Hängematte« und sprach eines seiner Machtworte: »Es gibt kein Recht auf Faulheit in unserer Gesellschaft.« Leistung sollte sich wieder lohnen. Das Ergebnis lautet allerdings: Für immer mehr Menschen, nämlich für die, die im »prekären Sektor« arbeiten, lohnt sich Leistung gerade nicht. Dass sie dennoch arbeiten gehen, liegt daran, dass sie auf keinen Fall Hartz IV beziehen wollen. Weshalb Pierre Bourdieu, der Soziologe, der den Sozialstaat für eine Errungenschaft hält, »so unwahrscheinlich und so kostbar wie Kant, Beethoven, Pascal und Mozart«, Prekarisierung so bewertet: als »Teil einer neuartigen Herrschaftsnorm, deren Basis eine zum Dauerzustand gewordene Unsicherheit ist und die die Arbeitnehmer zwingen will, ihre Ausbeutung zu akzeptieren.«[20]

## »Wer ist eigentlich schuld?«

Ich muss gestehen, dass ich – trotz aller Bourdieu-Verehrung – persönlich immer noch Schwierigkeiten damit habe, mir die »Herrschenden« vorzustellen, wie sie gerade hohnlachend die »Beherrschten« ausbeuten. Für mich klingt das Zwei-Klassen-System von Ausbeutern und Ausgebeuteten so verdächtig simpel, dass ich nicht dran glauben kann.

Während meines Studiums habe ich gelernt, dass triviale Erzählstrukturen unter anderem darin bestehen, gesellschaftliche Zusammenhänge vereinfachend in Personen darzustellen. Also: Statt beispielsweise die umfassende Komplexität des »Gleichgewichts des Schreckens« während des Kalten Krieges gibt es in einem Politthriller Gute und Böse, die gegeneinander kämpfen. In den kapitalistischen Ländern waren die Guten die aus dem Westen, in den sozialistischen und kommunistischen Ländern waren die Guten die aus dem Osten.

Ich glaube nicht daran, dass die Herrschenden kalkuliert und böse die Beherrschten ausbeuten. Sie tun das vielleicht in einer Coltan-Mine im Kongo. Aber nicht in den westlichen Gesellschaften, von denen wir reden. Dr. Mabuse als Vorstandsvorsitzender der »Allgäuer Alpenwasser AG«? Nicht wirklich. Oder ist diese Sicht naiv?

Während der Buchmesse 2011 bin ich mit Harald Welzer in einer Bar in der Nähe des Frankfurter Römers versackt. Wir kamen vom Abendessen eines Verlags und landeten in einer winzigen Bar mit rot gestrichenen Wänden und einer Barfrau, wie sie sich kein »Tatort«-Drehbuchautor klischierter hätte ausdenken können: eine füllige junge Dame, die sich samt riesiger Oberweite in ein Leoparden-Stretchkleid gezwängt hatte. Zu Musik aus den Achtzigern tranken wir Averna, und Harald Welzer sagte zu mir, dass meine Sichtweise auf Ausbeutung natürlich naiv sei.

Harald Welzer ist Sozialpsychologe, hat über Nationalsozialismus, Massengewalt und Erinnerung gearbeitet und für Deutschland die kulturwissenschaftliche Klimafolgenforschung erfunden. Seit 2011 ist er Professor für Transformationsdesign an der Universität Flensburg. Regelmäßig schreibt er für *Die Zeit*, den *Spiegel* oder die *FAZ*. 2009 erschien sein Buch *Das Ende der Welt, wie wir sie kannten*, ein übersetzter REM-Titel, in Zusammenarbeit mit dem Soziologen Claus Leggewie. Ich habe damals ein Hörfunkinterview mit ihm geführt und weiß noch, dass ich dachte, »ganz schön reißerisch, der Titel«.

Mittlerweile erleben wir aber, dass dieser Titel alles andere als reißerisch ist: Der Klimawandel dramatisiert sich tatsächlich, nicht nur das Öl, sondern auch andere Ressourcen, von denen unser Wohlstand abhängt, werden knapper, die »Multi-Krise« aus Schulden-, Finanz- und Euro-Turbulenzen verschärft sich permanent. Weltweit protestieren Menschen gegen eine Weltwirtschaft, von der immer weniger glauben, dass sie vielen ein gutes Leben ermöglichen kann. Für die Welt, wie wir sie kennen, scheint tatsächlich ein Ende in Sicht.

Ich habe Harald Welzer 2004 auf einer Tagung kennengelernt. Seitdem haben wir uns nie aus den Augen verloren. Meistens geraten wir in intensive Diskussionen, immer öfter über den aktuellen Angriff der Finanzwirtschaft auf die Demokratie und über die dringend notwendige politische und ökologische Kehrtwende. Als ich ihm erzähle, dass ich gerade an dem Kapitel sitze, das »Wer ist eigentlich schuld?« heißt, nickt er beifällig. Als ich fortfahre, dass ich das alles ziemlich komplex und verwirrend fände, dass die Schuldfrage nicht so einfach zu klären sei, weil das gesamte Gesellschafts- und Wirtschaftssystem sich in den letzten dreißig Jahren, seit Ölkrise und Massenarbeitslosigkeit, ja geändert habe, schüttelt er den Kopf. Natürlich, sagt Harald Welzer an dem Abend zwischen dunkelroten Wänden und goldgerahmten Bildern zu mir, natürlich sei die Schuldfrage zu klären. Natürlich gäbe es Menschen, die von den ungerechteren Verhältnissen deutlich profitierten. Ich hätte die Zahlen doch genannt: Wachstumszuwächse gäbe es nur beim oberen Zehntel der Bevölkerung. Bei den Unternehmern und Unternehmensvorständen zum Beispiel, bei den Managern, den Anteilseignern, den Kapitalbesitzern. Bei der sogenannten Elite eben. Die Lohnabhängigen würden dagegen immer stärker belastet. Das Verhältnis zwischen Ausbeutern und Ausgebeuteten sei durchaus so schlicht, wie es sich darstelle. Das Beharren auf der angeblich ach so hohen gesellschaftlichen Komplexität sei nichts anderes als eine Vernebelungsstrategie.

Wahrscheinlich hat Harald Welzer viel öfter Kontakt mit Ausbeutern als ich, die ich höchstens mal einem Kulturdezernenten die Hand schüttele. Vielleicht kennt er diese Menschen besser als ich. Vielleicht hat er aber auch einfach ein paar mehr Studien über die Verflechtung der Weltwirtschaft gelesen als ich. Vielleicht weiß er zudem besser als ich, welcher Politiker nach Ende seiner politischen Karriere auf welchem leitenden Posten in der Wirtschaft landet. Vielleicht konnte er mir deshalb an diesem Abend Naivität attestieren.

Aber ich kann mir nicht helfen: An die Macht einzelner Menschen zu glauben, halte ich auch für naiv. Das finde ich auch in der ganzen Diskussion um gute Führung immer ziemlich albern: dass so viel von Charisma und Persönlichkeit die Rede ist. Es kann jemand als Mischung aus Jesus und Chuck Norris antreten und trotzdem als Führungskraft grandios scheitern – an den Strukturen, innerhalb derer er zum Kampf angetreten ist. Am Spardruck. Am Quotendruck. An den Quartalsvorgaben.

Mir scheint, dass die radikale Personalisierung in »Ausbeuter« und »Ausgebeutete« eine triviale Erzählstrategie darstellt. Eine verführerische, das ist klar, weil sie konkrete Schuldige benennt: habgierige Banker etwa. Über die können sich Menschen in der Straßenbahn dann aufregen, und Politiker können in Sonntagsreden endlich mal wieder das Wort »Moral« unterbringen und so tun, als wüssten sie, was zu tun sei. Das ist wichtig, weil nach der Wahl immer vor der Wahl ist.

Ich glaube trotzdem nicht an Personen, ich glaube an Strukturen. Unbestritten haben sich die gesellschaftlichen

Strukturen in den letzten dreißig Jahren dahingehend verändert, dass sie verstärkt Ungleichheit und Ungerechtigkeit produzieren. Aber wenn es um die »Schuldfrage« geht, kann man die Strukturen ins Feld führen? Können Strukturen schuldig werden?

Über diese Frage habe ich mit Werner Plumpe diskutiert, Professor für Wirtschaftsgeschichte an der Universität Frankfurt. Wir kennen uns zwar nicht persönlich, haben aber jahrelang immer dann angeregt miteinander telefoniert, wenn ich ihn als Redakteurin für ein Interview angefragt habe. Werner Plumpe gehört ebenso wie Harald Welzer zu der im deutschen Wissenschaftsbetrieb immer noch seltenen Akademikerspezies, bei der sich Sachverstand mit Scharfsinn und publizistischer Meinungsfreude paart. Weshalb er nicht nur im Rundfunk öfter zu hören ist, sondern auch immer wieder Artikel, etwa für die *FAZ,* schreibt. »Schuldig«, sagt er, »kann für mich nur jemand sein, dem man eine Handlung und ihre Folgen nicht nur ursächlich zuschreiben, sondern dem man zugleich Handlungsalternativen unterstellen kann, die er fahrlässig oder absichtlich nicht wahrgenommen hat.«

Also: Ein zu benennender Jemand hat sich ganz bewusst für eine Handlung entschieden, obwohl er sich anders hätte entscheiden können. Und diese Handlung hat negative Folgen verursacht. Kann ein System in diesem Sinne schuldig werden? Das *Wörterbuch der philosophischen Begriffe* von Johannes Hoffmeister sagt dazu: »Nur die (natürliche) Person kann, da sie ihren Willen ihrer Einsicht gemäß bestimmen kann, Schuld haben.« Werner Plumpe stimmt dem zu und sagt: »Ein System kann insofern niemals schuldig sein; es kann bestenfalls als schlecht in dem Sinne bezeichnet werden, dass es Funktionen nicht oder nur unzureichend erfüllt, die es bei entsprechenden Bemühungen durchaus erreichen könnte.«

Also: Unser kapitalistisch verfasstes Wirtschafts- und unser demokratisch verfasstes Gesellschaftssystem kann demnach nicht »Schuld« daran haben, dass mein Steueraufkommen hoch und meine Rentenaussicht niedrig ist? Dass mein Reallohn sinkt, mein Arbeitsverhältnis prekär ist, die angebotene Kinderbetreuung nicht ausreicht?

Wenn die Strukturen, das »System« daran keine Schuld tragen, wer oder was dann? Entsprechend der Schulddefinition des philosophischen Wörterbuchs können es nur einzelne natürliche Personen innerhalb dieses Systems sein. Also etwa Politiker.

Nehmen wir beispielsweise Walter Riester.

Den kennt man von der »Riester-Rente«. Walter Riester war der Bundesminister für Arbeit und Sozialordnung, der die Förderung der freiwilligen Altersvorsorge durch eine Altersvorsorgezulage vorschlug. Ich habe auch eine gekauft. Weil ich schlau sein wollte. Weil ich im Alter nicht mit Gemüseanbau anfangen wollte. Weil meine persönliche Sparkassen-Kundenberaterin mir das vorschlug. Weil ich nicht wusste, dass die nette Beraterin durch eine relativ hohe Provision überaus motiviert war, mir die Riester-Rente zu verkaufen. Und weil ich den Aussagen Glauben schenkte, wonach die gesetzliche Rentenkasse aufgrund des demografischen Wandels nicht zukunftsfähig sei. Dass mit der Rentenkasse beispielsweise Kosten der deutschen Einheit abgedeckt wurden, das war mir entgangen. Wie gesagt, es gab eine Zeit, da hielt ich es für cool, so realitätsangepasst wie möglich zu sein.

Albrecht Müller, ehemaliger Bundestagsabgeordneter der SPD und unter anderem Leiter der Planungsabteilung im

Bundeskanzleramt unter Willy Brandt und Helmut Schmidt, ist der Initiator des kritischen Internetforums »NachDenk-Seiten«. Schenkt man den Befunden Müllers Glauben, dann hat Walter Riester Schuld daran, dass Altersarmut wieder ein ganz großes Thema in der Bundesrepublik Deutschland ist, einem der reichsten Länder der Welt. Obwohl man die gesetzliche Rente hätte stützen können, hat er als verantwortlicher Minister den massiven Umstieg auf private Vorsorge betrieben. Warum? Weil, so Albrecht Müller, Lobbyisten der privaten Versicherungswirtschaft das vorgeschlagen haben. Denn sie profitieren von diesem Umstieg: Sie und die damit zusammenhängenden Banken und Finanzdienstleister konnten davon ausgehen, bei einer Umlenkung von nur zehn Prozent der bis dahin geleisteten Beiträge zur gesetzlichen Rente auf die Mühlen der Versicherungswirtschaft einen Umsatzzuwachs von ungefähr 25 Prozent zu erzielen – 16 Milliarden Euro zusätzliche Prämieneinnahmen pro Jahr.[21]

14 Millionen abgeschlossene Riesterverträge sind im Jahr 2010 verzeichnet worden, das bedeutet eine milliardenschwere Umverteilung der Arbeitnehmergehälter zugunsten großer Versicherungen, die die Riester-Rente anbieten. Eine staatlich geförderte, privat finanzierte Rente, die, das ist das Erschütternde, vor Altersarmut keineswegs schützt. Zehn Jahre nach Einführung der Riester-Rente haben die Friedrich-Ebert-Stiftung und das Deutsche Institut für Wirtschaftsforschung das mehrfach geänderte Konzept der Riester-Rente untersucht. Die DIW-Wissenschaftlerin Kornelia Hagen fasst das Ergebnis so zusammen: »Riester-Sparer werden in vielen Fällen nur so viel Rendite erzielen, als hätten sie ihr Kapital im Sparstrumpf gesammelt.« Nach zehn Jahren Riester-Rente ist die grundlegende Idee einer effizienten,

staatlich geförderten zusätzlichen privaten Altersvorsorge erschüttert.[22]

Sind Walter Riester und Franz Müntefering gemeinsam mit Angela Merkel also schuld an zukünftiger Altersarmut? Geht man davon aus, dass die Politiker wussten, was sie damals taten, dann muss die Antwort im Sinne Werner Plumpes Schulddefinition Ja lauten: Denn man kann ihnen die Handlung (Einführung der Riester-Rente) und ihre Folgen (keine ausreichende Absicherung im Alter) nicht nur ursächlich zuschreiben, sondern man kann ihnen zugleich Handlungsalternativen unterstellen (Ausbau der gesetzlichen Rentenversicherung), die sie fahrlässig oder absichtlich nicht wahrgenommen haben.

Wenn Politiker sich tatsächlich als die Macher verstehen, als die sie sich auf Wahlkampfplakaten gerne darstellen (»Ich will was bewegen«), dann müssen sie per definitionem auch schuldfähig sein. Wer etwas bewegen will, muss unter verschiedenen möglichen Handlungsoptionen die auswählen, die er für die am besten geeignete hält, die Welt in seinem Sinne zu gestalten. »Entscheiden« nennt man das auch. Wer keine Alternativen hat, kann auch nichts entscheiden. Weshalb Angela Merkels Rede von »alternativlosen« Entscheidungen eine geistige Kapitulation darstellt und eine politische Verhöhnung der Demokratie.

Nun gehe ich, anders als manche Verschwörungstheoretiker, nicht davon aus, dass Walter Riester, um noch mal auf ihn zurückzukommen, wahlweise korrupt, unfähig oder skrupellos ist. Ich gehe davon aus, dass er als Politiker nach bestem Wissen und Gewissen entschieden hat, und zwar auf Grundlage bestimmter Annahmen über die Welt, in der wir leben. Wir alle definieren die Art unserer Probleme und deren Lösungen entsprechend den Deutungsmustern, die uns zur Verfügung stehen. Bestechend einleuchtend stellt Noam Shpancer diesen Vorgang in seinem Roman *Der gute Psychologe* dar. »Nehmen Sie einmal an, Sie wären Sklave und unglücklich deswegen. Wie werden Sie Ihre missliche Lage darstellen? Sie können sich sagen: Ich muss einen guten Herrn finden. Oder Sie könnten sagen: Ich muss frei sein, mein eigener Herr. Die Art und Weise, wie Sie Ihr Problem definieren, wird die Richtungen Ihrer Bemühungen definieren.«

Walter Riester definierte das Problem »Löcher in der Rentenkasse« vor dem Hintergrund dessen, was man gemeinhin als neoliberal bezeichnet. Grob meint das, dass privat immer besser ist als staatlich. Deshalb hielt Walter Riester die Einführung einer privaten, kapitalgedeckten Altersvorsorge wahrscheinlich für die bestmögliche Alternative zur schwächelnden gesetzlichen Rentenversicherung. Wie es aussieht, hat er sich geirrt.

Nun ja, sein Schaden war es nicht. Seit Oktober 2009 ist Walter Riester Aufsichtsrat bei einem großen Finanzdienstleister, der auch Instrumente zur Altersvorsorge anbietet und – hätten Sie es erraten? – Riester-Renten im Portfolio hat.

Einzelne Menschen innerhalb des Systems können also durchaus schuldig werden. Oder, um es neutraler auszudrücken, Verantwortung tragen. Etwa für die zunehmende Altersarmut. Und sie können zugleich Profiteure dieses Systems sein.

Dennoch ist das Problem nicht der einzelne gierige Investmentbanker, Anlageberater und auch nicht der Herr, der sich, wie mir Harald Welzer erzählt, in Brüssel mit einem Handschlag und den Worten vorstellt: »Guten Tag, ich bin Lobbyist.« Es ist auch nicht der einzelne Minister, der versucht, die drohenden Rentenprobleme zu lösen. Das Problem ist das System, das die Arbeit solcher Menschen ermöglicht, begünstigt und belohnt. Und zwar deshalb, weil sich politisch die Überzeugung durchsetzen konnte, dass die Arbeit dieser Menschen sich günstig auf Wirtschaftswachstum und Wohlstand auswirke, was wiederum allen Menschen zugute käme, weil Letzterer von oben nach unten durchsickere.

»Die Wirtschaftskrise«, schreibt auch der britische Professor für Nachhaltige Entwicklung, Tim Jackson, »ist nicht das Ergebnis vereinzelter Missstände in bestimmten Teilen des Bankensektors. Verantwortungslosigkeit wurde erheblich systematischer betrieben, mit Billigung von ganz oben und mit einem klaren Ziel vor Augen: der Fortsetzung und Sicherung des Wirtschaftswachstums.«[23]

Es ist also »das System«, das sich geändert hat. Und zwar, wie ich behaupten würde, durchaus zum Schlechteren. Allgemeiner und größer geht's nicht. Deshalb reden die Soziologen auch von der »großen Transformation«.

Das ist ein Begriff, den ich sehr gern mag, weil er geheimnisvoll und mächtig und nach echter Zäsur klingt. Man kann sich Hobbits und Elfen und alle möglichen Wesen vorstellen, wie sie am Feuer sitzen und sich Geschichten erzählen, die in der Zeit vor der »großen Transformation« stattgefunden haben. Oder auch Kinder, die triumphierend nach Hause kommen und Mama eine abgegriffene Plastikkarte präsentieren, ein Artefakt aus der Zeit vor der »großen Transformation«, das sie im Garten ausgegraben haben und das Mama als Mitgliedsausweis einer Gewerkschaft identifiziert – wenn Mama dann überhaupt noch weiß, was Gewerkschaften mal waren.

Aber leider ist die große Transformation nicht halb so sagenhaft, wie sie klingt.

## »Ein paar Konzerne kontrollieren die Welt«

Mit der großen Transformation ist unter anderem das gemeint, was gemeinhin als Globalisierung bezeichnet wird. Dabei ist Globalisierung ein ebenso großer wie vager wie in allerlei Richtungen nutzbarer Begriff geworden. Es gibt Globalisierungsbefürworter und Globalisierungsgegner und unter ihnen viele Leute, die nicht wissen, was genau der Begriff eigentlich meint. Entsprechende Umfragen bringen immer wieder Erschütterndes an den Tag – die meisten Menschen antworten auf die Frage, was Globalisierung bedeutet, entweder mit einem beherzten »Hä?« oder »Dass die Welt ein Dorf wird«.

»Was genau ist eigentlich mit Globalisierung gemeint? Ein freier und liberalisierter Welthandel? Den gibt es immer noch nicht, auch wenn es behauptet wird.«[24] Die Internationalisierung des Handels? Die gibt es sehr wohl, und zwar schon seit der Antike. Was sich seither allerdings verändert hat, ist die Schnelligkeit beim Daten- und Informationsaustausch, die sich zeitgleich mit dem Ende des Kalten Krieges, also Ende der achtziger, Anfang der neunziger Jahre entwickelte. Zur politischen Öffnung kamen sinkende Transportkosten, neue Kommunikationsmethoden und dadurch beschleunigte Finanztransaktionen, eine Marktöffnung und nicht zuletzt der Siegeszug der neoliberalen Ideologien.[25]

Durch diese Faktoren nahm der weltweite Handel rasant zu, und mit ihm die globale Mobilität des Kapitals. Ein Beispiel: »Einem Automobilhersteller, der die Achsen seiner Autos aus Südafrika, die Motoren aus den USA, die Elektronik aus Japan und die Reifen aus Italien bezieht, ist es letztlich gleichgültig, wo eine neue Fabrik für den europäischen Markt entsteht. Er wird denjenigen Standort suchen, der für ihn am profitabelsten ist. Zu diesem Zweck wird er einen Vergleich der Standortbedingungen vornehmen, einschließlich eines Produktivitäts- und Qualitätsvergleiches der potenziellen Arbeitskräfte. Die Standortbedingungen werden nicht nur durch die Lohn- und Lohnnebenkosten, die Kosten für das übrige Sozialpaket, die Wochenstundenzahl, die Urlaubstage und den durchschnittlichen Krankenstand seiner zukünftigen Arbeiter und Angestellten bestimmt, sondern auch durch die Anzahl und Höhe der verschiedenen Steuern, die Qualität der bestehenden Infrastruktur, die Vorgaben für die Raumplanung, die Effizienz der Verwaltung, die Länge der Genehmigungsverfahren und alles andere, was die Produktivität einer Investition beeinflusst.«[26]

Ein Unternehmen wird sich also den Standort suchen, der am profitabelsten ist, und die Staaten wollen solche Standorte sein, um Investoren anzulocken – dieser Mechanismus führt zu einem »Superkapitalismus«, so Robert Reich, Ökonom und Arbeitsminister der Clinton-Regierung: »Eine agile Finanzindustrie, hochentwickelte Konzerne, aber auch Institutionen wie der Internationale Währungsfonds, die Weltgesundheitsorganisation WHO und die Weltbank treten im Namen der Freiheit auf, verfolgen aber tatsächlich eine Strategie, die konsequent darauf ausgerichtet ist, Märkte für die eigenen Industrien zu erobern.«[27]

Das bedeutet: Durch die sogenannte Globalisierung nimmt der Handel nicht einfach nur weltweit zu, der Wettbewerb wird vor allem aggressiver. Macht und Kapital konzentrieren sich zunehmend auf einige wenige Großkonzerne, auf transnationale Global Player. Wie hoch diese Konzentration ist, hat eine im Oktober 2011 veröffentlichte

Studie der Eidgenössischen Technischen Hochschule in Zürich, der ETH, gezeigt. In dieser Studie haben die Forscher die Datenbank Orbis genauer untersucht. In dieser Datenbank sind Einträge von rund 37 Millionen Firmen enthalten. Ziel der Untersuchung: Die Systemtheoretiker der ETH wollten herausfinden, in welchem Maße die Firmen durch wechselseitigen Aktienbesitz miteinander vernetzt sind. Und kamen zu einem erschütternden Befund: »Ein Netzwerk von nur 147 Konzernen übt eine rund 40-prozentige Kontrolle über alle 43 060 international tätigen Unternehmen aus, die 2007 in der Wirtschaftsdatenbank Orbis erfasst waren. Diese Kerngruppe der globalen Wirtschaft kontrolliert sich zudem über ein gegenseitiges Beteiligungsnetzwerk praktisch vollständig selber.«[28]

Die ETH hat mit dieser Studie zum allererste Mal die ökonomischen Machtverhältnisse auf globalem Niveau untersucht. Eigentlich erstaunlich, dass noch nie jemand vorher auf diese Idee gekommen ist. Das Ergebnis ist jedenfalls spektakulär: Es bedeutet, dass 1,7 Prozent der multinationalen Unternehmen 80 Prozent der Umsätze kontrollieren. Es sind also tatsächlich ein paar Konzerne, die die Macht über den globalen Kapitalismus besitzen. Und es kommt noch schlimmer: Rund drei Viertel dieser Konzerne gehören der Finanzindustrie an. Dass diese starke Machtballung durch ihre dichte Vernetzung die Stabilität des Systems gefährdet, wurde uns allen sehr plastisch vor Augen geführt durch die Auswirkungen, die der Kollaps der Investmentbank Lehman Brothers (sie rangiert auf Platz 34 des Netzwerks) auf die Finanzwirtschaft hatte. Eine solche Machtballung ist aber nicht nur instabil, sie gefährdet auch gerade den Wettbewerb, den neoliberale Ideologen so hochhalten.

Der britische Politikwissenschaftler Colin Crouch hat dem zunehmenden Einfluss der wenigen Großkonzerne im weltweiten Handel zwei Bücher gewidmet: *Postdemokratie* und *Das befremdliche Überleben des Neoliberalismus*. Seiner Ansicht nach setzt der real existierende Neoliberalismus bei Weitem nicht so sehr auf die freie Marktwirtschaft, wie es seine Theorie behauptet, sondern beruht auf dem politischen Einfluss von Großkonzernen.

Wenn es also ein Kartell aus 147 Unternehmen gibt, die den weltweiten Kuchen unter sich aufteilen – hat Harald Welzer dann nicht Recht? Gibt es nicht ein sehr schlichtes Verhältnis von wenigen Ausbeutern und vielen Ausgebeuteten? Und sind es nicht diese wenigen Ausbeuter, die dafür sorgen, dass die Ungleichheit rund um den Globus steigt? Indem sie beispielsweise Lobbyarbeit betreiben, die Politiker dazu bringt, ihnen mit staatlicher Unterstützung die private Kundschaft zuzutreiben, wie im Fall der Riester-Rente?

Ja, sagt Colin Crouch. Ein solches Kartell, wie die 147 Unternehmen es bilden, ist nicht nur das Gegenteil von Wettbewerb, es steht auch im Widerspruch zu einem demokratischen Staatsverständnis. Denn die Unternehmen münzen ihren ökonomischen Erfolg in politischen Einfluss um. So meinte etwa der ehemalige Chef-Ökonom des Internationalen Währungsfonds (nicht gerade eine politisch links stehende Organisation) Simon Johnson, die Finanzindustrie kontrolliere die US-Regierung mittlerweile auf eine Weise, die man sonst nur aus Entwicklungsländern kennt.[29] Der griechischen Regierung steht mit Lucas Papademos mittlerweile ein Finanzexperte und ehemaliger Bankmanager vor – ein Lehrstück in Sachen Bock und Gärtner.

Eines wird durch den Befund der ETH-Studie aber mehr als

deutlich: Es dürfte verdammt schwierig werden, die Machtfülle dieses kapitalistischen Netzwerks durch politische Reformen zu begrenzen, denn das Netzwerk IST die Politik. Das ist jedenfalls die zentrale These von Colin Crouch, weshalb er die demokratischen Staatsgebilde der Industriestaaten als »Postdemokratie« bezeichnet: »Der Begriff bezeichnet ein Gemeinwesen, in dem zwar nach wie vor Wahlen abgehalten werden, Wahlen, die sogar dazu führen, dass Regierungen ihren Abschied nehmen müssen, in dem allerdings konkurrierende Teams professioneller PR-Experten die öffentliche Debatte während der Wahlkämpfe so stark kontrollieren, dass sie zu einem reinen Spektakel verkommt, bei dem man nur über eine Reihe von Problemen diskutiert, die die Experten zuvor ausgewählt haben.«[30] Die Macht der globalen Konzerne ist seiner Meinung nach der entscheidende Faktor, der unsere Demokratie aushöhlt.

Das unternehmerische Kalkül der Großkonzerne hat dabei vor allem die Profitabilität im Blick, also die Kosten. Ist die Unternehmenssteuer in Irland niedriger als in den USA, dann verlagern die Global Player ihre Konzernzentralen nach Irland. Lassen sich die Kosten noch weiter reduzieren, wenn der Standort von Irland nach Polen verlegt wird, dann wird auch das geschehen. Woraufhin in Irland die Arbeitslosigkeit steigt, aber das ist nicht das Problem der Unternehmen, die mittlerweile ihre Zentralen in Polen haben. Diese Dynamik hat Folgen, sowohl für die Struktur der Unternehmen als auch für die Struktur der Staaten, in denen die Unternehmen sich ansiedeln. Letztere wollen sich durch niedrige Steuern und niedrige Lohnkosten möglichst attraktiv machen für die Global Player – das Ergebnis besteht in abnehmender Unternehmens- und Körperschaftsbesteuerung und zunehmender Arbeitnehmerbelastung durch Steuern und Sozialabgaben. Diese Politik wird anschließend als »alternativlos« bezeichnet, was entweder zynisch oder hilflos ist. Beides sollte ein Politiker nicht sein.

So weit, so unerfreulich. Vieles davon ist nicht neu, auch wenn mich die Radikalität der Entwicklung und die Fülle der Machtkonzentration doch überrascht haben. Aber vor allem hat mich eine Frage beschäftigt: Wie konnte es zu dieser Entwicklung, zu dem Systemwechsel des Kapitalismus, der großen Transformation und ihren Folgen überhaupt kommen? Wie konnten die großen Unternehmen so groß werden? Wieso wurden die amerikanischen Antitrust-Gesetze, die die Macht von Privatunternehmen einschränken sollten, gekippt? Warum schwand die Überzeugung, der Wirtschaft und ihren Unternehmungen staatliche Grenzen aufzuerlegen, die nach dem Zweiten Weltkrieg doch flächendeckend in den Industrienationen verbreitet war?

Schließlich schien doch nach dem Zweiten Weltkrieg erst mal alles recht gut zu sein. Wohlstand und Sicherheit wuchsen. Zumindest in den entwickelten Industrienationen auf der nördlichen Halbkugel. Dort konnten Englischlehrer mit einem Gehalt Frau, Kinder und Haus finanzieren. Warum mir das nicht mehr so einfach gelingt, wird langsam etwas klarer:

Aufgrund der Veränderungen der letzten dreißig Jahre, innerhalb derer die Großkonzerne des »Superkapitalismus« an Einfluss gewannen. Das Ergebnis: steigende Einkommensunterschiede, häufigere Entlassungen, zunehmende Wirtschaftskorruption, außerdem: stetig steigende Besteuerung der Arbeitnehmer, sinkende Reallöhne, mehr private Kosten für Absicherung im Krankheitsfall und im Alter.

Aber da stellt sich eben die Frage: Was genau ist geschehen, dass der breite gesellschaftliche Kompromiss der Nachkriegsjahre – nämlich durch staatliche Eingriffe die arbeitende Bevölkerung vor den Schwankungen des Marktes zu schützen –, dass dieser »soziale Kapitalismus« in den siebziger Jahren in Gefahr geriet und schließlich aufgegeben wurde? Was ist geschehen, dass das Soziale des Kapitalismus sich seit dreißig Jahren stetig verringert, während das Kapitalistische des Kapitalismus bleibt? Wie konnte sich die Überzeugung durchsetzen, dass eine private Altersvorsorge besser ist als eine gesetzliche? Wie konnte es zu der großen Transformation kommen?

Meine Mutter antwortete auf diese Frage: Na, da war doch diese Krise. Genau. Diese Krise. Die Älteren unter uns werden sich sicherlich erinnern. An Familien, die auf Autobahnen picknickten. An die erste Ölkrise. Die ging so:

Am 17. Oktober 1973 beschloss die Organisation erdölexportierender Länder, die OPEC, die Ölförderung um fünf Prozent zu drosseln. Sie tat das ganz bewusst, um die westlichen Staaten unter Druck zu setzen, die im arabisch-israelischen Jom-Kippur-Krieg Israel unterstützten. In der OPEC haben sich vor allem arabische Länder organisiert. Die Folge: Der Ölpreis schoss in die Höhe. Mit entsprechend negativen Folgen für die westlichen Industrieländer, für die Erdöl einen äußerst wichtigen Produktionsfaktor und Energielieferanten bedeutete. Die Konjunktur brach ein. Das Wirtschaftswachstum rutschte unter ein Prozent, das heißt: Es kam zu einer Stagnation. Gleichzeitig verschärfte der hohe Ölpreis aber die Produktionskosten und damit die Preise und damit die Inflation – die Inflationsrate stieg auf fast sieben Prozent.

Diese Mischung – einerseits wirtschaftliche Stagnation, andererseits Inflation – bezeichnete man mit dem Kunstwort »Stagflation«. In dieser Stagflation setzten die Gewerkschaften – als Ausgleich für die steigenden Preise – kräftige Tariferhöhungen durch: 1973 und 1974 wuchsen die Löhne im Schnitt jeweils um mehr als zwölf Prozent. Es kam zur sogenannten Lohn-Preis-Spirale.

Je mehr Inflation die Gewerkschaften erwarteten, desto höher wurden die Lohnforderungen. Und je höher die Löhne, desto stärker erhöhten die Unternehmen die Preise. Diese Stagflation – geringes Wachstum, hohe Löhne und hohe Preise – sorgte für historisch niedrige Unternehmensgewinne. Die wiederum sorgten für ein politisches Umdenken in Deutschland. Die Politik versuchte es mit dem Neoliberalismus statt nachhaltiger Entwicklung. Man dachte, man könne durch die Aufhebung von Mobilitäts- und Handelsbarrieren und Anreize für die Finanzmärkte aus der Stagflation herauskommen. Das frühere Wachstum sollte wiederhergestellt werden, indem Unternehmen ohne Beschränkungen handeln konnten.[31]

Diese Argumentation kommt einem so bekannt vor, weil sie seit dreißig Jahren so gebetsmühlenartig wiederholt wird, dass die meisten kaum umhinkönnen, ihr zu glauben. Die Krise von 1973 war also einer der Auslöser für das politische Umdenken, das gemeinhin als »neoliberale Wende« bezeichnet wird. Es bezeichnet die langsame Abkehr von den Überzeugungen der Gründer des Wohlfahrtsstaates – also: weg vom starken Staat, der die Märkte reguliert, hin zum starken Markt, der von Deregulierung lebt. Der Glaube an Adam Smiths »unsichtbare Hand« wuchs wieder, und zwar erstaunlich schnell: 1979 wird in Großbritannien Margaret Thatcher gewählt, 1981 Ronald Reagan in den USA, 1982 Helmut Kohl in Deutschland.

»Die eigentliche Frage«, sagt Werner Plumpe am Telefon, »die eigentliche Frage ist doch, warum diese Politiker so erfolgreich waren und so lange wiedergewählt wurden.« Es gab nicht so etwas wie einen neoliberalen Anschlag, sagt er, sondern eine Art Problemanhäufung: Stagflation, Massenarbeitslosigkeit, Währungsturbulenzen und dazu die gewaltige asiatische Konkurrenz, die innerhalb weniger Jahre den gesamten Elektronikmarkt dominierte. Diese Probleme stürzten das keynesianische Wiederaufbaumodell in eine tiefe Krise. Die Neoliberalen glaubten, die Antworten auf diese Krise liefern zu können: Ein freier Markt, der individuelles Profitstreben ermöglicht, so die zentrale neoliberale These, sei das beste Mittel zur Bewältigung der Krise.

Zu dieser Überzeugung gehört auch die Ansicht, dass der Staat Regelungen für die Arbeitszeit und Arbeitsbedingungen nicht festschreiben dürfe, weil solche Vorschriften den Flexibilitätsbedürfnissen des Marktes entgegenstünden. Entsprechend wurden ab Ende der siebziger Jahre weltweit Arbeitnehmerrechte abgebaut, nach längerem Widerstand auch innerhalb der Europäischen Union. Die Folge: eine »Balkanisierung der Arbeitsverträge« und »Grauzonen der Beschäftigung«.

Neben der Ölkrise 1973 und ihren Folgen gab es noch einen zweiten Auslöser für die neoliberale Kehrtwende: den Zusammenbruch des Weltwährungssystems von Bretton Woods.

Richard Sennett beschreibt diesen Auslöser so: »Als das in Bretton Woods geschaffene Weltwährungssystem (…) zusammenbrach, wurden weltweit gewaltige Mengen Kapital für Investitionen freigesetzt.«[32]

Als ich diesen Satz las, hatte ich nur eine Frage im Kopf: Warum?

Warum setzte der Zusammenbruch des Weltwährungssystems »weltweit gewaltige Mengen Kapital« frei?

Leider erklärt Richard Sennett diesen Zusammenhang nicht, er setzt ihn als bekannt voraus. Ebenso wie die Kenntnis solcher Fakten wie: Was ist eigentlich ein Weltwährungssystem? Warum wurde es überhaupt nach dem Krieg geschaffen?

Bei dem Versuch, den politischen Paradigmenwechsel hin zu dem viel geschmähten »Neoliberalismus« zu verstehen, fand ich mich erneut mit der fundamentalen Unkenntnis konfrontiert, die ich schon im Zusammenhang mit dem »Wohlfahrtsstaat« kennengelernt hatte: Ich kannte wesentliche historische Prozesse nicht, die zu der Welt geführt haben, wie ich sie kenne und die jetzt möglicherweise zu Ende geht. Ein Bekannter von mir, ebenfalls Philosoph, den Geld nie interessiert hat, erzählte mir, neuerdings lese er volkswirtschaftliche Bücher, versuche, Finanzprodukte wie »Swaps« zu verstehen und der Psychologie des Finanzmarkts nahezukommen. Eine Aussage, die meine Cousine, die Übersetzerin ist und auch nicht viel von komplizierten Finanzprodukten versteht, ein paar Tage später fast identisch wiederholte. Es ist, als unternähmen wir den Versuch, etwas, was jahrzehntelang scheinbar reibungslos und »unbewusst« funktionierte, nämlich unser Wirtschafts- und Gesellschaftssystem, nun ins Bewusstsein zu holen. Aus den Neurowissenschaften weiß man, dass bewusste kognitive Leistungen stoffwechselintensiv sind, dass sie also Energie kosten, das heißt, für den Körper teuer sind. Deshalb laufen die meisten physischen, psychischen und mentalen Prozesse unbewusst ab. Das menschliche Gehirn arbeitet effizient und spart Energie. Daher merken wir nichts davon, wenn wir verdauen. Jedenfalls nicht, solange alles nach Plan läuft. Erst bei Abweichungen, Störungen oder Gefahr wird das

Bewusstsein angeschaltet, und dann spüren wir, wie es im Magen zwickt.

Mir scheint, genau das geschieht gerade. Jedenfalls bei mir. Die Situation, in der wir uns jetzt befinden, stellt definitiv eine Störung dar, eine Abweichung, und überall in meinem Körper zwickt es. Die bisher unbewusst laufenden Prozesse werden nun versuchsweise ins Bewusstsein geholt. Und ich staune darüber, in welcher Unkenntnis ich bisher gelebt habe. Übrigens ohne als besonders doof aufzufallen. Und zwar aus dem einfachen Grund, weil die Mehrheit diese Unkenntnis teilt.

Zurück zu dem Abkommen von Bretton Woods.

Um die Bedeutung des Zusammenbruchs dieses Abkommens zu begreifen, muss man sich vergegenwärtigen, in welcher Situation und zu welchem Zweck es im Sommer 1944 in dem kleinen Ort Bretton Woods in New Hampshire überhaupt getroffen wurde. Führende Wirtschafts- und Finanzexperten der britischen und amerikanischen Regierung hatten drei Jahre lang über diese Vereinbarung diskutiert und gestritten. Von britischer Seite saß John Maynard Keynes am Verhandlungstisch, jener Ökonom, der der Überzeugung war, die Freiheit des Marktes müsse durch einen mächtigen Staat eingeschränkt werden, damit sich Weltwirtschaftskrise, faschistische Unterdrückung und Vernichtungskrieg nicht wiederholten. Das Dogma der »unsichtbaren Hand« des Marktes, die ganz von selbst alles zum Besten aller regelte, und die Auffassung, dass private Gewinne stets der Allgemeinheit zugutekämen, diese Überzeugungen hatten sich, wie gesagt, mit der Weltwirtschaftskrise und ihren Folgen – erst mal – erledigt.

Voraussetzung für das Abkommen von Bretton Woods war die Auffassung, dass die ökonomischen und politischen Krisen der dreißiger Jahre zwei grundlegende Ursachen hatten: Zum einen die Tatsache, dass nationale Regierungen sich nur um ihre unmittelbaren Probleme im eigenen Land gekümmert hatten statt um die Weltwirtschaft. Zum anderen, dass das Kapital frei durch die ganze Welt fließen konnte, nämlich dorthin, wo es die höchsten Zinsen oder die kapitalfreundlichste Politik fand. Dieser freie Kapitalfluss sollte mit dem Abkommen von Bretton Woods gestoppt werden. Der damalige US-Finanzminister Henry Morgenthau sagte, Ziel der Vereinbarung sei es, »die wucherischen Geldverleiher aus dem Tempel der internationalen Finanz zu treiben«. (Daran merkt man, wie weit die damaligen Zeiten von der heutigen Orthodoxie entfernt sind: Heute lassen die Finanzminister die wucherischen Geldverleiher auf die ökonomischen und politischen Kommandobrücken, um die Krankheit zu heilen, deren Verursacher sie sind.)

Entsprechend schufen die Teilnehmer von Bretton Woods – 45 Staaten unterzeichneten am Ende – eine Weltwährungsordnung, legten feste Wechselkurse fest, um den Kapitalfluss zu regeln, schufen Kontrollbehörden und sahen Hilfsmaßnahmen vor für Länder, die in Zahlungsbilanzschwierigkeiten gerieten. Das Abkommen funktionierte eine Weile ziemlich gut. Bis die USA ausstiegen. Und zwar, weil sie Geldprobleme hatten.

In Bretton Woods hatte man den Dollar als Leitwährung bestimmt. Alle anderen Währungen orientierten sich an seinem Kurs. Damit der Dollar stabil blieb, hatte man ihn an Gold gekoppelt. Das heißt: Die USA sollten nicht einfach die Notenpresse anwerfen und so viel Geld drucken können, wie sie brauchten, sondern nur so viel Geld in Umlauf bringen, wie sie in ihrem berühmten Fort Knox Gold gelagert hatten – pro Feinunze Gold durften 35 Dollar unterwegs sein. Theoretisch.

Doch die Weltwirtschaft wuchs. Mit ihr wuchs die Nachfrage nach dem Dollar. Der Dollar war die Leitwährung und wurde überall auf der Welt eingesetzt. Auch in Europa entstand ein »Dollarmarkt«. Also druckten die USA Dollarnoten. In der Folge war das Gold-Dollar-Verhältnis nicht mehr aufrechtzuerhalten. Die Differenz zwischen den weltweit zirkulierenden Dollars und dem Wert des in Fort Knox gelagerten Goldes wuchs. Und zwar auch deshalb, weil die US-Regierung Geld brauchte, um den Vietnamkrieg zu finanzieren. Deshalb verkündete US-Präsident Richard Nixon am 15. August 1971 in einer sonntäglichen Fernsehansprache an die Nation ohne vorherige Warnung, dass die USA die Golddeckung des Dollars aufheben würden. Das war der Todesstoß für das Abkommen von Bretton Woods.

Die Folge war, dass die festen Wechselkurse beseitigt und die Einschränkungen der Kapitalbewegungen aufgehoben wurden. Das Kapital konnte international ungehindert fließen – genau das, was John Maynard Keynes und sein amerikanischer Kollege H. D. White 1944 hatten verhindern wollen. Nixons Aufkündigung dieses Programms 1971 leitete ein neues ökonomisches und politisches Stadium ein. In der Folge entstanden durch die ungehinderte globale Produktion nicht nur multinationale Konzerne mit wachsendem politischem Einfluss, es bildete sich auch der komplexe Finanzmarkt heraus, dessen zunehmende Herrschaft uns heute weltweit Krisen einträgt.

Was haben die Krisen und Weichenstellungen des Jahres 1973 damit zu tun, dass Robert über Entmündigung klagt, dass Maren sich ihrem Arbeitgeber ausgeliefert fühlt und Jörg

Lotto spielt in der Hoffnung, irgendwann nicht mehr arbeiten zu müssen?

Das erklärt der amerikanische Soziologe Richard Sennett. Er beschäftigt sich seit Jahrzehnten mit Arbeit und Beschäftigungsverhältnissen und der spannenden Frage, wie die Veränderung der Arbeitsverhältnisse die Kultur und das Bewusstsein der Menschen verändert. Drei Entwicklungen haben demnach im 20. Jahrhundert für einen kapitalistischen Systemwechsel gesorgt: erstens der Machtwechsel von den Managern zu den Anteilseignern in Großunternehmen.[33] Dieser Machtwechsel kam durch den Zusammenbruch des Bretton-Woods-Abkommens zustande. Denn weil das Kapital danach ungeregelt durch die Welt fließen konnte, wurden gewaltige Mengen für Investitionen freigesetzt. Die Kapitaleigner suchten entsprechend in der ganzen Welt nach Investitionsmöglichkeiten. Und sie begnügten sich dabei nicht mehr mit der Rolle der Geldgeber, sondern begannen, aktiv Einfluss auf die Unternehmen auszuüben, in die sie investierten. Ein Machtwechsel vom Management in Richtung Investoren fand statt.

Das ist die erste Entwicklung, die zu einer weiteren führte: Die Investoren waren nun viel mächtiger geworden und setzten eher auf kurzfristige Ergebnisse als langfristige Erfolge. Erfolg wurde nicht mehr an der Dividende, sondern am Aktienkurs gemessen, denn langfristiges Halten von Anteilsscheinen lohnte sich weniger, als schnelles Geld durch Aktienkauf oder -verkauf zu machen. Das Kapital wurde ungeduldig. Diese Kombination – das freigesetzte Kapital auf der einen Seite und die kurzfristige Gewinnperspektive auf der anderen Seite – veränderte die Unternehmensstrukturen tiefgreifend. »Als schön galt eine Institution, wenn sie nach außen hin zeigen konnte, dass sie im Inneren wandlungsfähig und flexibel war und sich als ›dynamisches Unternehmen‹ präsentierte.«[34]

Dazu kam noch eine dritte Entwicklung: die neuen Kommunikationstechnologien. Internet, E-Mail und Datenverarbeitung führten zu zwei einschneidenden Veränderungen in den Unternehmen: Zum einen ist weltweite Kommunikation blitzschnell geworden. Zum anderen sorgen neue Datenverarbeitungssysteme dafür, dass das Management jederzeit und sehr schnell Zugang hat zu Informationen über Mitarbeiterleistung, Verkaufszahlen, den Fortgang von Projekten usw. »Eine Folge dieser Informationsrevolution ist die Tatsache, dass an die Stelle der Veränderung und Interpretation von Anordnungen heute eine neue Form von Zentralisierung getreten ist. (...) In der Unternehmensführung, die unter dem Druck des ungeduldigen Kapitals steht, führt dieser technologische Fortschritt ganz unmittelbar zu dem Glauben, genug zu wissen und daher Veränderungen ganz direkt von oben anordnen zu können.[35]

Es ist genau diese Veränderung, die Robert in den Blick nimmt, wenn er sagt: »Aber die Unternehmen, die stellen von oben nach unten um, wie es ihnen gerade passt.« Robert leidet unter dieser neuen »Geografie der Macht«, ebenso wie ich und fast alle meine Freunde und Bekannten. Dabei ist es nicht einfach so, dass wir renitente Autoritätsverweigerer wären. Es ist so, dass diese strukturellen Veränderungen in den Unternehmen zu drei sozialen Defiziten führen:

Zum Ersten wird durch die neue Kommandostruktur die Loyalität gegenüber dem Unternehmen geschwächt. Wer wie Michael, Robert oder ich im fünften, sechsten oder siebten Konsolidierungs- oder Umstrukturierungsplan – neudeutsch Change – steckt, der weiß genau, was gemeint ist. Er weiß auch, dass der Verlust von Loyalität für jeden von uns Stress bedeutet. Auch wenn viele den herunterspielen. »Früher war das mein Traumjob«, sagt eine Kollegin zu mir, »heute ist es ein Job.« Und das, fügt sie hinzu, hätte ja auch Vorteile: Dienst nach Vorschrift bedeute mehr Raum für Sport, Sauna, eben Freizeit generell. »Heute mach ich mich nicht mehr kaputt.« Den Unternehmen entsteht durch diese innere Emigration natürlich Schaden. Den Mitarbeitern aber auch. Grauer werdende Gesichter bezeugen ihn.

Das zweite soziale Defizit betrifft nach Sennett das Vertrauen, und zwar das informelle Vertrauen, also das, was entsteht, wenn man lange mit Menschen zusammenarbeitet und weiß, auf wen man sich in welchen Situationen wie verlassen kann. Informelles Vertrauen braucht Zeit, um sich zu entwickeln. Der erfolgreiche und vielfach ausgezeichnete Regisseur Fatih Akin hat in einem Hörfunk-Gespräch mit mir eben dieses informelle Vertrauen als Grund dafür angegeben, warum er immer wieder mit denselben Schauspielern arbeitet: »Der Grund dafür ist ganz einfach. Abgesehen davon, dass ich gerne Zeit mit diesen Menschen verbringe, ist es ein rein pragmatischer. Jemanden kennenzulernen ist immer ein Arbeitsprozess und erfordert jedes Mal neue Energie. Mit Leuten, die du schon kennst, hast du das nicht. Du kannst gleich sagen: Okay, mach mal auf Seite 250 auf und lies vor. Man muss sich nicht nach den Befindlichkeiten erkundigen.« Auf meine Nachfrage, dass diese Vertrautheit also Sicherheit und Schnelligkeit gäbe, antwortete Fatih Akin ohne zu zögern: »Vor allem Schnelligkeit.«[36] Die ist bei den meist knapp bemessenen und teuren Drehtagen ein wichtiger Faktor.

Ein Freund von mir beschäftigt sich als Philosophieprofessor mit dem Begriff »Tierwürde«. Seine Forschungen haben ihn bereits in einige Kuhställe geführt. Er hat mir erzählt, dass Kühe weniger Milch geben, wenn eine neue Kuh in die Herde kommt. Sie brauchen zwar nur einen Tag, bis alle Hierarchiefragen geklärt sind und die Milchleistung wieder im Normalmaß liegt, aber die Aufgabe von Milchkühen ist ja – möglicherweise – auch weniger komplex als die von Softwareentwicklern, Werbetextern oder Redakteuren.

Die schlanken, flexiblen, dynamischen Unternehmen der Gegenwart mit ihren unterschiedlichen Projektgruppen nehmen auf die zeitintensive Herausbildung des informellen Vertrauens jedenfalls keine Rücksicht. Permanent müssen fremde Menschen zusammenarbeiten. Das Ergebnis: Um ihre Arbeitsfähigkeit herzustellen, müssen diese Menschen erst mal aufwendige Synchronisations- und Koordinationsleistungen erbringen. Und wenn sie ständig mit neuen Kollegen und Vorgesetzten konfrontiert werden, auf die sie sich einstellen müssen, ist das Ergebnis: gestörte Milchleistung. Also eben nicht jene Effizienz und Schnelligkeit, die das Unternehmen anstrebt. Und außerdem verschärftes »Impressionsmanagement« (Wie beeindrucke ich die Kollegen am besten?), also Anstrengung und Stress unter den Arbeitnehmern.

Das dritte soziale Defizit betrifft nach Richard Sennett die Schwächung des institutionellen Wissens. »Die Menschen, die über das umfangreichste institutionelle Wissen verfügen, stehen in der Unternehmenshierarchie oft relativ weit unten. In einer Fabrik wissen Vorarbeiter oft mehr als ihre in Hemd und Anzug daherkommenden Chefs. In Büros sind Sekretärinnen und persönliche Assistenten vielfach die Träger des institutionellen Wissens. Und in Krankenhäusern besitzen Krankenschwestern bekanntermaßen größere Kompetenz in Fragen der Bürokratie als die Ärzte, denen sie zuarbeiten. Institutionelles Wissen dieser Art bildet eine Ergänzung zum informellen Vertrauen. Mit wachsender Erfahrung lernen die Mitglieder einer Bürokratie, wie man die bürokratischen Zahnräder am besten schmiert.«[37]

Das Problem: Bei sogenannten Reformen oder Umstrukturierungen werden diese unteren Hierarchiemitglieder am wenigsten gehört. Sie werden außerdem oft als Erste entlassen. Damit geht den Institutionen wichtiges Wissen verloren.

Es sind diese drei sozialen Defizite – mangelnde Loyalität sowie Verlust des informellen Vertrauens und des institutionellen Wissens –, die das moralische Ansehen von Arbeit verändern und das Zugehörigkeitsgefühl von Mitarbeitern verringern. Was bei den Mitarbeitern zu Stress und Frustration führt. Aber auch wieder einmal zu mehr Ungleichheit. Denn wenn die Lage im Unternehmen sich verschlechtert, haben die Beschäftigten in den oberen Etagen größere Handlungsspielräume als in den unteren: Manager finden meistens einen neuen Arbeitsplatz, ganz gleich, als welchen Trümmerhaufen sie den alten hinterlassen. Was alle Eltern als Maxime der Kindererziehung eingetrichtert kriegen, Verantwortung zu übernehmen, gilt für Manager offenbar nicht. Führung und Verantwortung haben sich entkoppelt. Die Folge: Vertrauensverlust.

Richard Sennett ist überzeugt, dass die Wurzel dieses Übels nicht bei den einzelnen Managern zu suchen ist, sondern in der Trennung von Besitz und Kontrolle. Der Manager soll etwas kontrollieren, nämlich ein Unternehmen, das nicht ihm, sondern den Investoren gehört. »Dem Manager ist es nicht gestattet, wirklich langfristig Verantwortung für die Firma zu übernehmen: Die eigentliche Macht liegt bei den ungeduldigen Investoren.«[38]

Arbeit hat also nicht nur an Substanz, sondern auch an Identifikationspotenzial verloren. Denn wer die Organisation, für die er arbeitet, nicht versteht, der hat Schwierigkeiten, sich mit ihr zu identifizieren, ganz gleich, wie viel Geld er dort verdient. Robert sagt deshalb: »Aber das ist das große Problem: die Unzufriedenheit. Es ist nicht so, dass die Leute verarmen, sondern dass die Leute kotzen, weil das Produkt immer schlechter wird, und sie nur noch als Hilfskräfte für miese Qualität rangezogen werden.«

Die Arbeitswelt, in die wir Mitglieder der Generation Laminat unseren Fußbodenbelag verdienen müssen, hat sich also stark verändert. Am unteren Rand der Gesellschaft verliert Arbeit an Substanz. Davon zeugen unsichere Beschäftigungsverhältnisse, die Ausweitung des Niedriglohnsektors, die Zunahme von Leiharbeit: alles Beschäftigungsverhältnisse, in denen die Arbeitnehmer kein oder kaum noch »soziales Eigentum« und damit keinen Rechtsanspruch auf Absicherung mehr erwerben können. Es sind Beschäftigungsverhältnisse, in denen die Arbeitnehmer nicht nur den Schwankungen des Marktes wieder stärker ausgesetzt sind, weil die entsprechenden Sicherheits- und Schutzrechte abgebaut wurden und werden. Es sind auch Beschäftigungsverhältnisse, die die Kraft des Klebstoffs Arbeit mindern. Denn es ist das über die Arbeit gebildete soziale Eigentum, das den Klebstoff bildet, der die Mitglieder des Wohlfahrtsstaates zusammenfügt. Hält dieser Kleber nicht mehr, verringert sich die Bindung zwischen den Gesellschaftsmitgliedern bis hin zu der viel beschworenen Vereinzelung.

Diese gravierende Veränderung in der gesellschaftlichen Ordnung bemerken auch die, deren Arbeitsverhältnisse noch nicht völlig ausgehöhlt sind. Die Mitglieder der mittleren bis oberen Mittelschicht. Leute wie ich. Sie machen sich verstärkt Sorgen um ihre eigene Lage und um ihre Zukunft. Werden sie ihren Arbeitsplatz halten können? Den Kredit fürs Haus abzahlen können? Oder auch nur die Mietwohnung in einer angenehmen Wohnlage halten können? Werden sie ihren Kindern eine gute Bildung ermöglichen können?

Es sind solche Fragen, die einerseits als Wohlstandgejammer abgetan werden könnten. Es sind sicherlich egozentrische Fragen. Fragen, die anzeigen, wie weit die Fragmentierung, Reindividualisierung, Entsolidarisierung oder wie immer man es nennen will, unserer Gesellschaft bereits fortgeschritten ist: Die meisten schauen nur, wie sie ihre eigenen Schäfchen ins Trockene kriegen – ein Slogan, mit dem übrigens einige private Krankenversicherungen werben und auch die Riester-Rente, die ihre Schäfchen wie gezeigt eher im Regen stehen lässt. Andererseits sind es berechtigte Fragen, denn sollte ein Staat nicht dafür sorgen, dass seine Bürger einigermaßen stabil ihren Lebensunterhalt verdienen und ihre Kinder großziehen können?

Es sind auf jeden Fall eben diese Fragen, die anzeigen, wie umfassend unsere gesellschaftliche Architektur gefährdet ist. Und es sind diese Fragen, die zunehmend auch die Menschen auf die Straße treiben, deren Arbeit – noch – nicht oder kaum an Substanz verliert. Die mittlere Gehälter beziehen, Rentenansprüche erwerben und in unbefristeten Festanstellungen arbeiten. Doch auch sie spüren in ihren Unternehmen die große Transformation mit den entsprechenden Veränderungen der Unternehmenskultur: Kommandostrukturen von oben nach unten, ständig neue Erlasse, zunehmender Druck, sei es in Bezug auf Produktions- oder Absatzzahlen, Aktienkurse oder Quote, permanenter »change process«. Das wachsende Empfinden, die eigene Organisation nicht mehr zu verstehen, frustriert sie. Und auch sie hören das Knirschen im staatlichen Gebälk. Denn natürlich wissen sie nicht, ob ihr Anspruch auf Rente sich jemals in eine reale Rente verwandeln wird, und falls ja, ob die zu mehr taugen wird als dafür, den Dünger für die Kartoffeln im Selbstversorgervorgarten zu bezahlen. Wenn der Eckpfeiler Arbeit bröckelt, bröckelt auch der Eckpfeiler Staat. Was nur logisch ist: Denn die Architektur der Staates, wie wir ihn kannten, basierte in entscheidendem Maß auf dem »System Erwerbsarbeit«.

Wenn sich aber die Struktur, die Organisation und die soziale Gestalt der Erwerbsarbeit verändert, bleibt das für den Gesamtzustand des Gebäudes nicht folgenlos. Der Wandel der Arbeitsgesellschaft spiegelt sich in den Umbauarbeiten des Wohlfahrtsstaates.[39]

Wie baut sich der Wohlfahrtsstaat um? Schauen wir mal.

# Bröckelnder Eckpfeiler II: Staat

## »Heute krieg ich nicht mal mehr 'ne Krankengymnastik verschrieben«

»Früher fuhr man jedes Jahr zur Kur mit allem Drum und Dran, und heute krieg ich nicht mal mehr 'ne Krankengymnastik verschrieben.« So lakonisch beschreibt Maren die spürbaren Auswirkungen dessen, was als Umbau der Sozialsysteme beschrieben wird. Aus der Perspektive der Generation Laminat bedeutet dieser Umbau einen Verlust. »Zum Beispiel wird heute automatisch vorausgesetzt, selbst wenn du in die Rentenversicherung einzahlst, dass du selber zusätzlich für dein Alter vorsorgst. Denn die normale Rentenversicherung reicht ja nicht.«

Selbst Erich, der als fest angestellter Redakteur eine betriebliche Rente haben wird, macht sich Gedanken über Zusatzversicherungen. Der dreifache Vater hat eine Berufsunfähigkeitsversicherung abgeschlossen. »Früher? Da waren in der gesetzlichen Rentenversicherung noch Leistungen enthalten, die du heute nur noch über eine Berufsunfähigkeitsversicherung bekommst. Da haben sich schon die Bedingungen geändert.«

Da ist es wieder: das Früher. Die Zeit, in der wir aufgewachsen sind. Die Zeit, die eine bestimmte Mentalität ausgeprägt, eine bestimmte Zukunftserwartung und eine bestimmte Haltung gegenüber der Gesellschaft geprägt hat, wie

Berthold Vogel im Gespräch sagt. Diese Zeit ist vorbei. »Arbeit ist nicht mehr so, wie sie früher war, so sicher und so stabil. Ebenso wenig wie die staatliche Sicherung, die nicht mehr dieses Maß an Zuverlässigkeit und Statusschutz bietet.«

Mag sein, dass die staatliche Sicherung im Vergleich zu anderen Ländern – etwa dem Tschad – gar nicht so schlecht ist. Doch die anderen Länder sind nicht der Referenzpunkt, von dem aus wir die Veränderung beurteilen, wie Maren deutlich macht. »Natürlich geht's mir nicht schlecht, aber mein Maßstab ist eher der, den ich bei meinen Eltern erlebt habe, und nicht das, was in anderen Ländern passiert, wo es möglicherweise schlechter ist.«

Unsere Mentalität und unsere Zukunftserwartungen sind von einem sogenannten sorgenden Staat geprägt worden. Dieser Staat ist ein »Ungleichheitsdämpfer« und »Ungleichheitsmoderator«.[1] Es ist der Staat, der seine Bürger vor Risiken – Arbeitslosigkeit, Krankheit, Unfall, Altersarmut – schützt, indem er ihnen materielle Leistungen garantiert. Es ist der Staat, der durch schulische, betriebliche und universitäre Bildung aktiv soziale Aufstiegsperspektiven schafft. Es ist der Staat, in dem Wirtschaftswachstum und soziale Absicherung durch Lohnarbeit eine feste Verbindung eingegangen sind.

»Die Geschichte vom sorgenden Staat ist die Geschichte einer Aufsteigergesellschaft. Der soziale Leittyp dieser Aufsteigergesellschaft war der arbeits- und tarifrechtlich geschützte Arbeitnehmer.«[2] Dieser Typ stirbt aus. Arbeits- und Tarifrecht wurden zugunsten der Bedürfnisse eines flexiblen Marktes geschwächt. Statt eines sorgenden Staates haben wir es nun mit einem gewährleistenden zu tun. Dieses Staatsmodell ist dadurch gekennzeichnet, dass es keine auf Dauer gestellte Lebensstandardsicherung mehr bietet, dass es die soziale Ungleichheit aus Wettbewerbsgründen nicht dämpfen will, dass es nicht mehr aktiv Aufstiegsperspektiven durch Bildung schafft und dass es sich von einer tarifvertraglich kollektivierten Arbeitswelt verabschiedet. Innerhalb der großen Transformation hat der gewährleistende Staat seine Rolle und Funktion als Fürsorger für alle aufgegeben.

Für die Mehrheit der Menschen lebt es sich in diesem neuen Modell ungemütlicher. Für die Mehrheit ist es auch teurer. Weil die staatliche Sicherung nicht mehr so umfassend ist, müssen sich die Einzelnen nämlich selbst um diese Sicherung kümmern.

Was bei der Rente ganz schön kompliziert sein kann. Die Rentenplanung von Jörg und Anna beispielsweise basierte jahrelang auf der Privatrentenversicherung. »Wir waren ja die meiste Zeit selbstständig, das heißt, unsere ganze Rentensituation ist auf Lebensversicherungen aufgebaut, die wir privat zahlen. Und jetzt, seit ich wieder einen Job habe, zahlen wir wieder in die gesetzliche Rentenkasse, zusätzlich aber weiter in die private, weil es sonst nicht reicht – selbst wenn ich noch siebzehn Jahre angestellt bleibe. Wir legen uns dafür jetzt schon krumm: Die private kostet uns 1000 Euro im Monat, plus das, was von meinem Gehalt abgezogen wird und in die blöde Rentenkasse investiert wird.«

Die »blöde Rentenkasse«. Viele, die ich kennen, verfluchen das Geld, das sie jeden Monat von ihrem Bruttogehalt für die staatliche Rentenversicherung abgehen sehen, weil sie wissen, dass sie damit die heutigen Renten finanzieren, ihre eigene Rente aber aufgrund der Rentenreform von 2001 kaum das Grundsicherungsniveau überschreiten wird.

Das Geld, mit dem Jörg zwangssolidarisiert die Renten derjenigen finanziert, die ihr Leben lang gearbeitet haben, dieses Geld fehlt ihm für die notwendige private Altersvorsorge. Denn das, was früher staatlich oder kollektiv an Sicherungsleistung erbracht wurde, muss heute individuell geleistet werden. Dass der Staat seine Fürsorgerolle aufgegeben hat, hat daher eine »Entkollektivierungs- oder Reindividualisierungstendenz«[3] zur Folge. Die die Gräben innerhalb der Gesellschaft verschärft. Beispielsweise werden durch die politischen Änderungen bei der staatlichen Alterssicherung die Generationen in Frontstellung zueinander gebracht.

Maren drückt das so aus: »Ich habe manchmal das Gefühl, dass wir nun den Preis dafür zahlen, dass es früher sehr viele Arbeitnehmerrechte gab. Als man gemerkt hat, dass das alles zu viel wurde, wurde zurückgerudert. Und jetzt kommen wir eben dafür auf, was früher rausgehauen wurde. Mir kommt es vor, als würde meine Generation nun dafür haftbar gemacht, dass sich der Staat jahrelang so verschuldet hat.«

Ihrer Ansicht nach hat die Generation vor uns auf unsere Kosten gelebt. Auch Robert sieht das so: »Nach dem Krieg haben sich die Leute das aufgeteilt, da gab's genug für alle, da wurden paradiesische Pensionsverträge abgeschlossen.«

Das wird bei uns anders sein. Aber ist das tatsächlich die Schuld der vorangegangenen Generation? Oder nicht doch Ergebnis politischer Entscheidungen? Und was wird mein Sohn mir und meinen Freunden mal vorwerfen – angesichts der Tatsache, dass wir trotz Klimawandels einfach weiter zum Kurzurlaub nach Portugal geflogen sind?

Entkollektivierung und Reindividualisierung zeigen sich auch bei den Veränderungen im Gesundheitssystem. Etwa 86 Prozent der Deutschen sind gesetzlich krankenversichert. Die meisten, weil sie nicht anders können. Denn nur, wer selbstständig ist oder ein Jahresgehalt über 49 000 Euro bezieht, darf in die private Krankenkasse wechseln. In den letzten Jahren hat die Politik immer mehr Leistungen aus der gesetzlichen Versicherung gestrichen – beispielsweise werden Brillen oder Sehhilfen nur noch bei Kindern gezahlt, seit 2005 gibt es beim Zahnersatz für Kronen, Brücken und Prothesen nur noch einen festen Zuschuss, weshalb man, wie Sandra meint, demnächst unseren sozialen Status am Gebiss erkennen wird. Der Leistungskatalog der gesetzlichen Krankenkassen wird immer dünner – es entsteht eine Versorgungslücke. Die schließen private Zusatzversicherungen. Ob für Zahnersatz, Brillen, alternative Medizin oder Heilpraktikerbehandlung – für alles kann man Zusatzversicherungen abschließen. Die natürlich etwas kosten. Genau wie die private Altersvorsorge. Die Euros, die ich jeden Monat in eine Lebens- oder eine Zahnersatzzusatzversicherung stecke, diese Euros – die damals noch D-Mark hießen – konnte mein Englischlehrer jeden Monat auf seine Kreditrate fürs Haus verwenden.

Diese Schlussfolgerung bestätigt mir Berthold Vogel: »Ein ganz wichtiger Punkt, gerade für die Mittelschichten, ist die Umstellung im sozialen Sicherungssystem. Dass immer mehr an eigenen Leistungen eingefordert wird, sei es für die Altersvorsorge, für die Gesundheitspflege, für die Bildungsausgaben, die man für die Kinder tätigen muss. Man wird immer stärker eingebunden in die Finanzierung dieser Dinge, Leistungen, die in der Vergangenheit wie selbstverständlich vorhanden waren.« Nicht mehr die Gemeinschaft sorgt für alle ihre Mitglieder, sondern jeder Einzelne muss das für sich selbst übernehmen.

Was nicht allen gleich gut gelingt. Auch hier gilt wieder der Befund, dass sich die Gesellschaft zunehmend in Gewinner und Verlierer spaltet. »Wer im Moment berechtigterweise

141

die größten Abstiegssorgen hat, das ist der Bereich der unteren Mittelschicht, also Facharbeiter, Fachangestellte, die tatsächlich jetzt durch die Mangel gedreht werden. Im öffentlichen Dienst durch New Public Management, in der Industrie durch die Auslagerung und Zergliederung von Firmen. Aber auch durch neue Statusbeschäftigungsformen, vermehrten Einsatz von Befristung, Leiharbeit usw.«, sagt Berthold Vogel. »Die gehobene Mittelschicht wird von diesen Prozessen nur sehr wenig berührt. Sie zählt möglicherweise zu den Profiteuren dieser Entwicklung: Berater im New Public Management ziehen Aufträge von der öffentlichen Hand an Land dafür, dass sie diese Tätigkeiten machen. Oder Therapeuten, die jetzt volle Auftragsbücher haben, weil sich die Neurosen und Burnouts häufen.«

Es gibt also auch Menschen, die von dem gesellschaftlichen Wandel profitieren, es gibt Menschen, die mit dem Fahrstuhl nach oben fahren. »Die Mitte beginnt sich zu differenzieren, das ist ganz wichtig für die gesellschaftliche Dynamik – da sind Verlierer- und auch Gewinnerpositionen erkennbar.«

Deutlich verstärkt werden diese Gewinner- und Verliererpositionen durch die deutsche Steuerpolitik.


## »Steuern zahlen die anderen«

»Steuern«, sagt meine Freundin Anna und seufzt tief. Ich hatte sie gefragt, ob sie nicht wenigstens die Tatsache, dass sie Steuern zahle, als ganz konkrete Anwesenheit von Politik in ihrem eigenen Leben empfände. »Ich bin nicht zufrieden damit, was mit der Steuer passiert. Es gibt vieles, was ich nicht gutheiße, kann's aber nicht verhindern. Deswegen gucke ich da gar nicht mehr hin.«

Ehrlich gesagt: So habe ich es jahrelang auch gehalten. Steuern sind ungeliebt, und die Beschäftigung mit ihnen so sexy wie eine überkämmte Glatze.

Bevor ich anfing, dieses Buch zu schreiben, habe ich mich bei Steuerdiskussionen in der Redaktion immer weggeduckt. Erstens, weil ich sie langweilig fand, und zweitens, weil ich so wenig davon verstand. Einkommens-, Lohn-, Körperschafts-, Grund- und Erbschaftssteuer, Abgeltungssteuer, Hinzurechnungsbesteuerung, Steuerreform, Steuerflucht, kalte Progression, regressive Steuern. Es gibt in Deutschland 205 Steuergesetze, 96 000 Verwaltungsvorschriften, über 90 000 Urteile der Finanzgerichte. Das Einkommensteuergesetz wurde seit 1964 mehr als 260-mal geändert. Wenn Steuerberater und Finanzbeamte bei all den Gesetzesnovellen kaum noch durchsteigen, wie soll ich es da tun? Wieso sollte ich es überhaupt tun wollen? Es gibt so viele schöne Dinge im Leben.

Meine Haltung gegenüber Steuern war eine von vager Empörung durchsetzte Ignoranz. Auf irgendeine unklare Art schien mir, ich würde zu viel Steuern zahlen. Jedenfalls hat mich die Größe der Differenz zwischen brutto und netto auf meiner Gehaltsabrechnung immer wieder aufs Neue fassungslos gemacht. Diese Größe liegt natürlich auch daran, dass ich unverheiratet bin. Verheiratete Kollegen, die brutto weniger verdienen als ich, kriegen netto mehr raus. Das Ehegattensplitting fand ich deshalb immer schon ungerecht, abgesehen davon, dass ich es bis heute nicht verstehe, warum der Staat bestimmte private Lebensformen steuerlich begünstigt und andere nicht. Darf er sich so sehr in das Intimleben seiner Bürger einmischen? Ich finde nicht.

Als ich dann ein Kind bekam und als Alleinerziehende in Steuerklasse II rutschte, bekam meine Empörung echte Nahrung. Denn »alleinerziehende Steuerpflichtige können einen Entlastungsbetrag von 1308 Euro im Kalenderjahr von der Summe der Einkünfte abziehen, wenn zu ihrem Haushalt mindestens ein Kind gehört«. Das war's. 1308 Euro »Entlastungsbeitrag« gegenüber einem kinderlosen Single. Das bedeutet: Die höchste steuerliche Belastung – und davon dann 1308 Euro abgezogen. Das ist ein Witz, betrachtet man die Höhe meiner Betreuungskosten, die unter anderem dadurch entstehen, dass deutsche Kommunen noch nichts von der Veränderung des Normalarbeitsverhältnisses mitgekriegt haben. Es soll Menschen geben, die länger als bis 16 Uhr 30 arbeiten. Unter diesen Menschen sollen schon mal Mütter gesichtet worden sein.

Keine Angst: Auch wenn mir bei diesem Thema die Galle hochkommt, geht es geht mir nicht darum, durch ausführliches Jammern Langeweile zu verbreiten. Es geht mir um etwas anderes. Wenn ich den deutlichen Eindruck habe, eigentlich relativ viel mit meiner Steuerzahlung zu leisten, aber immer weniger rauszukriegen, frage ich mich, wer das Geld denn dann eigentlich bekommt. Offensichtlich die anderen.

Steuern sind ein essenzielles Thema der Gesellschaft, wie essenziell, das beginne ich erst langsam zu begreifen. Denn hinter der theoretischen Debatte über unsere komplexe Steuerpolitik steht eine Interessenpolitik, die entscheidenden Einfluss auf die Steuergerechtigkeit und die Finanzierung des Sozialstaats hat.

Der Sozialstaat, diese wesentliche Tatsache vergessen wir gern, ist ein Steuerstaat. Es sind die Steuereinnahmen, die seine schiere Existenz erst ermöglichen. Denn neben Schulden stellen Steuern die einzige Finanzierungsquelle des Staates dar. Das Steuersystem muss daher so gestaltet sein, dass dem Staat dadurch ausreichende Mittel zur Verfügung stehen, um seine – demokratisch definierten – Aufgaben zu erfüllen. Das tut er, indem er mit dem Geld, das er durch die Steuern einnimmt, ein Umfeld schafft, das aus Bildungswesen, Rechtsstaatlichkeit und geeigneter Infrastruktur besteht.[4] Der Staat übernimmt dabei zahlreiche Aufgaben, für die sich private Investoren aufgrund mangelnder Profitchancen nicht sonderlich interessieren: etwa Kindergärten zu bauen, Schulen zu betreiben oder selten genutzte Bahnverbindungen zwischen kleinen Gemeinden aufrechtzuerhalten.

Es ist jenes Umfeld, das ich in den achtziger Jahren nicht als gemacht wahrgenommen habe, es ist jenes Umfeld, das meine Freundin Anna bis heute noch nicht als Produkt politischer Entscheidungen begreift, weil es ihr derart selbstverständlich erscheint. Aber wer seine Kinder in die städtische Bibliothek schickt, wer im Schwimmbad morgens gern eine Runde kraulen geht, wer im Frankfurter Stadtverkehr froh ist, auf einem Fahrradweg zur Arbeit radeln zu können, oder wer, wie meine Mutter, jeden Tag mit dem Auto auf verschiedenen großen und kleineren Straßen in einen Stall im tiefsten Odenwald fährt, um dort sein Pferd zu versorgen, der sollte gerne Steuern zahlen: Sie finanzieren das Gehalt der Bibliothekarin, die Heizung des Schwimmbeckens, den Ausbau der Fahrradwege und die Instandhaltung der Straßen. In den meisten Haushalten stehen aber trotzdem Bücher im Regal, die Titel tragen wie »Tausend legale Steuertricks«. Die *taz*-Redakteurin Ulrike Hermann kann sich darüber richtig aufregen: »Die Mittelschicht sägt da munter am Ast, auf dem sie sitzt. Ein Freund von mir zum Beispiel ist Architekt und lebt nur von Staatsaufträgen, er saniert alte Gebäude, Staatsbibliotheken usw., oder baut sie denkmalgerecht um. Sein Hauptauftraggeber ist der Staat. Dieser Mensch ist ganz und gar dagegen, dass die Steuern steigen. Aber in welcher Welt lebt er eigentlich? Denkt er, dass der Staat das Geld von selbst hat?«

Auch der Soziologe Berthold Vogel kann seine Irritation über den Unwillen, Steuern zu zahlen, nicht verbergen: »Die Mentalität der Mittelschicht ist schon widersprüchlich. Man beißt ganz gern in die Hände desjenigen, von dem man immer verlangt, dass er einen umsorgt und hegt und pflegt. Es ist ja nicht so, als hätten wir nichts von unseren Steuern.«

Natürlich haben Ulrike Hermann und Berthold Vogel völlig Recht. Trotzdem steht es auch um meine Steuermoral nicht gut. Und zwar aus einem einzigen Grund: Ich empfinde meine Steuerbelastung als ungerecht.

Ein wesentlicher Grundsatz des deutschen Steuerrechts ist Steuergerechtigkeit. Das bedeutet aber nicht, dass alle gleich besteuert werden. In den meisten modernen Steuerstaaten richtet sich die Besteuerung nach dem Prinzip des sozialen Ausgleichs. Das heißt: Der Staat sorgt über die Steuern für eine Umverteilung des Wohlstands von oben nach unten und zieht die oberen Klassen stärker zu seiner Finanzierung heran als die unteren. In Deutschland hatten sich die Sozialreformer des 19. Jahrhunderts diese Idee auf die Fahnen geschrieben. Steuern waren von da an nicht mehr nur einfach dazu da, dem Staat Einnahmen zu verschaffen, sie bekamen auch eine politische Dimension. Es ging nicht mehr nur um reine Finanzmittelbeschaffung, sondern nun auch um wirtschafts- und sozialpolitische Zielsetzungen.[5]

Seitdem gilt im deutschen Steuerrecht das Prinzip der wirtschaftlichen Leistungsfähigkeit. Das bedeutet, dass sich die

Besteuerung des Steuerzahlers an der Höhe seines Einkommens orientiert. Wer viel verdient, zahlt daher nicht einfach nur viel Steuern, sondern prozentual mehr Steuern als jemand, der weniger verdient. Ein Vielverdiener soll demnach beispielsweise die Hälfte seines Einkommens abgeben, ein Geringverdiener nur ein Zehntel. Steuerprogression nennt man diese prozentual steigende Steuerbelastung. Deren Grundsatz hat das Bundesverfassungsgericht in einem Urteil vom 22. Februar 1994 noch einmal betont: »Es ist ein grundsätzliches Gebot der Steuergerechtigkeit, dass die Besteuerung nach der wirtschaftlichen Leistungsfähigkeit ausgerichtet wird.«

Hinter diesem grundsätzlichen Gebot steht die Vorstellung, dass die hohe Besteuerung der Reichen der gesamten Gesellschaft mehr nutzt, als sie den einzelnen Reichen schadet.

Dass wir annehmen, dass die Steuerlast einigermaßen gerecht verteilt ist, ist ein wesentlicher Grund dafür, dass wir überhaupt dazu bereit sind, unsere Gemeinschaft mit Steuern zu finanzieren. Der amerikanische Historiker Tony Judt nennt in seinem Buch *Dem Land geht es schlecht* noch drei weitere: »Erstens nehmen wir an, dass unsere Mitbürger ebenfalls Steuern zahlen, andernfalls würden wir uns unfair belastet fühlen. Zweitens setzen wir darauf, dass die Regierung unser Geld vernünftig verwaltet und für sinnvolle Zwecke ausgibt. Sollte nämlich herauskommen, dass unsere Steuern veruntreut oder vergeudet wurden, haben wir eine Menge Geld verloren. Drittens fließt der größte Teil der Steuereinnahmen in Schuldentilgung oder Investitionen. Es besteht also ein stillschweigendes Verhältnis von Vertrauen und Gegenseitigkeit zwischen gestrigen Steuerzahlern und heutigen Nutznießern, heutigen Steuerzahlern und künftigen Nutznießern – und natürlich zukünftigen Steuerzahlern, die unsere Altersversorgung zu finanzieren haben. Wir müssen also wildfremden Leuten vertrauen.«[6]

So weit die Theorie. Dass die Praxis anders aussieht, ist offensichtlich. Wer sie bis ins kleinste Abschreibungssteuerdetail nachvollziehen will, dem sei das preisgekrönte Buch von Nicola Liebert, Wirtschaftsjournalistin und Sprecherin der ILO, der Arbeitsorganisation der UNO, empfohlen, *Steuergerechtigkeit in der Globalisierung*. Ihm verdanke ich einerseits mein jäh und heftig erwachtes Interesse an Steuerpolitik. Andererseits hat dieses Buch mir auch die eine oder andere Kieferverspannung eingetragen, weil ich es nur mit vor Wut zusammengebissenen Zähnen gelesen habe. (Mein Vater besaß nicht nur ein ziemlich cholerisches Temperament, sondern auch einen mit Reis gefüllten Frosch aus Stoff. Den warf er bei besonders heftigen Wutanfällen an die Wand, bis das arme Tier eines Tages der Wucht nicht mehr standhielt und der Reis durchs Wohnzimmer flog. Dennoch: So einen Frosch hätte ich bei der Lektüre von Lieberts Buch gut gebrauchen können.)

Denn: Erstens ist unsere Besteuerung alles andere als gerecht. Zweitens zahlen keineswegs alle unsere Mitbürger Steuern, weshalb viele Menschen sich zu Recht unfair belastet fühlen. Drittens werden unsere Steuern von der Regierung gegenwärtig nicht für vernünftige Zwecke wie kostenlose Bildung und Gesundheitsversorgung eingesetzt, sondern in ein bodenloses Loch geschmissen. Die Banken und der Euro sollen gerettet werden, und ein Ende dieser Rettungsaktion ist so wenig abzusehen, dass an der Rationalität dieser Handlung ernsthafte Zweifel angebracht sind. Viertens hat sich das stillschweigende Verhältnis von generationenübergreifender Gegenseitigkeit aufgelöst – unsere Generation zahlt nicht gerne für die heutigen Rentner, weil sie nicht davon ausgeht, dass sie einmal Nutznießer von zukünftigen Steuerzahlern sein wird.

Schauen wir uns die Argumente mal der Reihe nach an.

**1. Die Besteuerung ist alles andere als gerecht.** Grob gefasst gibt es zwei Tendenzen, die zur Steuerungerechtigkeit in Deutschland beitragen: eine abnehmende Kapitalbesteuerung und eine zunehmende Arbeitnehmerbesteuerung. Zu diesen beiden Tendenzen gesellen sich Steuervermeidung, Steuerflucht, Steuerhinterziehung und mangelnder Steuervollzug.

Abnehmende Kapitalbesteuerung bedeutet, dass die Besteuerung von Unternehmen und Vermögen zurückgeht, weil Unternehmenssteuern ebenso wie Vermögenssteuern gesenkt oder ganz abgeschafft wurden und werden. Das geschieht in unserer globalisierten Welt nicht nur in Deutschland – Nicola Liebert weist nach, wie Staaten weltweit sich einen »Steuersenkungswettbewerb« liefern. Wenn man bedenkt, dass Steuern neben Schulden die einzige Einnahmequelle des Staates sind, dann ist der Wille zur Steuersenkung eigentlich unsinnig, denn er bedeutet niedrigere Einnahmen. Doch weil sich die großen Unternehmen in der globalisierten Welt ihren Standort aussuchen können, versuchen die einzelnen Nationalstaaten, sich so attraktiv wie möglich zu machen, um das scheue Reh, das Kapital, aus dem internationalen Wald auf die heimische Wiese zu locken. »Standortwettbewerb« heißt das.

Dieser Wettbewerb wird in der Bundesrepublik mit deutschem Ehrgeiz geführt. »In nur wenigen EU-Mitgliedsstaaten wurden die Unternehmenssteuern so drastisch gesenkt wie in der Bundesrepublik. Hier sanken die Körperschafts- und

Gewerbesteuersätze von zusammen 56,8 auf 29,8 Prozent«[7], also fast um die Hälfte.

Aber nicht nur Unternehmen werden in Deutschland schüchtern besteuert. In der Steuerreform von 2009 wurde außerdem eine einheitliche Abgeltungssteuer von 25 Prozent auf alle Kapitalerträge beschlossen. Das bedeutet: Ganz gleich, wie viel Geld jemand auf der Bank liegen hat, und ganz gleich, wie viel Zinsen dieses angelegte Geld bringt – diese Zinsen müssen seit 2009 nur noch mit 25 Prozent versteuert werden statt mit dem individuellen Einkommenssteuersatz. Gutverdiener, die ihre Zinsen ansonsten mit 42 Prozent oder seit Einführung der Reichensteuer mit 45 Prozent hätten versteuern müssen, kommen mit dieser pauschalen Abgeltungssteuer also sehr günstig weg. Das bedeutet nicht nur Steuerausfälle für den Staat in Milliardenhöhe, es bedeutet auch den Bruch mit einem Gebot der Steuergerechtigkeit: dass nämlich entsprechend wirtschaftlicher Leistungsfähigkeit besteuert wird.

Auch bei der Vermögensbesteuerung weist die Bundesrepublik, spätestens seit der Abschaffung der Vermögenssteuer 1997, eine im internationalen Vergleich ungewöhnlich niedrige Belastung von Vermögen auf. Alle seitdem noch vorhandenen Steuern auf Besitz – also Erbschafts-, Grund- und Schenkungssteuer – bringen nur etwa 0,8 Prozent des Bruttoinlandsprodukts ein. In Frankreich ist es mehr als dreimal, in Großbritannien sogar viermal so viel. »Nur Mexiko, Tschechien, Ungarn und die Slowakei, also Staaten mit einem deutlich geringeren Vermögensbestand als Deutschland, sowie Österreich erzielen weniger Einnahmen aus dieser Steuerart«, heißt es dazu trocken bei der OECD.[8] »In Deutschland«, befindet auch der Soziologe Stephan Lessenich, »findet die

Besteuerung von Reichen oder überhaupt die Besteuerung in einer gewissen Weise viel weniger Zustimmung als in anderen Ländern. Zum Beispiel gibt es in den USA eine ganz radikale Erbschaftssteuer, viel radikaler als in der BRD.«

Es sind übrigens Bundesregierungen aller Couleur, die sich in Steuerzurückhaltung gegenüber den Besserverdienenden üben. So war es der CDU-Kanzler Helmut Kohl, der die Vermögensteuer abschaffte, während der SPD-Kanzler Gerhard Schröder den Spitzensteuersatz von 53 auf 42 Prozent drückte, und es war CDU-Kanzlerin Angela Merkel, die die pauschale Abgeltungsteuer auf Kapitaleinkommen einführte. Die Steueränderungen seit 1998 bedeuten für den Staat enorme Einnahmeausfälle. Gustav Horn, Leiter des Instituts für Makroökonomie und Konjunkturforschung, schätzt diese Ausfälle allein für das Jahr 2011 auf 51 Milliarden Euro. Mit anderen Worten: Hätten Bund und Länder dieses Geld, müssten sie in diesem Jahr überhaupt keine neuen Kredite mehr aufnehmen.

Das betont auch Ulrike Herrmann: »Wenn man mehr staatliche Leistungen wollte, müsste man vor allen Dingen diese Steuerentlastung für die Reichen zurücknehmen. Dann wäre auch genug Geld da.«

Das sehen einige Reiche – anders als meine Bekannte Silke – ebenso. Im Sommer 2011 haben sie in den USA, in Frankreich und in Deutschland einen bemerkenswerten Appell zur Vermögensabgabe gestartet. »Besteuert uns!«, fordern sie die Staaten auf.[9]

Die Bundesregierung denkt allerdings nicht daran. Stattdessen senkt sie kontinuierlich die Einkommenssteuersätze. Mit folgendem Ergebnis: »Auf mittlere Sicht haben vor allem kinderlose Spitzenverdiener von den Entlastungen der vergangenen Jahre profitiert.«[10]

Aufgrund dieser Steueränderungen fällt in der entsprechenden OECD-Statistik Folgendes auf: Die staatlichen Einnahmen aus dem Bereich Einkommen und Gewinne sinken ebenso wie die aus dem Bereich Vermögen. Dafür steigen sie in den Bereichen Sozialabgaben und Güter und Dienstleistungen.

Während also die Steuereinnahmen von Unternehmern und Kapitalbesitzern zurückgehen, steigen die von Arbeitnehmern und Verbrauchern. Das Geld, das der Staat bei den Unternehmen und Vermögenden verliert, versucht er bei den Arbeitnehmern und Verbrauchern wieder reinzuholen. Denn so mobil das Kapital ist, so immobil sind die Arbeitnehmer. Wir können nicht einfach aus einem Angebot von Staaten mit verschiedenen Steuersystemen und einem unterschiedlichen Angebot öffentlicher Güter den für uns günstigsten aussuchen. Auf diese Tatsache spielt der Berliner Kabarettist Frank Lüdecke an, wenn er Globalisierung so charakterisiert: »Kleines Beispiel: der Friseur. Wird der zu teuer, dann gehen Sie nicht mehr zum Friseur um die Ecke, sondern Sie kaufen sich ein Ticket und fliegen für 4,99 Euro zum Hairstylisten nach Dubrovnik.«[11]

Weil die Arbeitnehmer also anders als die Investoren und Unternehmer sich nicht einfach dort ansiedeln können, wo es am komfortabelsten für sie ist, weil sie nicht vor Steuerbelastung flüchten können, können sie leichter besteuert werden, was die Bundesrepublik in zunehmendem Maße tut – mehr als in den meisten anderen OECD-Ländern.[12]

Um die steigenden Belastungen der Arbeitnehmer in Deutschland zu verstehen, muss man nicht nur auf die Steuern, sondern auch auf die sogenannten Abgaben für die Sozialversicherung schauen, also auf die Pflichtabgaben, die vom Bruttolohn abgezogen werden für die gesetzliche Renten-, Arbeitslosen-, Kranken- und Pflegeversicherung. Und auch hier liegt in Deutschland die Belastung außergewöhnlich hoch: Mit 38,5 Prozent liegen wir immerhin neun Prozentpunkte über dem EU-Durchschnitt. Und wenn man sämtliche Abzüge vom Bruttolohn eines alleinstehenden Arbeitnehmers berücksichtigt, also Steuern und Abgaben zusammen, befindet sich Deutschland an der Spitze aller OECD-Staaten.[13]

Der Staat schröpft also die Arbeitseinkommen und begünstigt steuerlich die Gewinne. Kein Wunder, dass mich die Differenz zwischen meinem Brutto- und Nettogehalt immer wieder aufs Neue fast ohnmächtig werden lässt. Aber es ist nicht nur ihre schlichte Höhe, die die deutschen Sozialversicherungsabgaben so besonders macht. Es ist auch die Tatsache, dass sie nach oben gedeckelt sind. Schließlich gibt es die »Beitragsbemessungsgrenze«. Das heißt: Ab einer gewissen Einkommenshöhe steigen die Sozialabgaben prozentual nicht weiter an. Bei der gesetzlichen Krankenversicherung beträgt diese Grenze 45 900 Euro, bei der gesetzlichen Rentenversicherung 67 200 Euro.

Diese Beitragsbemessungsgrenze hat zur Folge, dass in Deutschland die höchsten Abzüge durch Steuern und Sozialabgaben mit 53 Prozent bei einem Single mit einem Jahresgehalt von rund 63 000 Euro anfallen. Bei einem Jahresgehalt von 110 000 Euro machen die Kosten durch Steuern und Sozialabgaben nur noch 50 Prozent des Gehalts aus. Ab einem gewissen Einkommensniveau sinkt die Belastung also wieder – im Sinne der Steuergerechtigkeit ist das nicht. Im Sinne des Staatshaushalts auch nicht.

Die Arbeitnehmer werden jedoch nicht nur durch die Tatsache belastet, dass in den letzten vierzig Jahren die Sozialabgaben kontinuierlich gestiegen sind. Sie werden auch dadurch belastet, dass die Verbrauchssteuern, allen voran die

Mehrwertsteuer, gestiegen ist – mittlerweile auf 19 Prozent. Nach der Lohn- beziehungsweise Einkommenssteuer ist die Mehrwertsteuer damit inzwischen die zweitwichtigste Einnahmequelle des Staates.

Was die Verbrauchssteuern angeht, muss man aber Folgendes wissen: Sie treffen Haushalte mit kleinem Einkommen stärker als solche mit großem Einkommen, denn erstere geben einen höheren Anteil für umsatzsteuerpflichtige Waren und Dienstleistungen aus als Gutverdiener. Die können nämlich einen größeren Teil ihres Einkommens zurücklegen und mehrwertsteuerfrei Wertpapiere oder Häuser erwerben.[14]

Dass ich auf Laminat wohne, liegt also nicht nur daran, dass mein Reallohn in den letzten zehn Jahren kontinuierlich gesunken ist, es liegt auch daran, dass ich mich stärker als früher privat versichern muss, und daran, dass dieser real sinkende Lohn kontinuierlich stärker belastet wird, nämlich durch steigende Sozialabgaben und Verbrauchssteuern.

Ich muss gestehen, dass ich mich bereits sehr geärgert habe, während ich versucht habe, die deutsche Steuer- und Abgabenpolitik einigermaßen zu verstehen, und dabei begriffen habe, dass die Folge dieser Politik »eine kontinuierliche Entlastung von Kapitaleinkommen und Vermögen bei gleichzeitiger hoher Belastung von Arbeit und Verbrauch«[15] ist.

Wirklich verspannt waren meine Kiefer da aber noch nicht. Das kam erst, als ich in Nicola Lieberts Buch die Kapitel über Steuervermeidung, Steuerflucht, Steuerhinterziehung und – vor allem – den Steuervollzug gelesen habe. Damit kommen wir zum zweiten Argument.

**2. Nicht alle unsere Mitbürger zahlen Steuern.** Eine Gleichmäßigkeit der Besteuerung, eine der zentralen Bedingungen für Steuergerechtigkeit, lässt sich nur gewährleisten, wenn verhindert wird, dass sich Einzelne ihrer Steuerpflicht entziehen. Dafür sind zwei Faktoren entscheidend: Die Gesetze müssen unzweideutig sein, und ihre Einhaltung muss durchgesetzt werden. Ob dies in Deutschland gelingt, darf als fraglich gelten.[16]

Was noch nett formuliert ist, angesichts eines bürokratisch trockenen Satzes des ehemaligen Präsidenten des Bundesrechnungshofes, Dieter Engels. Er kam 2006 in seiner Funktion als Bundesbeauftragter für Wirtschaftlichkeit in der Verwaltung zu dem Ergebnis, dass der gesetzmäßige und gleichmäßige Vollzug der Steuergesetze nicht mehr gewährleistet ist. Er nennt auch Gründe für dieses Ergebnis, das im Hinblick auf Wirtschaftlichkeit wie Gerechtigkeit gleichermaßen niederschmetternd ist: zu wenig Sachbearbeiter, ein zu kompliziertes Steuerrecht, ein zu wenig modernes Bearbeitungsverfahren.

Die Folge dieses »nicht mehr gesetzmäßigen Steuervollzugs« ist nicht die, dass alle Bürger gleichermaßen »nicht gleichmäßig« überprüft werden können. Die Folge ist ein Effekt, dem wir schon öfter begegnet sind: Die Ungleichheit steigt. Tatsächlich führen die Finanzämter jährlich nur bei etwa 15 Prozent der Einkunftsmillionäre Außenprüfungen durch.[17] Man fragt sich natürlich, warum sie das nicht öfter tun. Denn jede Prüfung ergibt im Schnitt Mehreinnahmen von 135 000 Euro. In Zeiten, in denen die öffentlichen Kassen leer sind, müssten sich die Länder doch über jeden Cent an Steuermehreinnahmen freuen. Warum prüfen sie dann so lax bei denen, die zumindest theoretisch die Voraussetzung dafür mitbringen, dem Fiskus batzenweise Geld vorzuenthalten?

Nicola Liebert nennt zwei Gründe: den Länderfinanzausgleich und den Standortwettbewerb der Länder. Beide Gründe haben damit zu tun, dass nicht der Bund, sondern die Länder für den Steuervollzug zuständig sind. Das bedeutet, dass sie die Personalkosten für die Finanzbeamten tragen. Stellen sie mehr Finanzbeamte ein, kostet sie das mehr Geld. Geld, könnte man nun einwenden, das sehr gewinnbringend eingesetzt ist – 50 000 Euro im Jahr für einen Steuerprüfer, der für jährlich bis zu knapp einer Million Euro Steuermehreinnahmen sorgt, das klingt, jedenfalls für mich, wie ein gutes Geschäft. Allerdings hat es einen Haken: Die Mehreinnahmen fließen nicht einfach in die Länderkasse. Sie fließen in die Bundeskasse oder im Rahmen des Länderfinanzausgleichs, in dem reichere Bundesländer ärmeren Ländern Geld zur Verfügung stellen, an andere Länder. Das heißt, die wirtschaftskräftigsten Bundesländer, die die höchsten Steuereinnahmen erzielen könnten, müssten am meisten abgeben. Die einzelnen Bundesländer haben also keine Lust, die Kosten für die Beamten zu tragen, deren Arbeit hinterher anderen zugutekommt.

Das ist das eine. Das andere ist der bundesinterne Standortwettbewerb um Unternehmen. Alle Bundesländer wollen die Unternehmen halten, die bereits ansässig sind, und sie wollen darüber hinaus neue Unternehmen gewinnen. Unternehmen bedeuten schließlich Arbeitsplätze. Wie kämpfen die Länder um Unternehmen?

»Mit niedrigeren Steuern können sie nicht locken, da die Körperschafts- und Einkommensteuersätze vom Bund festgelegt sind. Der Wettbewerb verschiebt sich also auf eine andere Ebene: Die Länder weichen dem Vollzug aus, solange sie wenigstens in dem Bereich freie Hand haben.«[18]

Dieser lapidar formulierte Befund hat es in sich. Er bedeutet: Die Länder versuchen, sich Investoren gewogen zu halten, indem sie sie steuerlich nicht zu hart anfassen, also nicht mal eben einen Rechnungsprüfer vorbeischicken. Diese Praxis bedeutet, dass sie mögliche Steuerhinterziehung billigend in Kauf nehmen.

Dass diese Handhabung nicht nur in Bananenrepubliken oder in Romanen von John le Carré vorkommt, das hat ein prominenter Fall aus Hessen gezeigt, der 1996 seinen Anfang nahm. Damals beschlagnahmten Fahnder des Frankfurter Finanzamts V in einer spektakulären Durchsuchung in der Vorstandsetage der Commerzbank kistenweise Akten. Das Finanzamt beschuldigte das Geldinstitut, reichen Kunden geholfen zu haben, ihr Geld an der Steuer vorbei illegal auf Auslandskonten zu verschieben. Die Durchsuchung war ein voller Erfolg: Die Commerzbank zahlte rund 200 Millionen Euro an Steuern nach, die steuerhinterziehenden Kunden noch viel mehr. In der Abteilung Steuerfahndung des Finanzamts wurde daraufhin ein »Banken-Team« zusammengestellt, in dem Beamte aus mehreren Sachgebieten gemeinsam arbeiteten. Ihre Aufgabe: In den rund 60 000 verdächtigen Fällen bei der Commerzbank weiter zu ermitteln.

1999 gewann Roland Koch die hessische Landtagswahl. Zwei Jahre später strukturierte sein Finanzminister Karlheinz Weimar das Finanzamt um. In einer Amtsverfügung wurden die Beamten im August 2001 darüber in Kenntnis gesetzt, dass wegen Personalknappheit künftig nur noch gegen Steuersünder ermittelt werden solle, bei denen ein Anfangsverdacht wegen Auslandstransfers im Volumen über 500 000 oder Einzelüberweisungen über 300 000 Euro vorläge.

Vier Beamte erhoben gegen diese Anordnung Einwände mit der Begründung, dass dadurch Steuerflüchtlinge geschont würden. Diese Beamten wurden zu unterschiedlichen Zeitpunkten versetzt, es gab disziplinarische Ermittlungen, 2004 wurde die Abteilung Steuerfahndung beim Frankfurter Finanzamt aufgelöst und einige der Beamte mit psychiatrischen Gutachten dienstunfähig geschrieben.

Der Fall ging als »Steuerfahnder-Affäre« in die Geschichte ein und hat viel Empörung ausgelöst. Mittlerweile wird er in einem Untersuchungsausschuss des hessischen Landtags untersucht.

Die Steuerfahnder-Affäre hat unter anderem eines deutlich gemacht: die Dimension der Steuerhinterziehung in Deutschland. Die deutsche Steuer-Gewerkschaft schätzt deren Umfang ohne Umsatzsteuerbetrug auf jährlich 50 Milliarden Euro, schreibt Nicola Liebert.

Dazu trägt auch der milde Umgang mit Steuerhinterziehern bei. Zwar sind Steuerflucht und Steuerhinterziehung strafbar, allerdings ist zum einen die Gefahr der Aufdeckung sehr gering und zum anderen die Strafandrohung relativ harmlos. In den USA drohen Steuerhinterziehern ernste Haftstrafen, bei uns können sie sich – falls der Fiskus doch mal illegal ein paar CDs mit Kundendaten aus Steueroasen erworben hat – im Rahmen einer Amnestie selbst anzeigen und Steuern nachzahlen.

Steuerhinterziehung, so die Botschaft, ist ein Kavaliersdelikt.

Aber es sind nicht nur die illegalen Möglichkeiten der Steuerhinterziehung, mit denen Unternehmen und vermögende Personen – vor allem unter Nutzung der Steueroasen – ihr Geld ins Ausland schaffen. Es sind auch die ganz legalen Möglichkeiten der Steuervermeidung und der Steuersparmodelle, mit denen die in der Bundesrepublik erwirtschafteten Erträge ohne größere Schwierigkeiten aus dem Land gebracht werden.

Nicola Liebert stellt sie en detail dar: Wie die Unternehmen sich durch Verlustvorträge oder sogenannte Organschaften arm rechnen oder wie sie ihre Gewinne ins Ausland verlagern. »Durch den internationalen Steuerwettbewerb und die zahlreichen Möglichkeiten der Steuervermeidung entziehen sich große Unternehmen und reiche Individuen immer stärker der Verpflichtung, einen Beitrag zur Gesellschaft zu leisten, in und von der sie leben.«[19]

»Wir haben«, sagt der Steuerrechtler und ehemalige Verfassungsrichter Paul Kirchhof in einem großen Interview zum Thema Steuergerechtigkeit, »eine ganze Beratungsindustrie, wir haben eine Anlage- und Fondsindustrie zum Zweck der Steuervermeidung.«[20]

Das Ergebnis: Steuerausfälle in Milliardenhöhe. Wer nicht zahlt, das sind vor allem die Vermögenden. Warum das so ist, erklärt Paul Kirchhof so: »Wer viel verdient, kann seine Steuerschuld mindern. Er kann gute Berater zahlen, stille Reserven bilden, Firmen verschachteln, Auslandsgesellschaften einrichten und so Gewinne und Verluste verschieben. Wer über viel Vermögen fügt, kann Steuern vermeiden. Aber nicht der, der mit seinem gesamten Jahreseinkommen sich und seine Familie ernähren muss.« Paul Kirchhof kommt ebenfalls zu dem Schluss: »Die Schwachen werden belastet und die Starken begünstigt.«

Die Journalisten Kim Otto und Sascha Adamek haben über dieses System ein Buch geschrieben und einen Film gedreht, *Schön reich. Steuern zahlen die anderen.* Darin vergleichen sie unter anderem die Steuerlast von Klaus B. aus Königsstein im Taunus mit der der beiden Arbeitnehmer Dagmar und Jürgen D., die drei gemeinsame Söhne haben. Klaus B. ist Millionär und lebt von seinem Vermögen, das er auf fünf Millionen Euro schätzt. Es ist nicht schwer zu raten, wer weniger Steuern zahlt. Klaus B.s letzter Jahressteuerbescheid betrug nur 2300 Euro. Dagmar und Jürgen D. zahlen im Jahr 16 000 Euro Steuern und damit siebenmal mehr als der Millionär.

Warum sollte ich meine Steuern gerne zahlen, wenn andere, Wohlhabendere, sie nicht zahlen, wenn ich also unfair belastet werde? Und wenn sie, da kommen wir zum dritten Argument, auch nicht vernünftig verwaltet und für sinnvolle Zwecke ausgegeben werden?

**3. Unsere Steuern werden nicht für vernünftige Zwecke eingesetzt.** Im Moment finanziere ich mit meinen Steuern nicht die Infrastruktur des Landes, in dem ich lebe, nicht den Polizeidienstwagen, nicht den öffentlichen Nahverkehr, nicht die Sachbearbeiterin beim Einwohnermeldeamt. Ich finanziere die Risikominimierung für chinesische Anleger. Oder möglicherweise auch für norwegische.

Nach verschiedenen Berechnungen verfügen die weltweiten Anleger immerhin über ein Vermögen von umgerechnet knapp 3000 Milliarden Euro. Einen Teil dieses vielen Geldes sollen sie nach Brüsseler Hoffnungen europäischen Pleite-Kandidaten wie Portugal leihen. Dazu sind die Anleger auch bereit. Aber nur, wenn ihre Chance, gute Gewinne zu machen, relativ hoch ist und ihr Risiko, Geld zu verlieren, relativ gering. Die Investoren arbeiten schließlich nicht als UN-Sonderbotschafter. Sie sind an Rendite interessiert und an sonst nichts. Damit diese Rendite gewährleistet ist und die Investoren also auch Geld geben, gibt das neu geschaffene Europäische Finanzausgleichsystem (ESFS) diesen Investoren eine Sicherheit. Sollten beispielsweise Portugal, Griechenland, Italien oder Spanien nicht in der Lage sein, das Geld, das chinesische Investoren ihnen geliehen haben, zurückzuzahlen, dann springt der Rettungsfonds des ESFS ein, und die Investoren erhalten ihr Geld garantiert aus dessen Einlagen zurück. Diese Einlagen stammen aus Steuergeldern. Mit anderen Worten: Der chinesische Investor kassiert die Rendite, sein Risiko bei Kreditausfall übernehme ich gemeinsam mit allen anderen Steuerzahlern.

Warum sollte ich das tun wollen? Ich kenne den chinesischen Anleger doch gar nicht. Um den Euro zu retten? Warum sollte ich den retten wollen? Damit Italien, Portugal und Griechenland auch weiterhin mit einer stabilen Währung deutsche Autos kaufen und den deutschen Autobauern gigantische Gewinne in die Kassen spülen können, Gewinne, die sie erstens nur in geringem Maße in Deutschland versteuern und die sie zweitens nicht in Form von steigenden Löhnen an ihre Arbeitnehmer weitergeben?

Paul Kirchhof sagte in der *FAS* über den Eurorettungsschirm, der damals noch vor allem für Griechenland aufgespannt werden sollte: »Wir werden aufgefordert, Solidarität mit Griechenland zu üben. Aber im Kern üben wir Solidarität mit dem Finanzmarkt.« Aber aus welchem Grund sollte ich solidarisch mit dem Finanzmarkt sein wollen? Warum sollte ich mit meinen Steuern die Reinigungskräfte finanzieren wollen, die das Chaos einer Party beseitigen, die Investoren, Banken und die mittlerweile überschuldeten Staaten jahrelang gemeinsam gefeiert haben? Warum sollte ich Gläubiger schützen, die mit dem Geld, das sie dem Staat leihen, gute Gewinne machen? Wie Stephan Lessenich betont: Wo es einen Schuldner gibt, muss es auch einen Gläubiger geben. Und Gläubiger können nur Leute sein mit Einkommen und Ver-

161

mögen. Und es ist klar, dass von den gesamten Staatsschulden und den mehr oder weniger hohen Renditen diejenigen profitieren, die irgendjemandem Geld leihen können. Bislang profitieren von Staatsverschuldung die relativ einkommensstarken, vermögensstarken Teile der Bevölkerung in den entwickelten Industriegesellschaften.

Das Geld, das zur Rettung des Finanzsektors bereitgestellt wurde und wird, kann ich mir kaum noch als reales Geld vorstellen – die Zahlen haben zu viele Nullen. Allerdings sind die Schulden real. Ich weiß nicht, wie ich sie später mal meinem Sohn erklären soll. »Es besteht«, schreibt Tony Judt, »ein stillschweigenden Verhältnis von Vertrauen und Gegenseitigkeit zwischen gestrigen Steuerzahlern und heutigen Nutznießern, heutigen Steuerzahlern und künftigen Nutznießern.«[21] Davon kann keine Rede mehr sein. Die Staatsverschuldung ist neben dem Umweltschutz der Bereich, in dem ein Interessensgegensatz zwischen der heutigen und zukünftigen Generationen am offensichtlichsten ist. Was lassen wir unseren Kindern übrig? Überfischte Meere, überdüngte Böden, eine $CO_2$-überladene Atmosphäre und dazu einen gigantischen Schuldenberg. Unsere Gegenwart funktioniert nur noch auf Kosten ihrer Zukunft.

Wenn die Steuern also weder gerecht sind noch von allen gezahlt werden, wenn sie nicht für sinnvolle Investitionen ausgegeben werden und die nachfolgende Generation nicht mehr Nutznießer heutiger Steuerzahlungen sein wird – wieso sollte ich da gerne Steuern zahlen wollen? Ich kann auf diese Frage keine Antwort finden.

Damit Menschen gerne und zuverlässig Steuern zahlen, braucht es mehr Transparenz und Gerechtigkeit. Steuermoral nimmt zu, wenn:

- Steuerhinterziehung nicht als Kavaliersdelikt, sondern als Straftat behandelt wird,
- der Staat mit dem Geld der Steuerzahler sorgsam und effizient umgeht und das auch glaubhaft machen kann,
- das Steuer- und Abgabesystem und auch der Vollzug als gerecht empfunden werden,
- Einfluss auf die Mittelverwendung und Vertrauen in die Demokratie und ihre Institutionen besteht.[22]

Diese Punkte machen eines deutlich: Dass ich einen Steuerberater beschäftige, um möglichst wenig Steuern zu zahlen, bedeutet nicht nur ein Einnahmeproblem für den Staat. Es bezeichnet auch ein gravierendes soziales Vertrauensproblem. Ich vertraue nicht mehr darauf, dass unser Staat gerecht und solidarisch strukturiert ist. Ich vertraue nicht mehr darauf, dass alle seine Mitglieder gleichermaßen zu seinem Erhalt herangezogen werden. Ich vertraue nicht mehr darauf, dass irgendwer schon irgendwann das für mich leisten wird, was ich jetzt für andere leiste. Der US-amerikanische Soziologe Robert D. Putnam hat sich intensiv mit dem Gefühl des sozialen Vertrauens auseinandergesetzt und definiert die Haltung, die ihm zugrunde liegt, so: »Ich tue dies jetzt für Sie, ohne sofort irgendeinen Ausgleich zu erwarten und möglicherweise sogar, ohne Sie zu kennen, in der Überzeugung, dass zu einem späteren Zeitpunkt Sie oder jemand anderes die Gefälligkeit erwidern wird.«[23] Überflüssig zu erwähnen, wie wichtig diese Art von Vertrauen für die Institutionen eines Staates und für die Funktionsweise einer Demokratie ist.

Doch wenn ich eben dieses Vertrauen nicht mehr aufbringen kann – wem vertraue ich dann?

Das hat Margaret Thatcher 1987 in berühmt gewordenen

Worten skizziert: »There is no such thing as society, there are individual men and women, and there are families – Es gibt nicht so etwas wie eine Gesellschaft, es gibt nur einzelne Männer und Frauen und Familien.«

Das nennt man dann »Reindividualisierung«.


## »Der Staat ist nur für die Unterschicht da, die Reichen sorgen für sich selbst«

»Es ist ein zweischneidiges Schwert. Einerseits wird ständig nach einem starken Staat gerufen. In der Finanzmarktkrise konnte man sehen, dass da eine Staatsbedürftigkeit wiederentdeckt wurde, auf die man verzichten konnte, solange die eigene Sause noch irgendwie funktionierte. Nun braucht man auf einmal wieder die öffentliche Hand, um das Ganze wieder absichern zu können. Also, der Ruf nach dem Staat erklingt an allen Ecken der Gesellschaft. Andererseits gibt es viele, die gar nichts mit dem Staat zu tun haben wollen.« So Berthold Vogel über das ambivalente Verhältnis, das wir gegenüber dem Staat haben.

Eigentlich hat der Staat einen schlechten Ruf. Er gilt als träge, starr und dick, als dümmlich, unwirtschaftlich und bevormundend. Wie eine Art Versorgungsschiff, das nicht wendig genug für schnelle Manöver ist.

Ihren Anfang genommen hat diese Überzeugung Mitte der 1970er Jahren, nach der Ölkrise, dem Zusammenbruch des Weltwährungssystems und der Wirtschaftskrise, die mitsamt der steigenden Arbeitslosigkeit daraus folgte. Seit dieser Zeit wird an den Staat eine den meisten von uns wohlvertraute

Forderung gestellt: Schlank soll er sein. Margaret Thatcher in Großbritannien hat ihn als Erste auf Diät gesetzt, 1981 folgte Ronald Reagan in den USA dem gleichen Plan, und 1982 wurde ausgerechnet der recht umfangreiche Bundeskanzler Helmut Kohl als deutscher Diätverfechter gewählt. Er wollte die Massenarbeitslosigkeit durch Wachstumsförderung bekämpfen und nicht durch immer neue Konjunkturpakete, wie es die sozialliberale Koalition unter Helmut Schmidt getan hatte.

»Ich glaube«, erklärt die Wirtschaftsjournalistin Ulrike Herrmann den schlechten Ruf des Staates, »dem Staat sind zwei schwere Erschütterungen beigebracht worden. Das eine war dieser Beginn der Massenarbeitslosigkeit in den Achtzigern. Als der Staat eben neue Konjunkturpakete aufgelegt hat und die nicht mehr fruchteten. Man fragte sich, wozu brauchen wir noch den Staat, wenn er nicht Vollbeschäftigung gewährleisten kann, sondern nur die Schulden wachsen? Und das Zweite ist ganz schlicht das Ende des Sozialismus. Der Untergang des Sozialismus war der endgültige Moment, wo man gesagt hat, jetzt ist der Kapitalismus aber siegreich, also weg mit dem Staat.«

Seit Neuestem wird dem Staat eine weitere Erschütterung beigebracht: Er verliert zunehmend an politischer Kontrolle. »It's the economy, stupid!« Dieser Slogan aus Bill Clintons Präsidentschaftswahlkampagne bedeutet, dass es eben *nicht* die Politik ist, die die Geschicke der Welt lenkt. Es ist die Wirtschaft. Mittlerweile offenbar nicht mal mehr die Realwirtschaft, also die, die etwas produziert, sondern der Finanzsektor, dessen komplexe Finanzprodukte und sekundenschnellen Transaktionen kaum noch jemand versteht. Als 2008/2009 klar war, dass die »Sause«, wie Berthold Vogel es nennt, nicht mehr funktionierte, erklang aus den oberen Banketagen plötzlich klägliches Hilfegeschrei – und der Staat sprang prompt ins kalte Wasser und rettete die untergehenden Broker, Händler, Bankvorstände, Anleger und eigentlich uns alle, weil wir, falls die Damen und Herren tatsächlich ertrinken sollten, beispielsweise niemals eine Rente beziehen würden.

Eigentlich sollte man meinen, dass nach einer solch kühnen Rettung der Retter als Held gefeiert würde, jedenfalls war das bei »Lassie« immer so. Doch das Gegenteil ist geschehen: Obwohl die Banken für die Krise 2008/2009 verantwortlich waren, gingen sie gestärkt aus ihr hervor. Man befand, dass sie unverzichtbar für die Wirtschaft des frühen 21. Jahrhunderts seien, und beschloss daher, sie vor den Folgen ihrer eigenen Torheit zu bewahren. Gleichzeitig wurden andere Branchen und der öffentliche Dienst zu Einsparungen gezwungen, sodass der Finanzmarkt nun eine umso machtvollere Position in der Wirtschaft einnimmt.[24]

Der rettenden Hand der Politik dagegen wird das Misstrauen ausgesprochen. »Das Paradoxe der diversen Rettungspakete, bei denen unvorstellbare, ja geradezu absurde Summen mobilisiert wurden, besteht darin, dass sie bei den Menschen nicht Optimismus, sondern neue Zukunftsängste auslösen. Der Grund dafür liegt darin, dass bislang überhaupt nicht öffentlich darüber diskutiert wurde, wie es zu diesem massiven Kontrollverlust der Politik zugunsten eines zunehmend autoritären Kapitalismus kommen konnte, und dass niemand garantieren kann, dass so etwas nicht noch einmal passiert.«[25]

Die Politik hat so spätestens seit der Finanzkrise 2008/2009 das gleiche Schicksal ereilt wie den Staat: Sie hat einen ganz schlechten Ruf. Paul Kirchhof sagt in dem *FAS*-Interview über den Staat: »Ich bin nicht sicher, ob er Agent ist oder Getriebener. Denn er ist hochverschuldet. Er braucht neue Kredite, er braucht die Verlängerung der alten Kredite. Die Konditionen bestimmt nicht unwesentlich derjenige, der den Kredit vergibt. Und das ist die Bank, das ist der Finanzmarkt. Der Staat ist als Schuldner abhängig.« Und wir werden immer abhängiger von diesem Finanzmarkt dadurch, dass er andere abhängige Staaten mit Krediten unterstützen will. Kein Wunder, dass er gegenüber diesem Finanzsektor eher leisetreterisch auftritt, und kein Wunder, dass er dadurch Vertrauen verliert und Respekt verspielt.

Hartmut Rosa, Professor für Soziologie an der Universität Jena, beschäftigt sich mit Beschleunigungsprozessen. Er hat eine Idee, wie es zu diesem massiven politischen Kontrollverlust kommen konnte: Demokratische Politik ist zu langsam für die gegenwärtige Welt. »Demokratie bedarf eines großen zeitlichen Aufwands, weil man Positionen formulieren und Argumente gegeneinander abwägen muss. Man muss versuchen, einen Konsens zu finden und ihn dann mit den Mitteln des Rechtstaats umsetzen. Das ist ein sehr zeitaufwändiger Prozess. Aber Zeit steht nicht zur Verfügung, die internationale und globalisierte Welt gibt uns diese Zeit nicht mehr. Und deshalb ist Politik immer in Gefahr, hinterherzuhinken, etwa Gesetze zu verabschieden, die dann immer zu spät kommen. Das sieht man auch bei den Krisen der letzten Jahre. Die Finanzkrise hat zum Beispiel ganz schnelle Entscheidungen ermöglicht, die an allen demokratisch legitimierten Gremien vorbeigingen. Parlamente haben überhaupt keine Rolle mehr gespielt bei der Reaktion auf die Finanzkrise, wo in ganz kurzer Zeit riesige Summen an

Geldern bereitgestellt wurden zur Rettung der Banken, aber auch für Wachstumspakete oder zur Euro-Rettung. Da wurden politische Umwälzungen geschaffen und beschlossen, die einfach nicht mehr den demokratischen Entscheidungsweg gingen.«[26]

Der Euro sollte bereits mehrfach im Eilverfahren gerettet werden. Etwa in einem Sondergremium des Bundestagshaushaltsausschusses, das allerdings vom Bundesverfassungsgericht gestoppt wurde. Dass Angela Merkel auf demokratische Gremien verzichten kann, erscheint aus ihrer Sicht logisch: Ihre politischen Handlungen, behauptet sie, seien sowieso »alternativlos«, weil sie lediglich auf »Sachzwänge« reagierten. Abgesehen davon, dass selbst Reaktionen unterschiedlich ausfallen können, bedeutet diese Taktik so etwas wie politische Kapitulation. Denn es ist das Zugeständnis, dass Politik immer nur mit dem ollen Rhethorikbesen hinter denen herwischen kann, die den Faktendreck machen. Demokratie sieht anders aus, sagt auch Hartmut Rosa. Demokratie braucht Zeit.

»Ich glaube, dass wir deshalb wirklich eine tiefe politische Krise haben, die eine Krise der Demokratie ist. Es ist nicht so, dass ich das gutheiße – aber ich glaube, es gibt gute Argumente dafür, zu sagen, dass die Demokratie eigentlich nur in einem mittleren Geschwindigkeitsfenster funktioniert.«

Der Finanzkapitalismus, bedeutet das, ist einfach zu schnell für demokratische Formen der Regulierung. Was würde Hartmut Rosa tun, wäre er Berater der Kanzlerin? Schwierig, schwierig, sagt er, es gibt keine einfache Lösung. »Man müsste die wirtschaftliche, vielleicht sogar die kulturelle Veränderungsdynamik irgendwie wieder in den Griff kriegen. Das heißt, wir müssen sie verlangsamen oder anhalten, das ist aber auch nicht leicht und ganz bestimmt nicht ohne bittere Kosten möglich.«

Was es so schwer macht, eine Kultur zu ändern, ist natürlich die Tatsache, dass wir diese Kultur tief in uns tragen, dass sie uns unbewusst prägt, unsere Vorstellungen von uns selbst, von anderen, von unserer Umwelt. Gegenwärtig ist diese Kultur stark individualistisch geprägt, das ist keine Neuigkeit. Diese Prägung stellt auch einen Auslöser unserer Staatsverachtung dar, weil in dieser Kultur das Individuum sich selbst und nicht die Gemeinschaft als Ziel und Endzweck begreift, wie Robert Castel betont. Seine Theorie ist erhellend für das gegenwärtige Staatsempfinden.

In Castels Theorie spielt, wie weiter oben dargestellt, das Eigentum eine prominente Rolle. Wir erinnern uns: Nur, wer über Eigentum verfügt, wer Güter besitzt und dadurch abgesichert ist, hat die Chance, unabhängig zu werden.

Durch den Schutz der allgemeinen Sozialversicherungspflicht wurden auch die Arbeitnehmer zu Eigentümern – sie konnten ihre Unabhängigkeit auf dem »sozialen Eigentum« gründen. Die Rente, die sie aufgrund ihrer Erwerbstätigkeit garantiert bekamen, machte sie unabhängig im Alter, die Krankenversicherung schützte sie im Krankheitsfall, die Unfallversicherung vor Invalidität. Durch die Sozialversicherung demokratisierte sich das Individuum also.

Wir alle bekamen die Chance, uns zu individualisieren. Was wir ja auch ausführlich getan haben. So ausführlich, dass die neunziger Jahre als Zeitalter der Yuppies und der Individualisierung ausgerufen wurden. Ich denke manchmal, dass wir Opfer unseres eigenen Erfolgs geworden sind. Dass wir die objektiven Voraussetzungen aus dem Blick verloren haben, die uns unsere kostbare Individualität und deren Verwirklichung erst ermöglicht haben und immer noch ermöglichen – jedenfalls für die Bessergestellten unter uns.

Die Aufsteigergeneration nach dem Krieg war still und fleißig und anpassungsbereit. Sie war wirtschaftlich, sozial und politisch durch die Hölle gegangen und saß mit noch rauchenden Absätzen dankbar im neuen Wohnzimmer. Die Generation danach wollte anderes. Die Achtundsechziger hatten politisch Grund genug, sich aufzulehnen: Da gab es den Kommunistenjäger McCarthy und den Vietnamkrieg, es gab ehemals hochrangige Nazis in gegenwärtig hochrangigen Positionen, es gab Bigotterie und Obrigkeitshörigkeit und Party-Igel. »Die Politik der Achtundsechziger entwickelte sich zu einem Konglomerat individueller Ansprüche an Gesellschaft und Staat. Wie berechtigt die Ansprüche des Einzelnen auch sein mögen – sie einzufordern, hat einen Preis: das Bewusstsein für das Gemeinwohl geht zurück.«[27]

Wer unter der Sonne von Wohlstand, Sicherheit und gerechten Bildungschancen zu einem Individuum herangereift ist, der vergisst leicht, dass er seine Einzigartigkeit bestimmten gesellschaftsklimatischen Bedingungen verdankt. Der interessiert sich weniger für diese klimatischen Voraussetzungen seiner Individualität, sondern mehr für ihre Entwicklung, Verwirklichung und Optimierung. Und leidet dann darunter, dass er nie ganz das wird, was er sein zu können für möglich hält. »Individuum im Übermaß« oder auch »Hyperindividuen« nennt Robert Castel diese neue Spezies. Ihr Kennzeichen: Sie verfügt über ein ausreichendes Einkommen und über Bildung, Beziehungen und hohen gesellschaftlichen Status, also über das, was Pierre Bourdieu als soziales, kulturelles oder symbolisches Kapital bezeichnet. Weil sie all das besitzen, halten sich diese »Individuen im Übermaß« für unabhängig und glauben, niemanden brauchen zu müssen. Sie leben in ungeselliger Geselligkeit.

Wahrscheinlich gibt es sogar ein paar wenige Menschen innerhalb einer ganz kleinen Elite, für die das zutrifft. Die sich als Milliardäre Inseln und Bedienstete kaufen und ihre eigenen Privatstraßen bauen können. Auch diese Menschen brauchen zwar saubere Luft und sauberes Trinkwasser, tatsächlich aber keine Gesellschaft und keinen Staat. Höchstwahrscheinlich brauchen sie stattdessen gutes und loyales Sicherheitspersonal, denn es ist anzunehmen, dass sie ihren Wohlstand verteidigen müssen.

Der Philosoph und Staatstheoretiker Thomas Hobbes plädiert in seinem berühmten Buch *Leviathan* für einen übermächtigen Staat. Im Allgemeinen werden ihm deshalb kaum Sympathien entgegengebracht. Thomas Hobbes wurde 1588 geboren. Er hat den Dreißigjährigen Krieg und den Englischen Bürgerkrieg erlebt, man kann deshalb davon ausgehen, dass er weiß, was er sagt, wenn er schreibt: »Das Zusammenleben ist den Menschen also kein Vergnügen, sondern schafft ihnen im Gegenteil viel Kummer, solange es keine übergeordnete Macht gibt, die sie alle im Zaum hält. Er wird dabei so weit gehen, wie er es wagen darf – was dort, wo es keine Ordnungsgewalt gibt, zur wechselseitigen Vernichtung führt.«[28]

Geschützt sein, das macht Thomas Hobbes sehr anschaulich, ist kein »natürlicher« Zustand. Geschützt sein ist ein gesellschaftlicher Zustand. Er entsteht durch den berühmten Gesellschaftsvertrag: Wir geben einen Teil unserer individuellen Freiheiten auf und gewinnen im Gegenzug Sicherheit, indem unser Leben gegen die schrankenlose Freiheit der anderen geschützt wird.

Man braucht übrigens keinen vierhundert Jahre alten philosophischen Text zu lesen, so anschaulich er auch sein mag, um zu begreifen, was geschieht, wenn dieser Gesellschaftsvertrag aufgelöst wird. Es reichen ein paar gute Krimis aus Ländern wie beispielsweise Südafrika oder auch Amerika, Krimis von Autoren wie Roger Smith oder Josh Bazell, die sozial kollabierte Gesellschaften beschreiben. Thomas Hobbes, der einen solchen Kollaps selbst erlebt hat, plädierte deshalb für einen übermächtigen Staat, damit der seine Aufgabe als Schutzinstanz und Sicherheitsgarant auch tatsächlich erfüllen kann.

Der Wohlfahrtsstaat hat diese Aufgabe anders gelöst, nämlich durch die kollektive soziale Absicherung der Arbeitnehmer. »Das Individuum im Übermaß scheint mir eine Form der Entkoppelung von oben herzustellen, die den Einzelnen aus seinen kollektiven Einbindungen herausfallen oder heraustreten lässt, weil sie gewissermaßen bis zum Überdruss verwirklicht sind«, so Ulrike Herrmann.

Man könnte es auch so sehen: Wir sind individuelle Zwerge auf den Schultern des Staatsriesen, den wir aber nicht wahrnehmen, weshalb wir uns selbst für Riesen halten. Und entsprechend glauben wir, dass wir den Staat nicht brauchen, mehr noch: dass er uns an der Verwirklichung unserer großartigen Individualität hindert. Ulrike Herrmann stellt fest, dass immer mehr Mitglieder der Generation Laminat das Gefühl haben, sie könnten besser für sich selbst kämpfen, jedenfalls dann, wenn sie gut ausgebildet sind und einigermaßen gut verdienen. Bei dieser Mittelstandsklientel verfestigt sich die Überzeugung, dass der Staat nur für die Unterschicht da sei, dass er ein Fürsorgeonkel für die Benachteiligten sei, nichts weiter als ein Gabenverteiler für die, die am unteren

Rand – nun ja, ein Freund von mir würde sagen: »vor sich hin schimmeln«.

Diese Überzeugung ist allerdings gerade für die Mittelschicht politisch gefährlich, sagt Ulrike Herrmann.

## »Das ist aber wirklich böse von der Welt, dass du dir kein Schloss leisten kannst«

Die Mittelschicht stellt trotz aller Schrumpfungstendenzen immer noch 54 Prozent der Bevölkerung und damit den Großteil der Wahlberechtigten. »Die Mittelschicht kann also nicht nur Opfer, sondern muss auch Täter sein. Wenn sie absteigt, dann nur, weil sie an diesem Abstieg mitwirkt. Sie selbst ist es, die für eine Steuer- und Sozialpolitik stimmt, die ihren Interessen völlig entgegensteht.«[29]

Warum konnte die rot-grüne Regierung davon ausgehen, dass die Mittelschicht nichts dagegen haben würde, wenn der Spitzensteuersatz nach und nach von 53 auf 42 Prozent gesenkt würde? Mit der Konsequenz, dass diejenigen, die sehr hohe Einkommen beziehen, zukünftig weniger Steuern zahlen müssen? »Wie kann es sein«, fragt Ulrike Herrmann, »dass die Mittelschicht für Sozial- und Steuergesetze stimmt, von denen sie nichts hat?« Möglicherweise aus Staatsräson?

Könnte ja sein, dass die Mittelschicht den Parolen Glauben schenkt, dass hohe Steuern Wachstum verhindern, dass sich Umverteilung von oben nach unten negativ auf den Investitionsstandort Deutschland auswirkt. Warum auch nicht, diese Parolen werden seit dreißig Jahren ausgegeben, ich habe auch jahrelang an sie geglaubt. Nach meiner linken Jugendphase habe ich mich für erwachsen und realitätstauglich gehalten, indem ich mich von Vorstellungen wie »Gerechtigkeit für alle« verabschiedet habe.

»So ist die Welt«, kommentiert mein vierjähriger Sohn hin und wieder Vorgänge in seinem Leben – manchmal resigniert, manchmal erfreut, manchmal besserwisserisch.

Ich habe diesen Satz ab Ende zwanzig ebenfalls gesagt – mit einem Achselzucken: »So ist die Welt.« Nicht gerecht, nicht nachhaltig, nicht zukunftsfähig und vor allem: nicht zu verändern. Wie Anna schon sagte: »Die Gesellschaft kannst du nicht verändern, die Umwelt nicht, du kannst nur dich selber verändern.«

Möglicherweise hat die Mittelschicht selbstlos, wenn auch zähneknirschend Gesetze gutgeheißen, die ihr selbst zwar nicht zugutekommen, dafür aber dem Wachstum, ergo dem Staat, ergo der Gesellschaft?

Aber das glaubt Ulrike Herrmann nicht, und ehrlich gesagt ich auch nicht. So funktioniert Sozialpsychologie nicht. Menschen wollen Belohnungen. Das heißt: Die Mittelschicht erwartet sich Belohnungen, wenn der Elite Vergünstigungen eingeräumt werden. Was daran liegt – so die These von Ulrike Herrmann –, dass die Mittelschicht sich für einen Teil der Elite hält.

»Auf der einen Seite grenzt man sich vehement von der Unterschicht ab, nach dem Motto, da sind nur die Faulenzer, die Sozialschmarotzer und die Betrüger. Und wenn man nicht zu dieser Unterschicht gehört, nicht arm ist, dann also muss man ja schon Leistungsträger sein. Und vom Leistungsträger ist man dann sofort bei der Elite, nach dem Motto: Weil ich nicht ganz unten bin, muss ich ja schon fast oben sein, das ist so der erste Denkfehler.«

174

Dieses Denken ist bereits von der »Ökonomisierung des Privaten« geprägt, die die Welt in Gewinner und Verlierer einteilt. Die Mittelschicht und insbesondere deren Hochverdiener halten sich für Gewinner, und zwar für verdiente. Sie halten sich für Gewinner aufgrund ihres ausgeprägten »unternehmerischen Selbsts«. Sie sind genau die »Individuen im Übermaß«, denen Robert Castel ungesellige Geselligkeit attestiert, weil sie überzeugt sind, den Staat nicht zu brauchen. Der ist in ihrer Wahrnehmung nur für die Verlierer da, für die, die gegen die allgemeine Konkurrenz nicht ankommen und es sich daraufhin in der sozialen Hängematte gemütlich machen. Mit denen hat man nichts zu tun. Wie stark dieser Abgrenzungsreflex ist, kann man bei Katja Kullmann anschaulich erfahren. Katja Kullmann, intellektuelle Leistungsträgerin und preisgekrönte Sachbuch- und Bestsellerautorin, war Hartz-IV-Empfängerin. Über die Erfahrung ihres wirtschaftlichen Absturzes hat sie das Buch »Echtleben« geschrieben, in dem sie unter anderem ihre Erfahrungen mit den Menschen bei der Agentur für Arbeit schildert:

»Die pinkfarbenen Agentur-Cindys und ich – unsere Welten hatten völlig andere Bezugsorte, und man sah es uns auch sofort an, dass wir uns, unter normalen Umständen, nur selten begegneten, als Fahrgäste der U-Bahn, als Passanten an einer Fußgängerampel, als Einkäuferinnen in einem Ein-Euro-Shop vielleicht. Wobei ich den Ein-Euro-Shop tendenziell aus kulturanthropologischem Interesse und einem ironischen Impuls heraus betreten hätte, die anderen wohl, um dort ernsthaft ein paar Dinge zu besorgen. (…) Ich konnte die Leute auf der Wiese beobachten, aber es kam mir so vor – ich bin mir nicht sicher –, als könnten sie es umgekehrt nicht. Es gab keinen Grund anzunehmen, wir befänden uns jetzt auf Augenhöhe.«[30] Was unterscheidet die Hartz-IV-Bezieherin Katja Kullmann von den pinkfarbenen Agentur-Cindys?

Bildung. Katja Kullmann hat einen Studienabschluss. Mit dem grenzt sie sich vehement ab von »denen mit abgebrochenem Hauptschulabschluss«. Die Mittelschicht ist traditionell davon überzeugt, dass Bildung der Schlüssel zum Erfolg ist, und an dieser Überzeugung hält sie auch offenbar dann noch fest, wenn sie gerade das Gegenteil von erfolgreich ist. Katja Kullmann jedenfalls kämpft wütend dafür, wenn auch nicht zur ökonomischen, so doch zur kreativen Elite zu gehören. Aufgrund ihres »symbolischen Kapitals«, aufgrund ihrer Bildung. Die als Motor für den ökonomischen Aufstieg allerdings ganz offensichtlich überschätzt wird, wie Ulrike Herrmann konstatiert: »Zweiter Denkfehler ist tatsächlich diese Idee, Aufstieg sei allein deshalb schon realistisch, weil man einen Bildungsaufstieg erlebt hat. Es ist nicht so, dass Bildung nicht wichtig sei – ein durchschnittliches Akademikergehalt von circa 60 000 Euro liegt immerhin um ein Drittel über dem durchschnittlichen deutschen Jahresgehalt. Zur Einkommenselite gehört man damit aber noch lange nicht. In den Jahren zwischen 2002 und 2007, also nach den Steuersenkungen und vor der Finanzkrise von 2008, hat in Deutschland das obere Einkommensprozent, das sind die mit einem durchschnittlichen Vermögen von circa 817 000 Euro netto, sein Vermögen um zehn Prozent vermehrt. Insgesamt hat dieses eine Prozent in nur fünf Jahren circa 150 Milliarden Euro dazugewonnen, doch darüber wird nicht geredet.[31]

Dass darüber nicht geredet wird, ist ein entscheidender Punkt dafür, dass die deutsche Mittelschicht sich selbst für die Elite hält, ist Ulrike Hermann überzeugt: »Wir wissen nichts über die Reichen und ihren Reichtum.« Deren zu versteuerndes Einkommen entspricht nun mal oft nicht dem tatsächlichen Einkommen – die hessische Steuerfahnder-Affäre hat ein Schlaglicht darauf geworfen, wie viele Milliarden heimlich in Steueroasen geschafft werden. Eine Haushaltsbefragung ist auch nicht das geeignete Instrument, um etwas über reale Vermögensverhältnisse herauszukriegen, denn gerade Personen mit über- bzw. unterdurchschnittlichem Einkommen verweigern die Angaben.«[32] Während Armut statistisch genau vermessen wird, sieht das mit dem Reichtum anders aus. »Wir haben keine vernünftige Einkommens- und Vermögensstatistik«, sagt Stephan Lessenich, »die das oberste Prozent wirklich gut abgebildet.« Weil wir Mittelschichtsangehörige keine Ahnung haben, wie das Leben bei dem einen Prozent aussieht, kann am Mittagstisch in der Kantine ein Kollege im Brustton der Überzeugung behaupten, dass wir, die nicht fest angestellten Lohnerwerbstätigen mit einem Jahreseinkommen zwischen 40000 und 70000 Euro, die Privilegierten in dieser Republik seien, denen schon bald Ungemach drohe, weil die am unteren Rand sich ihr Stück vom Kuchen notfalls mit Gewalt holen würden. Dass die Mittelschicht keine Ahnung hat, wie viel die wahre Elite wirklich verdient und vor allen Dingen besitzt, liegt auch daran, dass sie die wahre Elite kaum zu Gesicht bekommt. Die finanzkräftigen Eliteeltern schicken ihre Kinder in private Kindergärten, private Grundschulen, private weiterführende Schulen, kostenpflichtige Universitäten im Ausland. Wer nicht in Salem zur Schule geht oder in Harvard ein Studienjahr einlegt, wird die Finanzelite nicht kennenlernen und deshalb schnell denken, dass der Besuch eines altsprachlichen Gymnasiums, ein Hochschulstudium beispielsweise in Marburg sowie ein anschließendes Volontariat, das in einen interessanten, statushohen Beruf führt, ihn schon als Mitglied der Elite kennzeichnet.

Tja. Falsch gedacht. »Heute sind die Ausbeuter die Armen, die sogenannten Sozialschmarotzer. Früher dachte man, Ausbeutung ist, wenn alle sich anstrengen und dann ganz wenige diesen Reichtum, der gemeinsam erarbeitet wurde, für sich beanspruchen. Jetzt wird Ausbeutung von den Reichen hin zu den Armen verlagert. Und es wird so getan, als wäre die Mittelschicht reicher, wenn wir keine Armen hätten, was natürlich völliger Schwachsinn ist, aber geglaubt wird. Aber solange die Mittelschicht eben diese Meinung hat, dass Ausbeutung von unten stattfindet, wird sie natürlich nicht merken, dass sie selber ausgebeutet wird, und zwar von oben«, sagt Ulrike Hermann.

Die aufstiegsversessene Mittelschicht will nicht wahrhaben, dass sie nicht zu denen da oben dazugehört. Das ist meine Beobachtung. Mein erstes Studienobjekt: Ich selbst. Ich habe jahrelang in dem Bewusstsein gelebt (bitte nicht lachen), eine gut bezahlte Leistungsträgerin zu sein. Überdurchschnittlich gebildet, überdurchschnittlich ausgebildet, überdurchschnittlich bezahlt. Eine Weile (bevor ich alleinerziehende Mutter wurde) habe ich ab und zu in einer Parfümerie um die Ecke hochwertige Kosmetik gekauft, weil mir die Art, wie die Verkäuferinnen mir entgegentraten, wenn ich ein Lipgloss für 25 Euro kaufte, das Gefühl gab, »dazuzugehören«. Der Besuch bei den dienstleistungsbereiten Damen im weißen Kittel, die mir in der selbstverständlichen Annahme, dass ich mir ein solches Lipgloss leisten könnte, die neuesten Produkte diverser Kosmetiklinien präsentierten, stützte mein Selbstbild der erfolgreichen Kreativen. Bei abendlichen »Film-Filmen« identifizierte ich mich gern mit den Schlossbesitzern, also mit denen, die sich dieses Lipgloss tatsächlich ohne Schwierigkeiten leisten können. Vielleicht nicht ganz so konservativ in Denken und Auftreten, vielleicht nicht ganz so wohlhabend, aber ansonsten doch eine von den Oberen, nur zufälligerweise ohne Schloss. Mir haben erst die Recherchen zu diesem Buch die Augen geöffnet, dass das Schloss und ich ganz weit voneinander entfernt sind. Die Zahlen sprechen eine deutliche Sprache: Ich gehöre ganz gewiss nicht zur Elite.

»Oh, dutzidutzidutzi,« höre ich Erich sagen. »Bist du aber arm dran, hast du gar kein Schloss? Das ist aber wirklich böse von der Welt, dass du dir kein Schloss leisten kannst.«

Nochmal: Es geht mir nicht darum, meine persönliche Position im Leben zu beklagen. Es geht mir darum, dass der allgemeine Wohlstand, der in diesem Land, das zu den reichsten der Welt gehört, durchaus vorhanden ist, dass sich dieser Wohlstand immer mehr auf immer weniger Menschen konzentriert. (So wie sich die wirtschaftliche Macht auf immer weniger Unternehmen konzentriert.) Dass diese Einkommens- und Machtkonzentration politisch gefördert wird. Dass auch ich dadurch persönlich weniger habe, ist nicht schön, aber es reicht für Biobrot und Samtjackett. Trotzdem sitze ich eher mit denen am unteren Rand in einem Boot als mit denen am oberen. Das mag eine narzisstische Kränkung für Menschen wie mich bedeuten, aber damit sollte ich fertig werden. Wenn ich eines beim Familienaufstellen gelernt habe, dann dies: Die Wahrheit ist dem Menschen nicht nur zumutbar – sie ist unverzichtbar. Wer sich Illusionen über sich und andere macht, wird Situationen nicht angemessen bewerten und nicht klug handeln können. Und nein, ich will jetzt keine Diskussion darüber beginnen, was »die Wahrheit« ist und ob es »die Wahrheit« gibt. Es gibt innere Wahrheiten, äußere Fakten und jede Menge Illusionen, Fehleinschätzungen und Selbstbetrug. Und dazu gehört, dass sich in Deutschland fast alle der Mittelschicht zugehörig fühlen, wie eine Umfrage unter 5400 Deutschen zutage gefördert hat. Sie ergab, dass der Reichtum immer knapp oberhalb des eigenen Einkommens anfängt. Wenn man also 1500 Euro hat, denkt man, reich wären die mit 2000 Euro, und wenn man zwei Millionen hat, denkt man, die mit drei Millionen sind reich. Das hat einen doppelten Effekt zur Folge: Erstens scheint man dem Reichtum nah und muss sich nur ein bisschen anstrengen, um es zu schaffen, zweitens fühlt sich aber niemand reich, weil die Reichen immer die anderen sind. So entsteht die Idee, dass man zur Mittelschicht gehört. Und das hat den Effekt, dass man sich nicht schämen muss, denn wer möchte von sich selbst zugeben, dass er arm ist.

Die »nivellierte Mittelstandsgesellschaft« ist eine Illusion, sagt auch Stephan Lessenich: »Wenn man sich die Vermögensverteilung anschaut, die ja viel ungleicher ist als die Einkommensverteilung, sieht man: Zehn Prozent besitzen sechzig Prozent des Vermögens, und ein Prozent besitzt fünfzehn Prozent. Es kann also heute von einer nivellierten Mittelstandsgesellschaft nicht die Rede sein, genauso wenig wie vor fünfzehn oder dreißig Jahren.« Industrialisierung, eine Reichsgründung, zwei Weltkriege, Republikgründungen: An den Vermögensverhältnissen in Deutschland sind diese Ereignisse spurlos vorübergegangen, so Ulrike Herrmann: »Wenn man die Steuerdaten von 1890 bis heute betrachtet, gibt es kaum einen Unterschied in der Verteilung von Einkommen und Vermögen. Ich war bei meiner Recherche selbst überrascht, wie viele eindeutige Zahlen es für Deutschland gibt, die der subjektiven Selbstwahrnehmung deutlich widersprechen.«

Wenn man die Platzverteilung in der deutschen Gesellschaft nicht nach gefühlter Selbstwahrnehmung, phantasierter sozialer Position oder politischer Korrektheit betrachtet, dann stellt man fest, dass ein paar wenige die Logenplätze abonniert haben. Ich würde nicht so weit gehen wie Aristophanes, der vor 2400 Jahren schrieb, die Welt sei ein Theater, in dem die schlechtesten Leute die besten Plätze haben, aber ich bin der Überzeugung, dass die reihenhausbewohnende Mittelschicht gut daran täte, ihre Lage mal nüchtern nach Daten zu analysieren und sich dann zu überlegen, ob sie weiter dem Märchen glauben will, sie sei Teil der Elite. Ob sie ihre Ressourcen weiter darauf verschwenden will, in der auseinanderbrechenden Gesellschaft den Anschluss an das obere Segment nicht zu verlieren, sich gegen das untere abzudichten und große SUVs zu kaufen.

Ein SUV (»Sport Utility Vehicle«) ist eine schwere Geländelimousine. Der frühere Londoner Bürgermeister Ken Livingston hat deren Fahrer schon mal als »complete idiots« bezeichnet – an deutschen Neuwagenkäufern perlt solche Kritik allerdings ab, wie Regentropfen am frisch polierten Range Rover. Mittlerweile ist jeder siebte Neuwagen eine Geländelimousine. Auf den Porsche Cayenne, der in der Grundausstattung knapp 60 000 Euro kostet, muss man bis zu einem Jahr warten. Diese Autos sind für Fußgänger im Straßenverkehr so gefährlich wie rollende Mauern, hat der ADAC in einer Studie 2007 befunden, da Fahrzeuge mit über 2,5 Tonnen Gewicht von der Prüfung des Fußgängerschutzes im Rahmen des europäischen Zulassungsverfahrens befreit sind. Sie sind, was $CO_2$-Emission und Benzinverbrauch angeht, zumindest in den teuren Klassen eine Umweltkatastrophe. Trotzdem kaufen die Menschen sie. Und stehen mit ihren Kuhfängergittern, ihrem Allradantrieb und ihrer Aura von Freiheit und Abenteuer hoch über den Straßen im städtischen Stau oder vor der Einfahrt zur Kita. Warum bloß?

Meine Freundin Agnes hat schon vor Jahren, als die SUV-Mode begann, eine – wie ich finde – schlüssige Analyse geliefert. »Die rüsten sich für den Bürgerkrieg«, hat sie gesagt, als wir fassungslos einen dieser ungewohnten Stahlriesen bestaunten, der wie eine Trutzburg am Straßenrand stand. Diese Geländewagen sind als motorisierte Abgrenzung das rollende Pendant zu den geschlossenen Wohnanlagen, in die sich die gehobene Mittelschicht weltweit zunehmend zurückzieht. Auch in Deutschland. Hier entstehen nicht überall gleich Gated Communities im strengeren Sinne – aber in allen größeren Städten werden immer öfter kleine, noble Wohnanlagen mit recht hohen Zäunen gebaut. Obwohl die Zahl der Wohnungseinbrüche in Deutschland in den vergangenen zehn Jahren um fast ein Drittel zurückgegangen ist, haben wohlhabende Menschen offenbar verstärkt ein Bedürfnis nach Sicherheit und Abgrenzung, Ausdruck der zunehmenden Polarisierung zwischen Arm und Reich. Und es ist genau diese Polarisierung, die sich im Trend zur Geländelimousine zeigt. Aber nicht nur dort: Der Privatschulboom ist ein weiteres Indiz für den Versuch der Mittelschicht, den Anschluss an das gesellschaftliche Oben nicht zu verlieren.

## »Der Bildungsweg deines Kindes hängt schon davon ab, wie stark du dich engagierst«

»Schule«, sagt meine Freundin Anna, »ist sehr wichtig. Wir haben ewig diskutiert, als die Kinder mit dem Kindergarten fertig waren, auf welche Schule wir sie schicken sollen. Wir selbst hatten ein tolles Gymnasium, ein tolles Studium, aber wenn ich überlege, was es mir für die heutige Situation gebracht hat, dann ist das relativ wenig.« Die beiden Töchter von Jörg und Anna besuchen die Waldorfschule. »Wir haben uns überlegt, was unsere Kinder in der Schule lernen sollen. Muss es wirklich so sein, dass alles auf die Wirtschaft zugeschnitten wird?« Jörg und Anna geht es nicht darum, ihre Kinder rein auf Leistung zu trimmen. Sie haben sich mit der Waldorfschule für eine reformpädagogische Schule entschieden, die die Kinder in ihrer Individualität fördert. Anna weiß auch genau, warum sie diese Entscheidung getroffen haben. »Als wir mit der Schule fertig waren, wussten wir nicht, was kannst du oder was ist das Besondere an dir, wo liegen deine Talente. Nach unserer heutigen Erfahrung ist es wesentlich wichtiger, dass du Selbstvertrauen mitbringst, soziale Kompetenzen erwirbst. Wir erhoffen uns einfach, dass unsere Kinder eine gewisse Stärke mitbekommen.«

Anna und Jörg reagieren mit der Entscheidung, ihre Kinder nicht auf eine staatliche Schule zu schicken, auf eine gewisse Zukunftsverunsicherung. Da sie nicht wissen, was von ihren Kindern zukünftig gefordert sein wird, wollen sie sie so flexibel, kreativ, selbstbewusst und stark wie möglich machen. Ihrer Ansicht nach leistet das die Waldorfschule mit ihren Theaterprojekten, Landwirtschaftspraktika und Schülerpatenschaften.

Auch nach meiner Beobachtung tut die Schule ihren beiden Töchtern gut. Meinen Sohn habe ich dennoch nicht in den Waldorfkindergarten gegeben. Zum einen aus einem ganz praktischen Grund: Waldorfkindergärten sind nicht für arbeitende Eltern gemacht. Jedenfalls legen das die Öffnungszeiten nahe. Das war aber nicht der einzige Grund, warum ich mich gegen einen Waldorfkindergarten entschieden habe.

Es sind auch die Eltern. Ich finde die Konzentration von Bildungsbürgertum unter den Eltern zu hoch, um mich dort wohlzufühlen. Mag sein, dass da der Trotz meiner Mutter gegen die sogenannte anständige Gesellschaft etwas auf mich abgefärbt hat. Aber ich möchte nicht, dass mein Kind unter lauter Kindern von Ärzten, Lehrern, Professoren, Rechtsanwälten, Kulturschaffenden und Beratern aufwächst. Und es sind nun mal überwiegend diese Eltern, die ihre Kinder auf Reformschulen schicken, ob das nun Waldorf- oder Montessori-Schulen sind. Was zum einen daran liegt, dass nur sogenannte bildungsnahe Eltern sich überhaupt für pädagogische Konzepte interessieren. Zum anderen natürlich auch daran, dass nur einigermaßen finanzstarke Eltern ein Schulleben lang zahlungskräftig sind – auch die reformpädagogischen privaten Schulen kosten schließlich ein monatliches Schulgeld von bis zu mehreren hundert Euro.

Der Erziehungswissenschaftler Heiner Barz und der Sozialforscher Dirk Randoll haben drei Generationen von Waldorf-Absolventen befragt und kommen zu dem Schluss, dass die Waldorfschule keine Schule für alle Schichten, sondern im Kern eine Schule des Bildungsbürgertums ist. Die Idee einer Schule des sozialen Ausgleichs, einer »volkspädagogischen« Schule, die zur Lösung der »sozialen Frage« beitragen kann, muss als gescheitert betrachtet werden.[33]

Ich muss gestehen, dass ich mir auch schon ein Heft mit den Profilen aller Frankfurter Privatschulen besorgt habe. Nach einem Abend, an dem meine Freunde mit halbwüchsigen Kindern mal erzählt hatten, was ihnen und ihren Kindern auf den staatlichen Schulen so alles widerfährt. Kaputte Schulklos, schlechtes Mittagessen, Lehrermangel, Unterrichtsausfall, kein Geld für eine Turnhalle usw. Viele meiner Freunde werfen dem Staat vor, bei der Ausstattung und Gestaltung der Schulen zu versagen. Zu viel Frontalunterricht. Zu wenig individuelle Förderung, zu wenig Service, zu wenig Ganzheitlichkeit, zu volle Klassen, zu rigide Lehrpläne.

Mit ihrer Ansicht stehen meine Freunde ganz offenbar nicht alleine da: Privatschulen boomen. Derzeit beträgt der Anteil der Privatschulen an allgemeinbildenden Schulen 8,8 Prozent, Tendenz steigend. Besonders auffällig: Zurzeit werden vor allem private Grundschulen gegründet. Gab es 1992 in Deutschland noch 226 private Grundschulen, waren es 2009 bereits 669.[34] Er bröckelt also mächtig, der staatliche Eckpfeiler, der die Schulen trägt. Und gerade Schule ist für die meisten Eltern ein enorm wichtiges Thema, wie Erichs Frau Anja erzählt. »Sobald die Kinder in die Schule kommen, fängt die Angst an, dass sie nicht so gut geraten könnten. Obwohl man schon so viel investiert hat.« Woher kommt diese Angst?

»Weil ohne Abitur nichts mehr läuft«, sagt Erich, »das kriegst du überall zu hören.« Die Kinder von Erich und Anja gehen nicht auf eine Privatschule, allerdings haben die beiden bei der Wahl der Schule durchaus auf bürgerliche Werte geachtet. Die Älteste, die gerne Ballett tanzt und Klavier spielt, wird auf eine zweisprachige Schule gehen und Französisch lernen, ihr jüngerer Bruder geht noch auf die Grundschule, der Kleinste krabbelt noch. Um ihren Zweiten machen sich Anja und Erich Sorgen. »Also, der ist einfach faul, er kann gut lesen, aber er tut es nicht. Oder er macht auch in der Schule nur genau das, was er muss. Du musst schon immer dabei bleiben. Wenn ich das Gefühl hätte, wir haben das nicht gemacht, wir sind nicht präsent genug, wir passen nicht auf, und er landet deswegen auf der Realschule, dann würde ich mir schon Vorwürfe machen. Weil er dann irgendwann feststellen wird, dass er sein eigenes Pozential nicht ausgeschöpft hat. Ich wäre nicht damit zufrieden, wenn er unter seinen Möglichkeiten bleibt.«

»Der Bildungsweg deines Kindes hängt schon davon ab, wie sehr du dich selbst engagierst«, sagt Erich. Und der Bildungsweg entscheidet über die Zukunft, das macht Erich auch seinen beiden schulpflichtigen Kindern immer wieder klar. »Ich hab beiden schon oft genug gesagt, wenn ihr euch nicht anstrengt oder eine gute Ausbildung macht, dann werdet ihr eben einen Beruf haben, der nicht so schön ist, und ihr werdet nicht so viel Geld verdienen.«

Genau davor haben die Eltern aus der gehobenen Mitte zunehmend Angst: Dass ihre Kinder in der sich verschärfenden sozialen Dynamik untergehen könnten. Dass sie nicht in den Fahrstuhl nach oben einsteigen, sondern in den nach unten. Manche Kinder merken schon selbst sehr früh, worauf es ankommt. So hat ein Kollege mal die Geschichte zum Besten gegeben, wie sein neunjähriger Sohn begeistert davon erzählte, dass einer seiner Schulfreunde eine Karibik-Kreuzfahrt gemacht habe und er das auch tun wolle. Der Vater erklärte ihm daraufhin, dass sie sich eine solche Kreuzfahrt für eine vierköpfige Familie nicht leisten könnten. »Warum nicht?«, fragte der Sohn. »Weil ich in meinem Beruf als Redakteur nicht so viel verdiene, dass ich eine solche Kreuzfahrt bezahlen könnte«, antwortete der Vater, woraufhin der Sohn eine Weile nachdenklich schwieg, um dann zu fragen: »Papa, in welchem Beruf verdient man so viel, dass man sich eine Karibik-Kreuzfahrt leisten kann?« Nach den Untersuchungen der Zürcher ETH müsste man ihm wohl immer noch raten, Investmentbanker oder Finanzberater zu werden. Dann hätte er zumindest eine Chance, Barbados in der eigenen Yacht anzulaufen.

Eltern aus der gehobenen Mittelschicht nehmen jedenfalls viel auf sich, um ihren Kindern das zu ermöglichen, was sie für die optimale Bildung und Förderung halten. So zahlen sie beispielsweise Schulgeld für Privatschulen, ziehen zugunsten einer gewünschten Schule in ein anderes Wohnviertel um oder lassen ihr Kind bereits mit sechs Jahren Klarinette lernen, damit es mit zehn Jahren eine Chance hat, auf das angeblich beste Gymnasium der Stadt gehen zu können, das zufälligerweise ein sehr engagiertes Orchester mit permanentem Klarinettistenmangel hat. Mir erscheint dieses Gebaren ziemlich hysterisch, aber mein Sohn ist ja auch noch nicht schulpflichtig.

Man könnte natürlich fragen: Wo ist das Problem? Bildung ist nun mal die Ressource der Zukunft, und etwas Konkurrenz auf diesem Gebiet kann dem staatlichen Schulsystem doch nicht schaden. Soziologen sehen das anders. Denn da es vor allem die gut situierten und bildungsnahen Eltern sind, die ihre Kinder auf Privatschulen schicken, ergibt sich als Konsequenz eine Selektion des Schulsystems – irgendwann gehen nur noch die Kinder von finanzschwachen und bildungsfernen Eltern auf staatliche Schulen. Dann wird sich auch in der Bildung eine Zweiklassengesellschaft durchsetzen – ähnlich der im Gesundheitssystem. Nach allen Befunden ist Deutschland auf dem Weg in eine neue Klassengesellschaft – da wollen Eltern, dass ihre Kinder oben mitmischen. Der Kampf um die komfortablen Plätze verschärft die Konkurrenz. Das beobachtet auch Ulrike Herrmann: »Man setzt auf komplett individualisierte Strategien, es gibt also keine Solidarität, sondern da wird schon Konkurrenzkampf ab der ersten Klasse gefahren: Mein Kind muss in die beste Schule, mein Kind muss am besten sein.« Dabei, das prognostizieren mittlerweile viele Bildungsexperten, wird der demografische Wandel in bereits absehbarer Zeit zu Vollbeschäftigung führen. Auch Ulrike Herrmann sieht das so. »Bald wird jede Nachwuchskraft gebraucht werden. Diese Angst der Mittelschichteltern, dass ihre Kinder keinen Job finden, ist eigentlich Unsinn, denn sie beruht auf den Erfahrungen der eigenen Vergangenheit und hat nichts mit der Zukunft zu tun.«

Möglicherweise sind die Bildungsanstrengungen der Mittelschichtseltern bezüglich ihrer Kinder also unnötig. Was sie aber deutlich zeigen, ist, mit welchen Strategien die Mittelschicht auf die sich verschärfenden sozialen Trennlinien reagiert: Sie grenzt sich einerseits gegen diejenigen ab, die sie unter sich vermutet. Das zeigt sich in der Wahl des Wohnviertels ebenso wie in der Wahl der Schule – beides wird zunehmend danach ausgewählt, dass dort nur die Mitglieder der eigenen Klasse anzutreffen sind. Den zunehmenden Abgrenzungswunsch spiegelt auch das Heiratsverhalten der Deutschen. Die »Heiratsmobilität«, wie Soziologen das nennen, zwischen den Schichten hat deutlich abgenommen. Ärzte heiraten Ärztinnen, Unternehmensberaterinnen, Oberstudienrätinnen. Umzugsunternehmensleiter heiraten Verkäuferinnen, Krankenschwestern oder Friseurinnen.

»Auch sozialer Wandel verstärkt die Einkommensunterschiede. So gibt immer mehr Alleinerzieher- und Single-Haushalte mit entsprechend niedrigem Einkommen, auf der anderen Seite finden immer mehr Paare in der gleichen Einkommensgruppe zusammen, so dass sich gute Verdienste potenzieren: Das traditionelle Modell ›Chefarzt heiratet Krankenschwester‹ ist auf dem Rückzug«, befindet die OECD.[35]

Deutschland entmischt sich also. Auch räumlich. Sandra, die in Berlin aufgewachsen ist, erzählt: »Ich habe mich mal mit einem Jungen unterhalten, der im Prenzlauer Berg groß geworden ist, und der meinte, niemand kann da mehr wohnen, der da ursprünglich gewohnt hat. Es gibt kein einziges Geschäft mehr, keinen Schuster, keinen Lebensmittelmarkt, nur noch Cappuccino-Bars. Und die Leute haben sich das alles gefallen lassen und sind zum größten Teil in Plattenbauten gezogen.« Diese räumliche Entmischung korrespondiert mit der schulischen. An den 67 Privatschulen und den Gymnasien in Berlin steigen die Schülerzahlen kontinuierlich an. An den Gesamtschulen, also dort, wo Oben und Unten sich treffen könnten, nehmen sie ab.

Der Privatschulboom ist ein Indikator dafür, in welchem Ausmaß die Mittelschicht sich mit ihren Aufstiegsphantasien selbst betrügt und wie sehr sie mit ihren »individualisierten Strategien« der Abgrenzung die sozialen Gegensätze verschärft. Was gefährlich ist. Wie gefährlich, das zeigen die sozialen Unruhen in Paris 2005 und in London 2011. Oder die brennenden Autos von Berlin. Im feinen Londoner Kaufhaus Harrods ist ein Designer aus Mexiko vertreten, der ansonsten eher Geschäfte in Russland, dem Nahen Osten oder Südamerika macht: Miguel Caballero. Er schneidert schicke Abendkleider, Poloshirts, Hemden, Westen und sogar Unterwäsche, die eine Besonderheit aufweisen: Sie sind schusssicher. Vielleicht wird man seine kugelsichere Mode demnächst auch im KaDeWe in Berlin kaufen können.

# Bröckelnder Eckpfeiler III: Familie

## »Ich fühle mich nicht so, als ob ich jetzt Mutter werden könnte«

»Die Generation Laminat gibt keine Antworten, sondern weicht den Fragen aus. Sie sagen zum Beispiel nicht: Ich will keine Kinder. Oder: Ich kriege jetzt ein Kind und nehme das Risiko auf mich. Sondern sie sagen: jetzt nicht, vielleicht demnächst, schau'n wir mal. Und dann sind sie vierzig. Das ist erstaunlich, wie viele vierzig werden und dann erst anfangen, den Fragen nicht mehr ausweichen zu können ...« Der dreifache Familienvater Erich hat für die Zögerlichkeit der Generation Laminat in Sachen Familiengründung kein Verständnis. Maren dagegen kennt sie aus eigener Anschauung. Sie ist Mitte dreißig und wünscht sich Kinder, fühlt sich beruflich aber noch nicht sicher genug für eine Auszeit. Sie weiß auch nicht, wie sie die Unregelmäßigkeiten ihres Reporterdaseins – Termine am Abend, Veranstaltungen am Wochenende, Nachtbereitschaft – als Mutter bewältigen sollte. »Vielleicht ist bei mir der Grund, dass ich unheimlich viel reingesteckt habe in diesen Beruf, ins Studium, mich abgestrampelt habe, um meinen Platz zu finden, und ich merke einfach, es ist schwierig, das zu erreichen, was man gerne erreichen möchte. Ich habe manchmal die Sorge, wenn ich jetzt ein Kind kriegen würde, dann wär's gelaufen, also so ein Gefühl, man müsste erst noch etwas anderes schaffen. Wie sollst du das machen, wenn du es schon ohne Kind so schwer hast, deinen Weg zu finden und deinen Platz zu ergattern?«

Maren steht mit diesen Sorgen nicht allein – sechzehn Prozent aller »Erstgebärenden«, wie das in schönstem Bürokratendeutsch heißt, sind mittlerweile über fünfunddreißig. Ich übrigens auch. »Mutterglück im Rentenalter« titelte deshalb *Die Zeit online*.[1]

»Ich fühl mich nicht so, also ob ich jetzt Mutter werden könnte«, sagt Maren, »weil ich immer so die Vorstellung hatte, du musst erst das Gefühl haben, angekommen zu sein, oder so weit zu sein, dass du das könntest.«

Bei meiner Freundin Ally lief es anders. »Wir wollten beide ein Kind haben, aber ich habe erst die Spirale rausgenommen, als ich – völlig unbegründet – das Gefühl hatte, wenn alle Stricke reißen, schaff ich das allein. Also ohne irgendwelche Einkommen, ohne sichere Verhältnisse, einfach durch das Gefühl der tiefen Überzeugung, das wird schon klappen.« Ally hat es geschafft. Trotz Trennung und Freiberuflichkeit. Ihr Sohn ist mittlerweile Anfang zwanzig. Die Erfahrung, Mutter zu sein, möchte sie nicht missen. »Man denkt dann nicht mehr einfach so vor sich hin, sondern man denkt, was wird mein Sohn mal haben die nächsten zwanzig Jahre, also: nicht mehr nur ich, sondern auch mein Kind. Das ist die Intensivierung durch die Verantwortung für ein weiteres Menschenleben, das macht schon einen sehr großen Unterschied aus. Deswegen finde ich es wichtig, dass Menschen Kinder bekommen, denn dieses nur so Vor-sich-hin-Leben tut nicht gut. Für ein weiteres Leben die Verantwortung zu haben, das macht alle Erwartungshaltungen viel klarer, viel näher, viel emotionaler. Und so was brauchen wir.«

Die Menschen in Deutschland haben aber immer weniger

Kinder. In keinem Land der Europäischen Union leben so wenige Kinder wie in der Bundesrepublik: Nur noch 16,5 Prozent der über 81 Millionen deutschen Staatsbürger sind jünger als 18 Jahre. Das geht aus dem Bericht des Statistischen Bundesamtes vom August 2011 mit dem Titel »Wie leben Kinder in Deutschland?« hervor. Auch wenn die um 1970 geborenen Frauen tendenziell wieder etwas mehr Kinder kriegen, bilden wir das europäische Schlusslicht. Die Geburtenrate in Deutschland gilt als »nicht bestandserhaltend« – das heißt: Die deutsche Bevölkerung wird zahlenmäßig kleiner und im Schnitt älter. In wunderbar nüchternem Statistikerdeutsch klingt das so: »Für die Bestandserhaltung einer Gesellschaft benötigen wir 210 Kinder, die von 100 Frauen geboren werden. Der Frauenjahrgang von 1935 war der letzte, der sich vollständig reproduziert hat. Seit Mitte der siebziger Jahre fehlt uns ein Drittel der Geburten.«[2]

Der Eckpfeiler Familie bröckelt also tatsächlich. Denn Familien werden schließlich zu Familien durch die Existenz von Kindern. »Familie ist, wo Kinder sind«, wird von Parteipolitikern aller Farben gern als Motto ausgegeben. Gibt es weniger Kinder, gibt es auch weniger Familien. Das gilt vor allem für Deutschland, das eine Besonderheit aufweist, nämlich: Es gibt eine Polarisierung in der Entscheidung für oder gegen Kinder. Entweder entscheidet man sich für Kinder, dann aber auch meist gleich für zwei, oder es wird ganz auf Kinder verzichtet. In anderen Ländern, wie etwa Italien, werden die Familien kleiner, das heißt, die Paare kriegen nur noch ein Kind.

In Deutschland dagegen besteht die durchschnittliche Familie immer noch aus Vater, Mutter und zwei Kindern. Kinderreichere Familien, also Familien mit drei und mehr Kindern, gibt es selten. Als ich zur Schule ging, gab es für Familien ab drei Kindern eine Vergünstigung für den Nahverkehr. Der entsprechende Ausweis hieß »Karnickelpass«: Drei Kinder zu haben galt schon als karnickelartiges Reproduktionsverhalten. Als ich das im Sommerurlaub in Irland am Strand von Mulranny einem sehr netten Nordiren erzählte, wollte er mir nicht glauben. Gerade hatte er mir einigermaßen bestürzt davon berichtet, dass in Irland die Zeiten der kinderreichen Familien vorbei seien – das könne man an seiner eigenen sehen: Der Mann war Vater von fünf Kindern, aber mit zehn Geschwistern aufgewachsen. Alles eben eine Frage der Perspektive – immerhin führt Irland die europäische Geburtenstatistik an.

Den anderen Grund, warum der einstmals so stabile Eckpfeiler Familie poröser wird, führen uns vor allem die Medien in immer neuen Variationen vor Augen: die Patchworkfamilien. Deren Zahl wächst, aber auf erstaunlich niedrigem Niveau. Ich habe Weihnachten 2010 eine Sendung mitgeplant, die wir den Patchworkfamilien unterm Weihnachtsbaum gewidmet haben. Das hielt ich so lange für einigermaßen originell, bis ich im Zuge der Sendungsplanung statistische Daten zu den sogenannten Stieffamilien zugeschickt bekam. Der erstaunliche Befund: Über drei Viertel aller minderjährigen Kinder in Deutschland lebten 2010 bei ihren verheirateten Eltern.[3]

Vom medial beschworenen Untergang der sogenannten Kernfamilie kann demnach keine Rede sein. Das bestätigte mir Walter Bien vom Deutschen Jugendinstitut in München damals am Telefon. Er untersucht seit 1987 den Alltag von Familien und kommt zu einem ganz anderen Ergebnis als die Medien, die allenthalben eine Ausbreitung der komplizierten Verästelungen von Patchworkfamilien beobachten wollen.

»In der Realität«, sagt er, »sieht es deutlich einfacher aus. Wer Kinder wünscht, will sie in einer langfristig angelegten Partnerschaft gemeinsam großziehen. Und meistens gelingt das auch; im Westen der Republik häufiger als im Osten. Immer noch bleiben die weitaus meisten Kinder bis zum 18. Lebensjahr im gemeinsamen Haushalt ihrer leiblichen Eltern.«

Nach den Debatten, die im Feuilleton über Glück, Leid oder Lüge der Patchworkfamilie geführt werden, hätte ich, genau wie meine Redaktionskollegen, vermutet, dass es viel mehr als ein Viertel der Kinder sind, deren Eltern sich trennen und sich zu komplizierten Konstellationen neu zusammenfinden. Wenn dem überhaupt nicht so ist, warum wird dann dauernd die gute alte Vater-Mutter-Kinder-Familie zu Grabe getragen?

Eine Erklärung ist, dass es vor allem das urbane Akademikermilieu ist, in dem Scheidungsraten und Patchworkgründungen besonders hoch sind. Und dass Journalisten, Wissenschaftler und Autoren aus eben diesem urbanen Akademikermilieu stammen und also überproportional von dem Phänomen »Patchwork« betroffen sind. Walter Bien konnte mein Erstaunen angesichts der Zahlen jedenfalls bestens verstehen. »Wir waren hier im Deutschen Jugendinstitut auch total überrascht«, sagte er. »Denn bei uns gibt es auch alle möglichen Familienformen, von der alleinerziehenden Mutter bis zur vielköpfigen Patchworkfamilie mit Hund. Aber auf dem Land sieht das nun mal ganz anders aus.«

Laut Statistischem Bundesamt lebten 2010 jedenfalls nur sieben Prozent aller Kinder bei Paaren ohne Trauschein, seien es die leiblichen Eltern oder Stief-, Pflege- oder Adoptiveltern. Jedes sechste minderjährige Kind, also fast 17 Prozent, lebte mit nur einem Elternteil im Haushalt zusammen.

Das Bröckeln des Eckpfeilers Familie ist also nicht dadurch verursacht, dass die »Normalfamilie« aussterben würde, wie medial gerne dramatisiert wird, sondern dadurch, dass in Deutschland zu wenige Kinder geboren werden. Warum?

## »Großeltern steigern das Bruttosozialprodukt«

»Aber das geht nicht alles, dieser Anspruch, alle verwirklichen sich und machen auch noch die perfekten Kinder.« Für Erich ist der zentrale Grund der niedrigen Geburtenrate eindeutig: Es ist der Selbstverwirklichungsanspruch und der Optimierungsdruck der Generation Laminat.

Im Statistischen Bundesamt Baden-Württemberg haben der Volkswirt Erich Stutzer und die Soziologin Heike Lipinski 2004 die Gründe untersucht, warum die Deutschen so wenige Kinder kriegen. Denn auch wenn die Entscheidung, Kinder in die Welt zu setzen oder nicht, eine individuelle ist, so gibt es doch gesellschaftliche Bedingungen, die diese Entscheidung positiv oder negativ beeinflussen. Erich Stutzer und Heike Lipinski benennen sechs Gründe, warum deutsche Paare sich seit den siebziger Jahren seltener für Kinder entscheiden als in den Jahrzehnten davor.

Den ersten Grund nennen sie »plurale Gesellschaft und Wertewandel« und kommen damit Erichs Einschätzung sehr nahe. Die weibliche Standardbiografie – verliebt, verlobt, verheiratet – hat sich ebenso wie die männliche – Ausbildung, Arbeit, Rente – in Luft aufgelöst. Es gibt viele verschiedene Lebensformen, und einige davon sehen keine Kinder vor. Aufgrund der Akzeptanz von Verhütung und Schwangerschaftsabbrüchen sind Kinder mittlerweile nur noch eine Option unter vielen und somit weder selbstverständlich noch zwingend. »Wer sich für Kinder entscheidet, nimmt bewusst in Kauf, dass er oder sie auf andere Optionen verzichten muss. Freiheit, Selbstverwirklichung, Erlebnisorientierung, die in unserer individualisierten Gesellschaft hoch gehandelt werden, sind mit Kind – vielleicht? – nur noch eingeschränkt umzusetzen.«[4]

In einer Gesellschaft, die von grenzenlosen Möglichkeiten träumt, wollen Paare aber nicht auf Möglichkeiten verzichten. Deutsche Paare entscheiden sich deshalb immer häufiger dafür, ganz auf Kinder zu verzichten, während in anderen Ländern die Paare immerhin ein Kind bekommen, dann aber kein zweites oder drittes.

Als zweiten Grund nennen die beiden Forscher »Partnerschaft und Ehe als Option«: Auch diesen Grund kennt Erich gut aus eigener Anschauung in der Reihenhaussiedlung, und auch den kann er nur sehr schwer nachvollziehen. »Also«, regt er sich auf, »zum Beispiel, wenn man eine Familie gründet, dass man immer die Trennung mitdenkt. So dieses: ›Ich muss mein eigenes Geld verdienen, weil es ja sein könnte, dass wir uns trennen.‹ Oder eben noch ein eigenes Konto hat. Das ist mir fremd, entweder lass ich mich drauf ein oder nicht. Find ich auch irgendwie komisch. Oder sich eben auch nicht traut, ein Kind zu kriegen, weil es ja schiefgehen könnte.«

Das grundsätzliche Infragestellen der Beziehung, das Offenhalten anderer Möglichkeiten hat negative Konsequenzen in Hinblick auf die Geburtenrate, denn für Frauen ist eine harmonische und stabile Partnerschaft ein wichtiges Kriterium dafür, ob sie Kinder bekommen oder nicht. Als alleinerziehende Mutter kann ich nur seufzen: Das verstehe ich gut. Ein Kind ohne Partner großzuziehen, ist anstrengend und belastend. Besonders in Deutschland, wo Kinderbetreuung und Steuergesetzgebung auf die sogenannte Normalfamilie ausgerichtet sind, also auf arbeitenden Vati und daheimbleibende Mutti. Deshalb verzichten Frauen eher aufs Kinderkriegen, als das Risiko einzugehen, ihrem Kind womöglich keine vollständige Familie im traditionellen Sinne bieten zu können.

Die »nicht vollständige Familie im traditionellen Sinne« kann – das muss ich jetzt doch noch loswerden – trotzdem sehr viel Spaß machen. Man muss sich nicht Sack und Asche kaufen, allerdings unbedingt eine Saunamitgliedschaft. Denn als Alleinerziehende muss man sich luchsartig selbst im Auge behalten und viel dafür tun, dass es einem gut geht. Diesen Tipp hat mir der dänische Familientherapeut Jesper Juul während der Kaffeepause eines Seminars gegeben, und ich bin ihm dafür heute noch dankbar. Er hat mir Sauna- und Kinobesuche ermöglicht, ohne dass in meinem Hinterkopf eine Lenor-Mama auf den seelischen Schaden hingewiesen hätte, den ich durch meine Abwesenheit meinem Sohn zufügte. (Und man muss natürlich so viel verdienen, dass man die zusätzlich anfallenden Betreuungszeiten finanzieren kann, sonst wird es nichts mit dem Arbeiten, weshalb vierzig Prozent aller Alleinerziehenden Hartz IV beziehen.)

Der dritte Grund, warum in Deutschland weniger Kinder geboren werden, scheint paradox: Es ist die hohe Wertschätzung, die Kinder genießen. Das heißt: Früher bekam man einfach Kinder. Heutzutage dagegen entscheiden sich Paare oft sehr bewusst. Und diese Kinder sollen dann die Möglichkeit haben, in unserer Leistungsgesellschaft bestausgerüstet in ein erfolgreiches und glückliches Leben zu starten, ohne materielle Sorgen, pädagogisch wertvoll erzogen, mit genug Zeit und Zuwendung. Um das zu gewährleisten, wird der ideale Zeitpunkt

für die Geburt geplant, die Bedingungen für den neuen Erden-
bürger sollen möglichst perfekt sein. Ist das nicht der Fall, entscheiden sich Paare oft lieber gegen ein Kind, bevor sie ihm
»zumuten«, in weniger idealen Verhältnissen aufzuwachsen.[5]

Ally, die sich seit ihrem zwanzigsten Lebensjahr als freie
Künstlerin durchs Leben schlägt, kann zwar verstehen, dass
man seinen Kindern etwas bieten möchte, aber letztlich, sagt
sie, ist Materielles nicht wichtig. »Who cares? Es gibt doch
auch andere Dinge, wichtigere Dinge. Füreinander da sein,
Freundschaften, Liebe, Fürsorge!«

Vielleicht liegt es daran, dass ich keine Künstlerin bin,
aber materielle Sicherheit ist mir durchaus wichtig. Seitdem
ich meinen Sohn bekommen habe, noch stärker. Natürlich
möchte ich ihm ein schönes Zuhause bieten, Theater- und
Kinobesuche mit Popcorn und Fanta, Urlaube und Fahrten
mit der Schmalspurbahn im Frankfurter Feldbahnmuseum.
Allerdings reicht ihm das bereits jetzt schon nicht mehr. Er
wünscht sich einen Porsche. Für den Kauf eines solchen hat er
mir sogar schon den Inhalt seiner Spardose angeboten. Und
vor Kurzem hat er beim Anziehen geseufzt: »Ich wünschte,
ich hätte eine andere Mutter.« Als ich, ziemlich erschrocken,
nachfragte warum, antwortete er: »Dann hätte ich nicht so
ein Mini-Zimmer.« Angesichts der Tatsache, dass er auf sechzehn Quadratmetern wohnt, habe ich verstanden: Enttäuschungen gehören offenbar auch bei Vierjährigen bereits zum
Leben, ganz gleich, wie bemüht die Eltern sind, diese Enttäuschungen zu vermeiden. Ich persönlich halte den Wunsch, seinen Kindern eine »perfekte Kindheit« zu bieten, mittlerweile
für eine Mischung aus illusionären Heile-Welt- und größen-
wahnsinnigen Machbarkeits-Phantasien, angereichert durch
Hochglanzbilder aus der Werbung, die rein gar nichts mit

deutscher Familienrealität zu tun haben. (So wenig wie blaue Testflüssigkeit mit Regelblutung.)

Der vierte Grund, warum in Deutschland die Geburtenrate nicht »bestanderhaltend« ist, ist naheliegend und bekannt: Junge Frauen möchten in ihrem Leben gern zwei Ziele vereinbaren: Familie und Beruf. Das ist aber in unserer Gesellschaft immer noch nur sehr bedingt möglich, was nicht ohne Folgen bleibt.[6] Dass Beruf und Familie nur schwer miteinander zu kombinieren sind, liegt nicht nur an unzureichender Kinderbetreuung und unflexiblen Arbeitszeitmodellen. Es liegt auch an den weiter oben beschriebenen Veränderungen auf dem Arbeitsmarkt. Die Prekarisierung der Arbeitsverhältnisse zieht eine grundlegende Instabilität aller Verhältnisse nach sich. »Diese vom Arbeitsmarkt ausstrahlende Instabilität ist eine der Hauptbarrieren für eine Realisierung von Kinderwünschen. Frauen, die bereits in jungen Jahren Karriere machen, verzichten häufig ganz auf Kinder, weil der Verdienstausfall, aber auch der Verzicht auf die Gestaltungsspielräume, die eine qualifizierte berufliche Position bietet, als ein zu großer Nachteil empfunden werden. Das trifft europaweit insbesondere auf Hochschulabsolventinnen und freiberuflich tätige Frauen zu.«[7]

Maren ist freiberuflich tätig und verzichtet bisher auf Kinder, weil sie ihre berufliche Situation nicht als sicher und stabil erlebt, sondern als prekär und verwundbar. Und es ist nun mal so, dass die Entscheidung für Kinder bei den meisten Menschen Stabilität und Sicherheit voraussetzt. Was ich gut nachvollziehen kann. Ich habe fast fünf Jahre als Freiberuflerin inmitten anrollender Sparwellen damit gekämpft, Kind und Beruf unter einen Hut zu kriegen, habe heulend mein sorgfältig aufgetragenes Make-up ruiniert, nachdem mir mei-

ne Babysitterin um halb sieben wegen eines verknacksten
Fußes abgesagt hatte, ich aber um halb acht im Literaturhaus eine Veranstaltung moderieren musste. Ich habe meinen Sohn trotz Fiebers zur Tagesmutter gebracht, um zuverlässig von einer Spinnenausstellung in Hanau berichten zu
können. Ich habe bei einem Online-Portal für die Betreuung
von Alten, Kindern, Tieren und Gärten nächtelang Profile von
Babysittern studiert und schließlich bei einem privaten Ver-
mittlungsservice dreihundert Euro allein dafür gezahlt, die
Kontaktdaten einer geeigneten Kandidatin zu erfahren. Ohne
meine Freunde und meine Familie und deren großzügige Bereitschaft zur Krisenintervention wäre ich kaum arbeitsfähig
geblieben – regelmäßig erscheinen übrigens Studien darüber,
wie wichtig die Betreuung der Kinder durch Großeltern für
das deutsche Bruttosozialprodukt ist. In meinem persönlichen Fall kann ich noch den Onkel hinzufügen.

Ich betrieb diesen Aufwand, damit ich arbeiten gehen
konnte, um das Geld zu verdienen, das ich brauchte, um die
Betreuungskosten zu bezahlen, die anfielen, während ich arbeitete. Sehr familienfreundlich erscheint ein solcher Kreislauf nicht – in dem übrigens nicht nur eine Alleinerziehende
gefangen ist. Ich habe verheiratete Kollegen, die das gleiche
Spiel getrieben haben, solange die Kinder klein waren. Wenn
beide Elternteile berufstätig sind, haben sie keine andere
Chance, als auf private und damit kostspielige und manchmal störanfällige Betreuungsangebote zurückzugreifen. Weshalb in Deutschland nur jede achte Mutter voll berufstätig ist.
Da kann man schon verstehen, warum viele gut ausgebildete Frauen sich prinzipiell gegen Kinder entscheiden oder erst
dann welche kriegen, wenn sie beruflich so fest im Sattel sitzen, dass auch die Mutterschaft sie nicht vom Karrierepferd

wirft – also über 35 und zunehmend auch über 40. Der private Betreuungsmarkt besonders für die Besserverdienenden boomt deshalb. In Bad Homburg nimmt eine private Kinderbetreuungsagentur allein für die Vermittlung einer Babysitterin oder Kinderfrau 1000 Euro: 250 Euro bei Anfrage und 750 Euro bei Abschluss.

Ich allerdings hatte Glück. Während der Arbeit an diesem Buch habe ich eine neue, interessante Stelle gefunden – als Referentin für Öffentlichkeitsarbeit einer kleinen Universität. Fest angestellt. Was für mich ungewohnt paradiesische Verhältnisse bedeutet: einigermaßen regelmäßige Arbeitszeiten und sehr regelmäßiges Gehalt. Wie viel das wert ist, habe ich an meiner Erleichterung gespürt, als ich den Arbeitsvertrag unterschrieben habe. Und an den Reaktionen meiner Hörfunk-Kollegen: Ausnahmslos alle haben mir gratuliert. Einer meiner Lieblingskollegen sprach mich auf dem Gang an: »Was habe ich gehört? Du willst wirklich dahin, wo der heisere Schrei erkälteter Möwen erklingt?« (Die Universität, für die ich arbeiten werde, liegt im höchsten Norden.) Du willst wirklich dahin, wo der verrottete Pferdeschädel sich nächstens vom Deich erhebt?« Dann grinste er mich an. »Ja, ich weiß«, sagte er, »so eine Stelle ist wie ein Sechser im Lotto.« »Schade, dass du gehst«, schrieb eine andere Kollegin und fügte hinzu: »Richtig, dass du gehst.«

Die Arbeitssoziologin Kerstin Jürgens nennt das, was ich im Rundfunk erlebt habe, die »Prekarisierung des Normalarbeitsverhältnisses«. Dass ich erleichtert war, als ich dieses prekäre Arbeitsverhältnis hinter mir lassen konnte, wundert sie nicht: Es stellt eine »komplexe Belastungskonstellation« für die Betroffenen dar, die sich aus arbeitsvertraglichen Unsicherheiten, betrieblichen Reorganisationsprozessen, Leistungsintensivierung, erhöhtem Konkurrenzdruck sowie steigenden Flexibilisierungsanforderungen zusammensetzt. Das bedeutet: Es »ergeben sich auch innerhalb von Normalarbeit Unsicherheiten, die die Leistungsfähigkeit beeinträchtigen und das Leben destabilisieren können«.[8]

Meine Entscheidung, die »komplexe Belastungskonstellation« beim Rundfunk zu verlassen, hat allerdings eine andere Form der Belastung hervorgerufen: Ich muss bereit sein, Frankfurt zu verlassen und sehr weit weg zu ziehen. Um wirtschaftliche Stabilität zu erlangen, musste ich die soziale erst mal aufgeben und von Freunden und Familie Abschied nehmen. In einer Studie, die die Universität Sheffield für die BBC durchgeführt hat, zeigt sich, dass das gravierende Folgen für das Wohlergehen des Einzelnen haben kann. In der britischen Gesellschaft hat sich dieser Studie zufolge ein bemerkenswerter Wandel ereignet: Über dreißig Jahre hinweg haben sich die Einkommen im Schnitt verdoppelt. Der sogenannte Einsamkeitsindex nahm allerdings in allen untersuchten Regionen zu.[9] Die gestiegene Arbeitsmobilität ist einerseits Voraussetzung für Wirtschaftswachstum und materiellen Wohlstand, sie gefährdet aber andererseits die Stabilität enger sozialer Beziehungen, die wiederum zu den wichtigsten Faktoren für individuelles Wohlergehen gehört. Damit stellt sie eine der vielen Verzichtsleistungen dar, die wir erbringen, ohne darüber nachzudenken, dass sie nichts Naturgesetzliches sind, »sondern Ergebnis von Fehlentwicklungen«.[10]

Ich persönlich bin aufgrund meiner eigenen Erfahrungen der festen Überzeugung, dass die Instabilität auf dem Arbeitsmarkt mitsamt dem zunehmenden Mobilitäts- und Flexibilitätsdruck und der daraus resultierenden Unsicherheit in Bezug auf die Planbarkeit und Gestaltung des eigenen Lebens der entscheidende Grund dafür ist, dass Frauen heute weniger Kinder kriegen.

Doch der Vollständigkeit halber noch die letzten beiden Gründe, die Heike Lipinski und Erich Stutzer zur Erklärung der niedrigen Geburtenrate anführen. Grund Nummer fünf: Zukunftspessimismus wegen der Unsicherheiten, die zurzeit in der deutschen Gesellschaft bestehen: hohe Arbeitslosigkeit, Unklarheit über den Fortbestand der Sozialsysteme, hohe Verschuldung und wirtschaftlicher Abschwung. Und sechstens die schwierige ökonomische Situation von Familien, also die Aussicht, mit Kindern deutlich weniger zur Verfügung zu haben als ohne.

Es ist also nicht so, dass Paare generell keine Kinder mehr wollten. Es ist eher so, dass sie keine Vereinbarkeit zwischen ihren Vorstellungen der Lebensgestaltung und einem Leben mit Kind sehen. Als besonders kinderfreundlich kann man unsere Gesellschaft also nicht bezeichnen. Die Frage ist, wie wir der negativen demografischen Entwicklung entgegensteuern wollen und Unsicherheiten abbauen und Stabilität schaffen könnten. Dazu schadet es nicht, einen Blick über die Grenzen in unsere europäischen Nachbarländer zu werfen. In anderen Ländern, beispielsweise Dänemark, Schweden, Belgien oder Frankreich, alle mit vergleichsweise hohen Geburtenraten, findet man Modelle und politische Anstrengungen, Paaren die Vereinbarkeit von Familie und Berufstätigkeit eher zu ermöglichen und die Wirtschaft zu motivieren, familienfreundliche Arbeitsbedingungen zu schaffen.[11]

Familienfreundliche Arbeitsbedingungen können eines nicht sein: prekär. Familien brauchen Stabilität und Sicherheit. Sie brauchen den Glauben daran, dass sie die Zukunft in ihrem Sinne gestalten können. Dass sie Perspektiven und Möglichkeiten haben. Familienfreundliche Arbeitsbedingungen sind nicht solche, in denen bereits errungene soziale Sicherheiten kontinuierlich abgebaut werden. Es sind nicht solche, in denen arbeitende Eltern sich gezwungen sehen, zwei Jobs anzunehmen, um über die Runden zu kommen, in denen »sittenwidriger Lohn« bezahlt wird oder sie aufgefordert werden, auf zwanzig Prozent ihres Lohns zu verzichten, um die Firma zu erhalten. Es sind keine, in denen der Kündigungsschutz weiter liberalisiert und Arbeitszeit immer mehr ausgeweitet wird.

»Wie soll man denn ein Kind bekommen, wenn man nicht weiß, wie es weitergeht?«, fragt Maren, die Freundin, die sich selbst als »nicht so supertaff« bezeichnet. »Dass die Leute dazu neigen, immer später und immer weniger Kinder zu bekommen«, sagt Maren, »das hat sehr stark was damit zu tun, dass sie verunsichert sind und nicht wissen, wie es bei ihnen weitergeht.«

Weshalb die Kasseler Arbeitssoziologin Kerstin Jürgens die »Krise der Reproduktion« als eine Reaktion auf die »Krise der Arbeit« betrachtet. Es reicht nicht, bei den Debatten über Geburtenrückgang nur von dem schlechten Angebot an Kinderbetreuung oder über die Höhe des Elterngeldes zu sprechen, wenn die Folgen prekärer Arbeit nicht ebenfalls berücksichtigt werden.[12] Gäbe es all diese Unsicherheiten nicht, hätte Maren möglicherweise längst ein Kind.

# Klimawandel, Konsum, Kapitalismus

## »Unser Wirtschaftssystem ist definitiv an seine Funktionsgrenze gestoßen«

»Klimawandel?«, fragt meine langjährige Freundin Helga bei einem gemeinsamen Abendessen. »Willst du dir wirklich den Klimawandel antun?« Ich nicke. »Das ist doch so ein Riesenfass.« Sie macht eine vage Handbewegung durch die Luft. »Die ganzen Zahlen, Daten, Fakten. Die Frage, ob der Klimawandel menschengemacht ist oder nicht. Der politische Streit, Klimaschutzabkommen, Kyoto, Kopenhagen, Durban.« Sie guckt mich scharf über den Tisch hinweg an. »Ich meine, bei allem Respekt: Überfordert dich das nicht?«

Stimmt. Ich bin keine Expertin für den Klimawandel. Aber ich bin überzeugt, dass das Thema Klimawandel neben der Prekarisierung des Lebens einen zentralen Auslöser für das Gefühl darstellt, dass mit uns der Abstieg beginnt.

»Da haben Sie wahrscheinlich Recht«, stimmt mir der Frankfurter Wirtschaftshistoriker Werner Plumpe zu, als wir über die Thesen dieses Buches diskutieren. »Klimawandel ist ein heikles Thema. Es gibt ja auch die Theorie, dass einfach die Kleine Eiszeit zu Ende geht, die im Mittelalter für einige Krisen gesorgt hat.«

Die Kleine Eiszeit, habe ich nach dem Telefonat nachgelesen, bezeichnet eine Periode relativ kühlen Klimas von Anfang des 15. bis ins 19. Jahrhundert hinein, die vor allem den

Nordatlantikraum und benachbarte Regionen betraf. Über die Ursachen herrscht noch Unklarheit, klar sind aber die Folgen: Missernten, Teuerungen, Mangelernährung, Hungersnöte, Seuchen und soziale Spannungen. Unbestritten ist, dass es seit 1850 in Europa wieder wärmer wird.

»Wissen Sie«, sagt Werner Plumpe, »manchmal habe ich einfach den Eindruck, unsere Generation kann nicht so einfach abtreten wie Generationen vor ihr. Wir fühlen uns so bedeutend, so groß, so forever young – wenn wir gehen, dann muss gleich die ganze Welt untergehen.«

Ich muss an die beiden jungen Männer denken, mit denen ich im Zug von Flensburg nach Hamburg eine kontroverse Diskussion über den Klimawandel geführt habe. Auslöser war die unberührt kühle Art, mit der sie die Daten zu Erderwärmung und Ressourcenknappheit kommentierten. »Na und?«, sagte der eine, der mit seinen 24 Jahren bereits als Holzverfahrensingenieur um die Welt fliegt. »Dann wird es eben wieder wärmer. War doch alles schon da. In Europa gab es mal Tropenwälder.« Und die Folgen für die Menschheit? Der andere, ein 28-jähriger Physiker, zuckt mit den Achseln. »Dann leben eben irgendwann wieder weniger Menschen auf der Erde. Zu Beginn der Industrialisierung war es ja auch nur eine Milliarde.«

Sind die wirklich so gelassen, habe ich während des Gesprächs gedacht, oder einfach nur bestürzend unfähig, sich die Folgen der klimatischen Veränderungen vorzustellen? Es gibt, schreibt Lion Feuchtwanger in seinem Roman *Die Füchse im Weinberg*, eine »Tapferkeit der Phantasielosen«. Und, habe ich mich auch gefragt, werden die niemals wenigstens von dem Hauch der Idee gestreift, dass eine andere Art, auf diesem Planeten zu leben, denkbar sein könnte?

Was die beiden jungen Männer jedenfalls nicht infrage gestellt haben, ist die Annahme, dass wir vor tief greifenden klimatischen und kulturellen Veränderungen stehen. Sie haben sie nur als nicht sonderlich bedrohlich gewertet – was sie aus Sicht eines Marsianers ja vielleicht auch tatsächlich nicht sind. Als Mutter möchte ich allerdings nicht in Erwägung ziehen müssen, dass mein Sohn mal wegen des Besitzes einer Flasche Wasser erschlagen werden könnte. Aber vielleicht bin einfach hysterisch. Gebeutelt von der berühmten *German Angst* – da gab es die Angst vor einem Atomkrieg (der Vater meiner Freundin Helga hat in den Achtzigern in Südamerika ein Grundstück gekauft, damit die Familie im Falle eines solchen Atomkriegs auswandern könnte), die Angst vor dem Waldsterben, die Angst vor der Vogelgrippe, die neu entflammte Angst vor Atomkraft nach Fukushima. Die Deutschen sind besonders erfolgreich im Entwickeln von Horrorszenarien.

Sind die Horrorszenarien, die als Folge von Ressourcenknappheit und Erderwärmung an die Wand gemenetekelt werden, also nichts weiter als Ausdruck typisch deutscher Überbesorgtheit? Warum protestieren dann Menschen weltweit? Warum gehen Menschen nicht nur in Deutschland, sondern auch in Israel, Spanien, Chile, Griechenland und den USA auf die Straße? Aus national ganz unterschiedlichen Gründen? Weil in Israel der Hüttenkäse zu teuer geworden ist, weil in Spanien die Verbrechen des Franco-Systems erst langsam untersucht werden können, weil in Griechenland die Kürzungen im Rahmen der Schuldenkrise nicht hinnehmbar erscheinen, weil in Chile das Schulgeld zu teuer geworden ist, weil in den USA die Wall-Street-Broker als Schuldige durchs Dorf getrieben werden?

Sicherlich spielen in den einzelnen Ländern jeweils spezifische Ursachen eine Rolle für den Protest – und doch scheint es, als ob Menschen weltweit dieses Gespür teilen, dass ein bestimmtes Gesellschaftsmodell an seine Funktionsgrenzen gestoßen ist.

Dabei handelt es sich um das kapitalistische Modell. Im Kern besteht der Kapitalismus aus der ressourcenintensiven Produktion von Gütern und deren massenhaftem Konsum. Damit die Güter gekauft werden, sollen sie billig sein, damit sie billig sind, werden die Produktionskosten durch Effizienzsteigerung permanent gesenkt, was dazu führt, dass Jahr für Jahr weniger Menschen gebraucht werden, um die gleiche Menge an Gütern zu produzieren. Der dadurch drohenden Gefahr von Massenarbeitslosigkeit entgeht man durch Wachstum. Wachstum fängt durch neue Arbeitsplätze den Zuwachs an Arbeitsproduktivität auf. Wächst die Wirtschaft aber nicht mehr, »dann bedeutet eine Steigerung der Arbeitsproduktivität, dass irgendwo jemand seinen Job verliert«.[1]

Wachstum wiederum braucht und verbraucht Ressourcen. So gehören die gegenwärtige Wirtschafts-, Sozial- und Umweltkrise zusammen: Sie sind durch unsere wirtschaftliche Abhängigkeit vom Wachstum entstanden. Wie groß diese Abhängigkeit ist, konnte man im Dezember 2009 sehen, als die Bundesregierung in der Folge der Finanz- und Wirtschaftskrise ein »Wachstumsbeschleunigungsgesetz« aufgelegt hat. (Das im Übrigen fast nur aus Steuererleichterungen für Unternehmen und Vermögende bestand.) Ökologisch nicht nachhaltig sind vom Wachstum abhängige Volkswirtschaften deshalb, weil sie ungeheure Ressourcen verbrauchen. Die Ursachen für die Klimaerwärmung sind mit einer Wahrscheinlichkeit von über 90 Prozent menschengemacht – hervorgerufen durch den Anstieg der Konzentration von Klimagasen in der Atmosphäre.[2] Das wichtigste Treibhausgas ist Kohlendioxid, $CO_2$. Es entsteht durch das Verbrennen von fossilen Stoffen wie Öl, Gas und Kohle. Fast unsere ganze Wirtschaft und Gesellschaft basiert darauf, vom Autofahren übers Fliegen, Heizen, Regenwälderabfackeln, Schnitzelessen, Lichteinschalten, Fernsehen bis zur Nutzung des Internet.

Wirtschaftswachstum basiert also auf Ressourcenverbrauch. Und zwar, das ist wichtig, auf dem Verbrauch solcher Ressourcen, die zu einem überwiegenden Teil aus anderen Ländern stammen, aus Ländern, in denen die Ressourcen vorkommen, Öl, Gas, Rohstoffe und Bodenschätze wie Metalle und Mineralien. Das Wachstum allerdings gerät ins Stocken, und zwar möglicherweise nicht nur vorübergehend, sagt Berthold Vogel. »Wir laufen ja doch auf eine Situation zu, wo immer weniger zu verteilen ist. Diese Hoffnung, dass man über Beschleunigung und Wachstum aus allen Problemen rauskommt, also die Parole: Wir müssen nur noch schneller, noch besser werden und noch mehr wachsen, dann haben wir wieder die Ressourcen, mehr zu verteilen und gesellschaftliche Konflikte zu befrieden. Dieser Mechanismus funktioniert nicht mehr richtig. Es ist eher Schrumpfung angesagt, schon als ökologische Notwendigkeit. Also: weniger von allem.«

Auch der Sozialpsychologe Harald Welzer spricht von einer Funktionsgrenze: Wenn die Wirtschaftsmaschinerie der westlichen Industrienationen darauf beruht, sich von anderen mit dem notwendigen Treibstoff versorgen zu lassen, um permanentes Wachstum zu erzeugen, dann kann diese Maschinerie nicht mehr funktionieren, wenn sie sich auf die ganze Welt ausdehnt. Unsere Wirtschaftsordnung ist auf ein Außen angewiesen, das sie ausbeuten kann, doch dieses Außen, betont

Harald Welzer, gibt es nicht mehr, denn »die globalisierte Welt hat kein Außen«. Wirtschafts- und Finanzkrise sind für ihn – neben der bedrohlichen Entwicklung der sich abzeichnenden und mit bisherigen Maßnahmen kaum aufhaltbaren Erderwärmung – eindeutige Signale dafür, dass unser Wirtschaftssystem an eine Funktionsgrenze gestoßen ist.

Tim Jackson, Professor für Nachhaltige Entwicklung am Zentrum für Umweltstrategien an der Universität Surrey und Berater der britischen Regierung, hat 2009 einen Vortrag beim Klimagipfel in Kopenhagen gehalten, der für einige Aufregung sorgte: »Prosperity without Growth«, also »Wohlstand ohne Wachstum«. In seinem gleichnamigen Buch beschäftigt sich Tim Jackson mit folgender Frage: Wie kann Wohlstand in einer endlichen Welt aussehen, deren Ressourcen begrenzt sind und deren Bevölkerung innerhalb der nächsten Jahrzehnte voraussichtlich auf über neun Milliarden Menschen anwachsen wird?

Aufgrund unserer bisherigen Abhängigkeit vom Wachstum ist die Beantwortung dieser Frage kompliziert. Weshalb Tim Jackson ein »Wachstumsdilemma« formuliert: Auf der einen Seite ist Wachstum nicht nachhaltig – davon zeugen zu großer Ressourcenverbrauch, zu hohe Umweltkosten und steigende Ungleichheit. Auf der anderen Seite verursacht wirtschaftliche »Schrumpfung« unter den gegenwärtigen Bedingungen eine Wirtschaftskrise. »Der Staat selbst ist tief im Zwiespalt. Er will einerseits die wachstumsfördernde Freiheit der Verbraucher stärken, andererseits aber auch öffentliche Güter schützen und ökologische Grenzen verteidigen.«[3]

Was kann man da tun? »Nichts leichter als das«, sprach Piggeldy zu Frederik: »Komm mit. Ich zeig dir ein alternatives Wirtschaftsmodell.«

## »Wohlstand für alle oder die Kunst, mit einem T-Shirt zu leben«

Ehe Tim Jackson sich an eben dieses Unterfangen macht und versucht, die Grundzüge einer »ökologischen Makroökonomie« zu entwickeln, also einer ökologisch und sozial nachhaltigen Art des Wirtschaftens, übt er fundamentale Kritik an der kapitalistisch verfassten Volkswirtschaft. Interessant dabei ist, dass Jackson marxistische und konservative Kritik miteinander verbindet (den Hinweis darauf verdanke ich dem Wirtschaftshistoriker Werner Plumpe). In einer marxistischen Tradition steht Jacksons Kritik an den ungleich verteilten Wohltaten des Kapitalismus. »Ein Fünftel der Erdbevölkerung verdient etwa zwei Prozent des Welteinkommens. Auf der anderen Seite verdienen die reichsten 20 Prozent 74 Prozent des Welteinkommens.«[4] Diese steigende Wohlstandsdifferenz produziert, ähnlich wie in Zeiten der Industriellen Revolution, zunehmend soziale Spannungen.

Die marxistischen Kritiker des Kapitalismus, erklärt Werner Plumpe, hätten nie etwas gegen die kapitalistische Wachstumslogik einzuwenden gehabt. Sie kämpften von Beginn an lediglich gegen die ungleiche Verteilung der Früchte dieses Wachstums.

Deshalb ist der zweite Einwand, den Tim Jackson gegen den Kapitalismus formuliert, konservativer Natur: Die moderne Gesellschaft ist von einer inneren Unruhe erfasst.[5]

Ihre Ursache hat diese Unruhe im Motor des Wachstums, von dem die modernen Volkswirtschaften abhängen. Dieser Motor besteht aus einer doppelte Dynamik: Einerseits wirft das Gewinnstreben der Unternehmen dauernd neuere, bessere oder billigere Produkte auf den Markt (etwa ein iPhone), andererseits muss diese Überfülle an nicht mehr lebensnotwendigen Gütern massenhaft konsumiert werden. Das funktioniert dadurch, dass die materiellen Güter sozial und psychisch aufgeladen werden. Wir binden uns an sie und begreifen Besitz als Teil unseres »erweiterten Selbst«. (Sodass ein Zwölfjähriger, der kein iPhone kriegt, sich gleichsam amputiert fühlt. Das erklärt das Geschrei.)

Materielle Güter sind zwar mangelhafte, aber trotzdem irgendwie überzeugende Stellvertreter unserer Träume und Sehnsüchte, sie stellen eine reale Brücke zu unseren Idealen von uns selbst dar. »Natürlich können sie keinen echten Zugang zu diesen Idealen schaffen, aber gerade dadurch bleibt das Bedürfnis nach weiteren Idealen bestehen, wird die Lust auf weitere Güter geweckt. Die Konsumkultur erhält sich also eben dadurch am Leben, dass sie so erfolgreich versagt.«[6]

Dieses Versagen produziert allerdings Stress dadurch, dass es eine unendliche Schleife aus Arbeit und Konsum erzeugt. Je wichtiger uns das Ergreifen sogenannter Konsumchancen ist, wie Werner Plumpe das nennt, umso mehr müssen wir arbeiten, um das Geld für den Konsum zu verdienen. Wir geben also Freizeit zugunsten von Konsum auf. Diese Entwicklung lässt sich in den Industrienationen seit dem 18. Jahrhundert beobachten. Ihr gilt seit jeher die konservative Kapitalismuskritik. In psychologischer Hinsicht besonders schädlich wird diese obsessive Konsumorientierung, wenn sie zwischenmenschliche Beziehungen beeinträchtigt, wenn man also nur noch zugunsten des Konsums arbeitet, Familie und Freunde vernachlässigt und sich nicht mehr um innere Werte kümmert.[7]

Also: Arbeit statt Atemübungen, Shoppen statt Sex, Karriere statt Kochabende, Yamaha statt Yoga.

Um die daraus resultierenden Kosten finanzieren zu können, muss immer mehr gearbeitet werden. Also bleibt auch immer weniger Zeit übrig für Tätigkeiten, die man vorher selbst erledigt hat, wie Kindererziehung, Kochen, Haushalt, Gartenarbeit. All dies wird nun anderen gegen Bezahlung überlassen, was wiederum heißt, dass man mehr Geld braucht.[8] – Da ist er: mein »Arbeiten, um Geld für die Kinderbetreuung zu verdienen, während ich arbeite«-Kreislauf. Der sich permanent verschärft. Wir verbrauchen unendlich viel Zeit damit, Konsumgüter auszusuchen, zu vergleichen, zu prüfen, aber für die eigentliche Nutzung fehlt uns dann die Zeit.

Also: kaufen ja, nutzen nein. Mein Exfreund Fred, der für Ver.di in Deutschland herumreist und die meisten seiner wachen Stunden im Zug verbringt, lächelt überrascht: »Stimmt. Vor einem halben Jahr hab ich mir ein Laptop gekauft. Neulich hab ich's meiner Tochter geschenkt. Ich hab's noch nicht mal ausgepackt: zu wenig Zeit, es einzurichten.« Der Kapitalismus, das ist die Quintessenz dieser konservativen Kapitalismuskritik, zwingt uns in ein Laufrad aus Arbeit und Konsum, das uns – entgegen allen Versprechen – nicht glücklich macht.

Vor allem aber, und das ist Tim Jacksons stärkstes Argument gegen die gegenwärtige, konsumorientierte Wirtschaftsordnung, sind einem dauerhaften, ressourcenintensiven Wachstum natürliche Grenzen gesetzt – wir haben schließlich nur eine Erde.

Eine Gruppe von Wissenschaftlern hat, beauftragt vom »Club of Rome«, bereits 1972 in einem gleichnamigen Buch vor diesen »Grenzen des Wachstums« gewarnt. Die sind, glaubt man entsprechenden Berichten, bald erreicht.

Der Ölpreis steigt kontinuicrlich an. Manche sagen, der

Scheitelpunkt der Ölförderung sei bereits überschritten, andere verorten ihn in einigen Jahren, die beiden jungen Männer aus dem Zug waren der Ansicht, er sei eine vollkommen unwichtige Größe, weil man Öl aus Teersand und Schiefer problemlos selbst herstellen könnte. Das, sagten sie, wäre zwar kostspielig und umweltschädlich, aber immerhin würde dann nicht unser gesamtes bisheriges Leben zusammenbrechen, das schließlich komplett vom Öl abhängig sei. Wie wahr: Achtzig Prozent unseres komfortablen Lebensstils beruhen auf fossilen Energien.

Doch nicht nur der Rohstoff Öl wird knapper. Weltweit steigen die Nahrungsmittelpreise, und zwar unter anderem deshalb, weil es Konflikte um die Anbauflächen gibt, und es ist nicht davon auszugehen, dass sich diese Konflikte einfach in Luft auflösen werden.[9]

Auch Bodenschätze werden teurer, denn der Bedarf steigt weltweit an, auch verursacht durch den wirtschaftlichen Boom in China, Indien, Brasilien oder Russland. Wie lange wir noch auf Kupfer, Zinn, Silber, Chrom, Zink und eine Reihe anderer strategischer Mineralien zurückgreifen können, ist fraglich, je nach Berechnung sind es zwischen zehn und vierzig Jahren. Dazu kommen die rasche Abholzung der Wälder, der historisch einmalige Verlust an der Vielfalt von Arten und Ökosystemen, der Zusammenbruch der Fischbestände, die Wasserknappheit oder die Verschmutzung von Ackerböden und Wasservorräten. Tim Jackson zitiert Untersuchungen, wonach seit Mitte des 20. Jahrhunderts 60 Prozent der weltweiten Ökosysteme geschädigt oder übernutzt worden sind.

Und es geht so weiter: Einem Bericht der Internationalen Energieagentur vom Mai 2011 zufolge ist der globale Kohlendioxidausstoß 2010 so hoch gewesen wie noch nie seit Beginn der Messungen. Eine globale Erwärmung mit potenziell ernsten Konsequenzen ist nach Ansicht der meisten Klimaforscher nur noch äußerst schwer zu verhindern.

»Eine Welt, in der alles so weitergeht wie bisher, ist nicht mehr vorstellbar. Wie aber sähe eine Welt aus, in der geschätzte neun Milliarden Menschen den gleichen materiellen Wohlstand erreichen wie in den OECD-Staaten? Dazu müsste die Wirtschaft im Jahr 2050 fünfzehnmal so groß sein wie heute. Wie um alles in der Welt soll so eine Wirtschaft aussehen? Auf welcher Grundlage soll sie arbeiten? Kann das wirklich eine tragfähige Vision eines bleibenden Wohlstands für alle sein?«[10]

Angesichts solcher Rechenmodelle kann Wachstum nicht mehr die Lösung sein. Was uns nicht nur vor wirtschaftliche, sondern auch vor gesellschaftliche Probleme stellt, wie Berthold Vogel betont, denn bisher basierte die Befriedung der gesellschaftlichen Gegensätze zwischen Arm und Reich nun mal auf eben diesem Prinzip des wachsenden Wohlstands: »Mit der Wachstums- und Beschleunigungsdynamik war immer auch ein Konfliktlösungs- oder Integrationsmechanismus verbunden. Also, wir wachsen und sind deshalb integrativer, wir haben mehr zu verteilen und lösen die gesellschaftlichen Probleme.« Dieser Mechanismus steht uns nicht mehr zur Verfügung, weder wirtschaftlich noch gesellschaftlich. Es gibt zwar Ansätze, die weiterhin fortschrittsoptimistisch und technologiegläubig in die Zukunft schauen und so klingen: »Die Energie der Zukunft wird $CO_2$-frei, sicher und bezahlbar sein. Die Mobilität wird nachhaltig sein und nicht mehr auf Öl, sondern auf alternativen Antriebsstoffen und -techniken basieren. Die Häuser der Zukunft werden mehr Energie produzieren, als sie verbrauchen. Sonnenkraftwerke im Süden und Wind- und Wasserkraftwerke im Norden werden Europas Grundenergieversorgung sichern. Auch auf das Fliegen wird man nicht verzichten müssen, sondern mittels alternativer Antriebsstoffe die global vernetzte Welt aufrechterhalten können.«[11]

Aber solche Visionen von Umweltverträglichkeit bei gleichbleibender Effektivität stellen – zumindest zurzeit – reine Wunschphantasien dar. Im Moment sieht es nicht so aus, als ob wir alles so lassen könnten, wie es ist, und nur ein paar technische Details auszutauschen bräuchten, im Moment sieht es nicht so aus, als ob Wachstum ökologisch verträglich in naher Zukunft zu haben sei. Was wir jetzt deshalb brauchen, ist eher so etwas wie »Zen oder die Kunst, mit einem T-Shirt zu leben«. Wir brauchen eine Veränderung unseres Lebensstils. »Damit ist eine Perspektive der Endlichkeit in den linearen Fortschritt eingezogen, die dem modernen Denken fremd, geradezu ungeheuerlich ist. Risiken verwandeln sich zurück in Gefahren. Nicht nur Rohstoffe sind endlich, mit ihnen könnten auch die großen Errungenschaften der westlichen Moderne zur Neige gehen, als da sind: Marktwirtschaft, Zivilgesellschaft und Demokratie.«[12]

Da haben wir also eine Energie-, Umwelt-, Klima-, Wirtschafts-, Finanz-, Euro-, Steuer- und Gesellschaftskrise und entsprechende Herausforderungen, vor denen wir als Gesellschaft stehen. Doch wie reagiert die Generation Laminat auf sie?

Mit einer individualisierten Vogel-Strauß-Taktik. Jeder steckt den Kopf in ein eigenes Loch.

# Überlebensstrategien

## »Ich sehe nicht, dass sich da was verändert«

Das erste Mal in Erwägung gezogen, ein Buch zu schreiben, habe ich nach dem Geburtstagsbrunch einer Freundin, bei dem ich Franz Segbers kennenlernte. Er ist Professor für Sozialethik und ein linker, altkatholischer Theologe. Er kämpft gegen soziale Ungerechtigkeit auf Grundlage der christlichen Soziallehre, die mir bis dahin eher nebulös als Begriff vertraut war – immerhin habe ich einige Jahre meines studienbedingten Wohngemeinschaftslebens mit einem evangelischen Befreiungstheologen verbracht, den ich beim »Bibel-Quiz« regelmäßig schlug. (Meine ausgezeichnete Bibelkenntnis beruhte auf dem 1987 bei Tschibo erworbenen Band *Die Bibel in Bildern*.)

Franz Segbers und ich gerieten in eine Diskussion über die Veränderungen der gesellschaftlichen Architektur der letzten Jahre, die mich elektrisierte. Bis zu dieser Diskussion war ich lediglich auf eine vage Weise zunehmend unruhig geworden – Wachmänner im Supermarkt, Geländelimousinen auf den Straßen und immer mehr Altglas sammelnde Alte hatten in mir eine Sorge über den sozialen Frieden ausgelöst, die einige meiner Freunde als blanke Hysterie abtaten. Oder sie befremdete. »Wenn du so denkst«, hatte Anna zu mir während eines gemeinsamen Wellness-Wochenendes gesagt, »dann musst du auswandern.« Himmel, hatte ich gedacht, soll das die Lösung sein? Und wohin denn? Bis auf Norwegen schienen alle Gesellschaften von dieser Dynamik der Entsolidarisierung ergriffen zu sein. »Und nach Norwegen«, sagt Helga, »darf man nur auswandern, wenn man seine eigene Ölquelle mitbringt.«

Franz Segbers war schon längst dort, wo ich unsicher hinsteuerte. Er konturierte mein Gefühl durch Zahlen, Fakten, Daten. Er kannte die OECD-Statistiken und DIW-Untersuchungen, die ich mir später erst mühselig aneignen musste. Dieser gläubige, gut gelaunte und gebildete Herr stellte interessante Fragen, etwa warum die Einkommenselite überhaupt ein Interesse an einer gerechteren und für sie mit Verlusten verbundenen Einkommensverteilung haben sollte. Warum sollten Unternehmen ein Interesse daran haben, höhere Produktionskosten und damit Nachteile auf dem Markt in Kauf zu nehmen, um umweltverträglicher zu produzieren?

»Na ja«, stammelte ich, »weil …«

»Ja?«, lächelte Franz Segbers. Ja, warum eigentlich, dachte ich und merkte, dass ich keine Argumente, sondern nur sozialromantische Wunschvorstellungen hatte. Mein vages Gefühl bekam an diesem Tag eine Gestalt. Franz Segbers nannte Autoren, Studien, Bücher, die ich lesen konnte. Und er verwendete bei dem Spaziergang, in den der Brunch mündete, den Begriff der »ohnmächtigen Wut« als Beschreibung der Gefühlslage, in der sich ein Großteil der Bevölkerung befände. Nachdem er diese Worte ausgesprochen hatte, spürte ich geradezu körperlich die Erleichterung darüber, endlich einen Namen, eine Bezeichnung für das zu besitzen, was ich fühlte. Denn das war »ohnmächtige Wut«. Oder etwa nicht? Als ich anfing, diesem Gefühl hinterherzuforschen, kam ich zu dem Schluss, dass es sich bei meiner Gefühlslage zwar um

Ohnmacht handelte, aber nicht gepaart mit Wut, sondern mit Ärger. Das ist ein großer Unterschied: »Wut ist ein echter Unterbrecher – und deshalb nicht zu verwechseln mit Ärger. Ärger ist ein Begleiter. Er ist wie das Jammern, ein hinkendes Hündchen, das alles kläffend oder jaulend kommentiert, aber gleichzeitig mit dem Schwanz wedelt und weiterhumpelt, um den Anschluss ans Herrchen nicht zu verlieren. Ärger ist deutlich distanzierter, er bezieht sich in der Regel auf ein nicht befriedigtes Bedürfnis und sein Erregungspotenzial ist geringer.«[1]

In der Tat: Ich habe mich jahrelang kläffend darüber geärgert, dass ich in einer Mietwohnung auf Laminat wohne, dass andere sich eine Eigentumswohnung mit Parkett und ein größeres Auto und weitere Flugreisen, eine private Krankenversicherung und einen Ausbildungsfonds für ihre Kinder leisten können, ich habe mich darüber geärgert, dass ich so viel arbeiten muss und dafür nicht angemessen entlohnt werde, jedenfalls nicht, wenn man Computerspezialisten, Ingenieure oder Risikomanager in der Bank als Maßstab nimmt, obwohl Letztere doch in großem Maßstab versagt haben. Ich habe mich darüber geärgert, dass ich den sozialen Anschluss an diejenigen verlieren könnte, denen ich mich kraft meiner Herkunft zugehörig fühlte, und hatte zugleich Angst davor und habe dagegen angekämpft, indem ich noch mehr gearbeitet und noch mehr den Eindruck gewonnen habe: Es ist sinnlos. Ich kann es doch nicht ändern.

»Das, was man denkt und fühlt und tut, hat keine Konsequenz.« So beschreibt Sandras Freund Jürgen dieses Gefühl. Es besteht aus einem Mangel an erwarteter Selbstwirksamkeit. »Jürgen und ich haben beide nicht angenommen, dass wir gezielt Einfluss auf die Dinge und die Welt nehmen

219

könnten. Was man tut, hat immer weniger Auswirkung auf irgendwas.« Jürgen hat für dieses Gefühl ein schönes Bild gefunden: Verebben. »Dieses Gefühl von Ohnmacht entsteht ja nicht nur dadurch, dass man große Strukturen nicht ändern kann«, sagt er, »sondern dadurch, dass man selber in dem, was man tut, irgendwo verebbt.«

Diese Art der Selbstverebbung findet in Jürgens Leben vor allem in seinem Beruf statt.

»Da ist ein Gefühl der Ohnmacht, das für mich irgendwie noch viel, viel stärker ist als Fukushima und der ganze andere Ideologenkram. Das meine ich damit, dass das eigene Handeln keine Konsequenzen hat. Es interessiert sich eigentlich niemand dafür, was wir gelernt haben.«

Auch Sandra, Mitglied der »Generation Praktikum«, erlebt vor allen Dingen beruflich Frustration: »Die Praktika macht man ja auch freiwillig, dann denkt man schon, das System ist doof.« Aber auch Sandra kommt zu dem Ergebnis: »Die Sache ist eben, dass man als Einzelner nichts machen kann.«

Robert Castel bezeichnet die Arbeit als das Epizentrum der gesellschaftlichen Krise, die wir zurzeit durchlaufen. Offenbar hat er in einem viel bedrückenderen Ausmaß Recht, als ich das bei der Lektüre geahnt habe, das ist mir anhand der Gespräche klargeworden. Es ist der überall im Gang befindliche Abbau bereits errungener Arbeitnehmersicherheiten und -rechte, der die Menschen nicht nur verunsichert, sondern ihnen auch den Eindruck vermittelt, auf sie komme es sowieso nicht an. Die meisten Menschen klingen, wenn sie über ihre Arbeitsplätze sprechen, bitter. »Wir kommen doch überhaupt nicht vor« ist ein Satz, den ich oft schon selbst gesagt und oft genug gehört habe. Demotiviert nennt man den Zustand, der sich darin ausdrückt. Weshalb Motivationsratgeber meterweise in den Regalen stehen. Einen Nutzen haben sie nicht, denn gegen demotivierende Strukturen helfen motivierende Worte gar nichts. »Struktur geht vor Psyche« lautet eine Faustregel guter Organisationsberatung.

Jürgen erlebt diese Struktur so: »Die Industriegesellschaft organisiert sich immer mehr in einer Bürowelt, und in diesen Büros gibt es Hackordnungen und Subkulturen. Man arbeitet nicht miteinander, sondern gegeneinander. Und man hat keine Handhabe, denn es gibt eine Struktur, es gibt Hierarchien, die das verhindern. Und ich frage mich: Soll ich mich unterwerfen, den Knecht spielen für ein paar Jahre, oder soll ich rebellieren und einfach gehen? Aber wohin? In das nächste Büro, na toll.«

Für Jürgen ist der Schluss, den er aus diesem Gefühl zieht, ebenso naheliegend wie fatal: »Wenn die anderen sich nicht für einen interessieren, warum soll ich mich dann für sie interessieren?«

»Müde bin ich«, sagt die Nachbarin, der demnächst der Bezug von Hartz IV droht, »verdrossen und müde, weil ich keine Änderung sehe. Was ich sehe, ist, dass die Gesellschaft sich auf dem absteigenden Ast befindet. Ich sehe, dass es für die meisten Menschen nicht schön ist, kein gutes Arbeiten, kein soziales Arbeiten. Ich sehe, dass da ein Bedarf ist, aber ich sehe nicht, dass sich in den nächsten Jahren irgendwas ändern wird. Ich bin noch nicht mal sauer, ich hab da einfach aufgegeben oder kapituliert.«

Wer feststellt, dass er trotz aller Anstrengungen nichts bewirken kann, der wird früher oder später resignieren. Wer überzeugt ist, »sowieso nichts machen zu können«, wird es gar nicht erst versuchen. Das Grundgefühl, hilflos und ohnmächtig zu scin, hat cntscheidende Auswirkungen sowohl auf die Befindlichkeit als auch auf das Verhalten: Es lässt jede Initiative erlahmen. Der amerikanische Sozialpsychologe Martin Seligman hat für dieses Ohnmachtssyndrom 1975 einen Begriff erfunden: »erlernte Hilflosigkeit«. Diese Art der Hilflosigkeit tritt als Reaktion allerdings nur ein, wenn Menschen die Probleme, mit denen sie konfrontiert sind, in einer bestimmten Weise interpretieren.

Erstens: Wenn sie das Problem persönlich nehmen, das heißt: Wenn sie das Problem in sich selbst sehen und nicht in den äußeren Umständen. Genau so habe ich jahrelang auf meine gefühlte Abstiegsbedrohung reagiert. Meine permanenten Selbstvorwürfe lauteten: Ich bin nicht gut genug, nicht erfolgreich genug, arbeite nicht genug, verdiene nicht genug, bin nicht sparsam genug. Auch Sandra beobachtet diese Art der Probleminterpretation bei ihren Studienkollegen, die nach Studienende keinen Arbeits-, sondern nur einen Praktikumsplatz finden: »Die Leute, die ich kenne, die ärgern sich auch noch nicht mal so richtig. Da ist schon so ein kleiner Hintergedanke, dass alles unfair ist und dies und das. Aber jeder sucht eben die Schuld bei sich selber.« Was Sandra auch richtig findet: »Es wäre ja bescheuert, wenn ich jetzt anfangen würde, die Strukturen anzugreifen, nur weil ich selber keinen Job finde.« Die Folge: Resignation. »Ich glaube, man hat keine Ideen mehr, das ist vielleicht das Problem unserer Generation. Es ist ja alles irgendwie gescheitert. Man hat die Hoffnung, es bleibt jetzt so, wie es ist. Aber man hat schon das Gefühl, die goldenen Jahre sind vorbei.«

Zweitens: Wenn man das Problem als generelles betrachtet, also als allgegenwärtig und nicht auf bestimmte Situationen begrenzt. Kann man ein Problem, das die Gesellschaft als Ganzes betrifft, noch als begrenztes bezeichnen? Ich finde nicht. Mich jedenfalls schüchtert die Tatsache, dass offenbar die gesamte Gesellschaft einen schleichenden Umbau erlebt, als Problem durchaus ein. Wie soll ich dagegensteuern? Wie soll ich meinen Platz verteidigen und zugleich für eine gerechtere Platzverteilung kämpfen? Kann ich das überhaupt? Wie soll ich das angehen? Geht es darum überhaupt noch? Oder nicht schon um die globale Ungerechtigkeit einer Zweiteilung der Welt? »Wenn einer sagte, wie gehen für eine gesündere, eine menschlichere Gesellschaft auf die Straße, da wäre ich sofort dabei«, sagt meine Nachbarin. Aber was nützen solche wohlfeilen Parolen? Wer wäre nicht für eine »menschlichere Gesellschaft«?

Drittens: Wenn man das Problem als permanentes interpretiert, es also als unveränderlich und nicht als vorübergehend betrachtet. Eine Veränderung, die vor dreißig Jahren begann, ist die vorübergehend? Eine Finanzkrise, die vor drei Jahren begann und sich mittlerweile zu einer umfassenden Gesellschaftskrise ausgewachsen hat, die eine Volkswirtschaft und eine Regierung nach der anderen in den Abgrund stürzt? Ist das ein vorübergehendes Problem? Oder nicht doch eher eine »Strukturkrise«, eine »tiefe Krise der Demokratie«, wie Hartmut Rosa sagt?

Wenn also die meisten Menschen die gegenwärtigen Probleme einerseits als persönliche, selbst verursachte empfinden (ich bin nicht gut genug, nicht »taff« genug, nicht gerüstet genug, ich kann sowieso nichts machen), sie andererseits als generell (nirgends ist es besser) und permanent (wie soll sich das ändern?) interpretieren, dann wundert es nicht, dass ein allgemeines Gefühl der Hilflosigkeit, der Resignation und der Ohnmacht um sich greift.

Die Folgen dieses Gefühls, sowieso nichts ausrichten zu

können, hat Martin Seligman so analysiert: Zum einen erleben die Menschen einen Motivationsverlust. Wer erwartet, dass die Ereignisse unkontrollierbar sind, für den gibt es keinen vernünftigen Grund mehr zu versuchen, sie dennoch zu beeinflussen – damit würde er sich nur zusätzliche Frustration einhandeln. Das Zweite ist eine Art Lernbehinderung. Wer davon überzeugt ist, dass die Dinge sich seiner Kontrolle entziehen, konzentriert sich kaum darauf, Handlungsspielräume zu entdecken – seine Lernfähigkeit ist beeinträchtigt. Die Überzeugung, nichts machen zu können, wird dadurch zur sich selbst erfüllenden Prophezeiung.

Daraus resultiert erst Furcht, dann Depression: Wer sich als ohnmächtig empfindet, reagiert mit Niedergeschlagenheit, einem Zustand, den Seligman zunächst als Hilflosigkeits- und später als Hoffnungslosigkeitsdepression bezeichnete.

Kann eine ganze Generation »erlernt hilflos« reagieren? Ich habe den Eindruck, dass das so ist. Viele meiner Freunde und Bekannten jedenfalls versuchen gar nicht mehr erst, Einfluss zu nehmen. Den Politikern trauen sie nicht, die Occupy-Aktivisten nehmen sie nicht ernst, eigene Handlungsalternativen fallen ihnen nicht ein. Wie auch – schließlich wird das gesamte Leben als ungeheuer komplex erlebt. Sandra zum Beispiel sagt: »Ich glaube, dass die Leute nicht mucken, liegt nicht daran, dass sie nicht politisch sind. Sie wissen schon, was ihnen nicht gefällt, aber sie wissen nicht, wogegen oder wofür sie sein sollen. Weil es einfach zu komplex ist.« Auch Anna findet es schwer, sich in der Welt politisch zurechtzufinden. »Das ist ja auch alles so komplex, dass wir alle deswegen dafür Menschen eingesetzt haben, die uns die Verantwortung abnehmen, denen wir vertrauen sollten. Das Vertrauen in die Politiker ist aber leider nicht mehr da, und selber – ich kann das alles nicht mehr nachvollziehen, wie dass alles miteinander verstrickt ist. Das sollten ja eigentlich die Politiker für mich tun, die ich gewählt habe.«

Die Konsequenz aus diesem Vertrauensverlust ist die viel zitierte Politikverdrossenheit.

Jörg zum Beispiel erzählt: »Wir haben jetzt den Zettel für die Landtagswahl bekommen, und da war ein Übungszettel, haben Sie ausgeteilt. Ein Bogen A2, den faltest du auf, und da steht: ›Sie haben 81 Stimmen.‹ Und auf dem Zettel zur Landtagswahl sind acht Parteien mit 150 Personennamen genannt, die ich alle nicht kenne. Da kann ich auch gleich Lottospielen gehen, davon habe ich mehr.«

Diese Mischung aus Resignation und Zynismus, die man auch als »ohnmächtige Wut« beschreiben könnte, treibt meine Redaktionskollegin Christine regelmäßig in die Raserei. »Sofort den Pass abgeben«, fordert sie dann. »Wer nicht bereit ist, sein politisches und wirtschaftliches Umfeld zu verstehen, der hat seine Bürgerrechte verwirkt.«

Christine allerdings, das muss man fairerweise anmerken, wird dafür bezahlt, Politik zu verstehen. Sie ist »Hintergrundredakteurin« und bekommt Geld dafür, den Wirtschaftsteil der *FAZ* mit dem Filzmarker durchzuarbeiten. Annas Job besteht nicht darin, Zeitung zu lesen, sondern Entwürfe zu zeichnen, Bauanträge fertig zu machen, Baustellen zu besichtigen. Abends warten ihre Kinder. Anna hört im Auto Radio, sieht abends mal die Tagesschau und liest eher selten Zeitung. Was sie liest und hört, bestätigt sie aber in ihrem Gefühl, keine Handlungsspielräume zu besitzen. »Bei der ganzen Laufzeitgeschichte der Atomkraftwerke – da merkst du, wärst du RWE, dann könntest du was bewegen, aber nicht als Anna und Jörg.«

## »Ich habe meinen kleinen Platz hier, im Privatleben«

Anna hat kein Vertrauen mehr in die Politiker, die sie gewählt hat. Vertrauen, lautet eine berühmt gewordene Definition des Soziologen Niklas Luhmann, ist ein »Mechanismus zur Reduktion von sozialer Komplexität«.[2] Weil dieser Mechanismus nicht mehr funktioniert, fühlen wir uns der Komplexität ausgeliefert und von ihr überfordert. Handeln scheint damit unmöglich geworden zu sein. Eine solche Situation ist für einigermaßen intelligente Menschen nur schwer zu ertragen. Viele tun deshalb etwas, was Menschen gern tun, wenn sie sich in scheinbar ausweglosen Situationen befinden: Sie deuten sie dahingehend um, dass Handeln gar nicht vonnöten sei. Frei nach Christian Morgenstern: »Dass nicht sein muss, was nicht sein kann.«

Eine Strategie besteht im Rückzug ins Private. Ally drückt das so aus: »Man kann sich dafür entscheiden, kleine Schritte zu machen: Ich habe meinen kleinen Platz hier, der ist nicht groß, aber der gehört mir. Der kann bei der Arbeit sein oder im Privatleben oder aus irgendwelchen spannenden Hobbys bestehen, wo man eben Stärke und Kraft schöpft.«

Selbstverantwortung nennt Ally diese Haltung, die Anna teilt. »Ich habe versucht, mir andere Anker zu setzen oder zu finden. Wo ich mich wohlfühle, wo ich etwas in kleinem Rahmen gestalten kann.« Zum Beispiel liest sie gemeinsam mit anderen Eltern aus der Waldorfschule Texte von Rudolf Steiner. »Ich suche mir andere Werte oder Ideen oder Richtlinien, die wichtiger für mich sind als Politik.«

»Die Frage lautet doch«, sagt Agnes bei einem gemeinsamen Spaziergang von der Apfelweinkneipe nach Hause, »ob man sich selbst oder die Umwelt verändert.«

Es gibt da ein viel zitiertes arabisches Sprichwort: »Willst du dein Land verändern, verändere deine Stadt. Willst du deine Stadt verändern, verändere deine Straße. Willst du deine Straße verändern, verändere dein Haus. Willst du dein Haus verändern, verändere dich selbst.«

Klingt nicht so, als könnte man etwas dagegen einwenden. Aber die Frage lautet: Verändern wir uns tatsächlich, wenn wir etwa Hobbys betreiben, die uns Kraft geben? Verändere ich mich, wenn ich den kleinen Platz, der mir noch bleibt, schön gestalte? Verändere ich mich, wenn ich einen Job aufgebe, der mir und meiner kleinen Familie nicht guttut, und einen anderen annehme, von dem ich mir Besserung erhoffe? Oder passe ich mich einfach mit den mir zur Verfügung stehenden Mitteln bestehenden Gegebenheiten an? Was bedeutet Selbstveränderung? Und welche Art der Selbstveränderung verändert unsere Umwelt? Denn dem Sprichwort nach wollen wir uns selbst ja als Mittel zum Zweck der Umweltveränderung verändern. Müssen wir uns da nicht erst bewusst darüber werden, welche Veränderung wir wünschen? Wie unser Haus, unsere Straße, unser Land aussehen sollten? Müssen wir uns anschließend nicht fragen, in welcher Hinsicht wir uns selbst verändern müssen, um unsere Straße, unser Haus, unser Land so zu verändern, wie wir es für wünschenswert halten? Und reicht es, wenn wir uns selbst beispielsweise dahingehend verändern, freudig unsere Steuern zu zahlen, aber weiter zusehen, wie andere das nicht tun?

Ich glaube, das philosophisch so korrekt anmutende Argument der Unmöglichkeit der Umweltveränderung speist sich sehr oft aus dem Bedürfnis, das Gefühl der individuellen Hilflosigkeit zu einer prinzipiellen Bedingung des Lebens umzudeuten.

Dieser Umgang mit dem Gefühl der Ohnmacht besitzt nämlich zwei Vorteile: Zum einen folgt daraus, dass die Unmöglichkeit der Einflussnahme kein individuelles Versagen darstellt, sondern eine anthropologische Tatsache. Zum anderen macht diese Interpretation jede Initiative sinnlos, jedenfalls wenn man nicht Don Quichotte heißt und gegen Windmühlen kämpfen will. Man muss es also gar nicht erst versuchen, womit der Motivationsverlust zu strategischer Klugheit geadelt wäre.

## »Eine Schale, ein Tuch und toll. Und dann zufrieden sein?«

Eine weitere Strategie, mit der viele Mitglieder der Generation Laminat auf das Gefühl der Ohnmacht reagieren, besteht in der Relativierung.

»Ich denke, vor 400 Jahren in Bulgarien war das Leben wahrscheinlich auch sehr gefährlich«, sagt beispielsweise Ally.

Ich weiß meistens nicht, was ich auf diese Art von Relativierung antworten soll. »Du bist doch eine schlaue Frau«, sagt Ally zu mir, »du weißt, dass es früher Menschen gab, die anders gelebt haben als du.« Ja, das weiß ich tatsächlich. Und gerade weil ich das weiß, bin ich ja so froh, dass ein paar andere schlaue Leute nach dem Zweiten Weltkrieg den Sozialstaat erfunden haben. Den übrigens auch die Amerikanerin Ally prima findet, die immer noch beeindruckt davon erzählt, wie sie

228

als Mitglied der Künstlersozialkasse trotz geringen Einkommens Mutterschaftsgeld bezog. »Absolut himmlische Verhältnisse hier«, schwärmt sie. Als ich ihr antworte: »Aber es geht ja genau darum, dass diese Verhältnisse sich ändern«, antwortet sie nur trocken: »Immer noch besser als in Amerika.«

Robert sieht das genauso: Unser einziges Problem heute lautet, sagt Robert, dass eben nicht alles immer besser wird. Und er weigert sich, das als Problem anzuerkennen. »Ich finde, die Vorstellung von den bulgarischen Kinderheimen und anderen Ländern, wo wirklich Armut ist, das ist nicht der Teufel aus der Kiste. Ich glaube, manchmal tut es ganz gut, wenn man sich selber so leid tut, sich mal vorzustellen, dass es einem eigentlich ganz gut geht, dass einen das Schicksal nicht niederschlägt, bloß weil es mal nicht so läuft, wie man es sich erhofft hat. Aber da ist die Armut noch weit weg.«

Auch die Relativierung besitzt den entscheidenden Vorteil, Handlungsdruck zu minimieren. Geschickt nutzt sie dabei unser latent schlechtes Gewissen angesichts der ungeheuren globalen Ungerechtigkeit. Wenn es uns, so die Botschaft, doch noch viel besser geht als bulgarischen Waisenkindern, dann ist die Klage darüber, dass man sich kaum noch die Pinienkerne fürs Pesto leisten kann, lächerlich und unmoralisch. Diese Argumentation finde ich persönlich dadurch besonders perfide, dass sie die bulgarischen Waisenkinder nur instrumentalisiert, ihnen aber überhaupt nicht nützt. Geht es auch nur einem Kind dadurch besser, dass es zur Illustration des eigenen Wohlstands herangezogen wird? Auch die Relativierung hat deshalb nach meinem Erachten mehr die eigene Psychohygiene im Blick als das Wohl derjenigen, deren erbärmlicher Lebensstandard als Vergleichsgröße herangezogen wird.

Es gibt noch eine weitere Strategie, mit der wir Mitglieder

der Generation Laminat auf den abnehmenden Wohlstand reagieren, und zwar eine, die sich im Allgemeinen hoher moralischer Wertschätzung erfreut: Bescheidenheit. Anna bringt das so auf den Punkt: »Erfolgreich und reich werde ich nicht mehr werden. Deshalb muss ich mir überlegen, was kann für mich Erfolg noch alles sein? Ist das wirklich nur das Geld, das Haus, das Auto etc., oder gibt es noch andere Dinge, die mich stabilisieren und glücklich machen? Es ist das Einzige, was funktioniert. Was soll ich mich hinstellen und sagen ›Ich will diese große Stereoanlage‹, wenn da draufsteht: ›Du bekommst mich aber nicht‹?« Ihr Mann Jörg hebt während Annas kleiner Rede abwehrend die Hände: »Ich gebe dir Recht, es ist wunderschön, buddhistisch. Eine Schale, ein Tuch und toll. Und dann zufrieden sein? Ist sicherlich sehr lobenswert, aber muss ja nicht meine Welt sein.«

Annas Strategie der Bescheidenheit erinnert an die berühmte Äsop-Fabel vom Fuchs und den Trauben. Ein Fuchs versucht, ein paar lecker aussehende Trauben vom Weinstock zu pflücken, was ihm aber nicht gelingt, weil die Trauben einfach zu hoch hängen. Daraufhin beißt er die Zähne zusammen, rümpft die Nase und sagt abschätzig: »Die sind mir noch nicht reif genug. Und ich mag keine sauren Trauben.« Dann stolziert er mit erhobenem Kopf davon.

Es ist eine übliche menschliche Strategie, das zu verachten, was man nicht kriegen kann. Wobei Anna sich keineswegs wie der hochmütige Fuchs gebärdet, aber auch sie versucht, Gründe dafür zu finden, warum das, was sie sich nicht leisten kann, nicht wünschenswert sei. Es geht ihr darum, ein »Spiel nicht mehr mitzuspielen«, Abschied von materiellen Wünschen zu nehmen und hin zu dem zu kommen, was nachhaltig Sinn stiftet.

Mein Verleger Wolfgang Ferchl hat, als wir über dieses Buch sprachen, die These aufgestellt, dass die Konjunktur des »einfachen« Lebens, des Verzichts auf Konsum und die Suche nach einem Sinn, der außerhalb des materiellen Wohlstands liegt, wie auch der anhaltende Erfolg der Grünen dadurch verursacht sind, dass immer mehr Menschen in den entwickelten Industrieländern sich das gewohnte konsumorientierte Leben einfach nicht mehr leisten können. Eine ganze Gesellschaft verhalte sich also wie der Fuchs, dem die nicht erreichbaren Trauben angeblich zu sauer sind.

Ich persönlich empfinde diese These, der ich durchaus zustimmen kann, nicht als Diskreditierung dieser neuen Haltung, sondern eher als sinnvolle Verhaltensänderung. Ändert sich das Umfeld mitsamt den dazugehörigen Lebensbedingungen, dann müssen sich die Menschen in ihrem Denken, ihren Haltungen, Überzeugungen und Strategien diesen Veränderung anpassen, wenn sie überleben wollen. Der amerikanische Evolutionsbiologe Jared Diamond hat in seinem Buch *Kollaps* die Gründe untersucht, warum Gesellschaften untergehen. Einer davon lautet: eine falsche Reaktion der Gesellschaft auf Veränderung. Ein sehr eindringliches Beispiel sind die Wikinger, die mit ihrer Besiedlung Grönlands gescheitert sind, weil sie an tradierten Verhaltensweisen festgehalten haben, obwohl die unter den neuen Lebensbedingungen schädlich waren. Dass sie etwa keinen rohen Fisch aßen, wie die Inuit, die auf Grönland prima zurechtkamen, sondern stattdessen mageres, schwaches Vieh auf die erodierenden Weiden trieben. Die Wikinger auf Grönland starben, die Inuit überlebten.

Bescheidenheit als neue Denkfigur ist als Strategie angesichts der ökologischen und sozialen Kosten unseres konsumorientierten Lebensstils durchaus sinnvoll. Ich empfinde sie allerdings als schwierig, wenn sie lediglich eine individuelle Reaktion auf ein generell erstrebenswertes Lebensführungsmuster bleibt. Wenn man, wie Anna, sich eine Stereoanlage nur deshalb nicht wünscht, weil man sie sich sowieso nicht leisten kann. Wenn man also rein individuelle Anpassung betreibt.

Sich zu fragen: Brauche ich wirklich Flachbildschirmfernseher im Wohn-, Schlaf- und Kinderzimmer, alle drei Jahre eine neue Stereoanlage, immer das neueste Handy, empfinde ich es als Menschenrecht, jedes Jahr dreimal in Urlaub zu fliegen und Fisch zu essen, ganz gleich, wo er herkommt? – diese Art von reflektierendem Umdenken, von kollektiver Überprüfung unseres selbstverständlichen Wohlstandes, diese Art von grundsätzlicher Bescheidenheit kann dagegen tatsächlich Veränderung bewirken. Politischer Wandel braucht erst mal eine Kritik des Bestehenden, anschließend eine Mobilisierung der Menschen – und er braucht politische Führung. Individuelle Bescheidenheit reicht da nicht aus.

## »Und es gibt ja auch wirklich sehr schönes Laminat«

Im Jahr 2004 habe ich eine Radio-Reihe zum Thema »Scham« verfasst. »Das Dschungelcamp« war damals gerade als neues Fernsehformat zu bestaunen, und ich fragte mich – peinlich berührt von Kakerlakenbad und Würmermahlzeiten –, woher die kollektive Lust an Demütigung und Beschämung stammte. Die Frage führte ohne Umwege in das Herz der

»Leistungsgesellschaft«, also jener Gesellschaft, in der jeder der Unternehmer seiner selbst ist und in der wirtschaftlicher und sozialer Erfolg nicht vom Stand, sondern von Verdienst und Leistung abhängen. Es ist eine Gesellschaft, in der der Tellerwäscher dem Mythos nach Millionär werden kann, in der man also seine Geburtsposition durch eigenen Erfolg verbessern kann. Genau das versuchen in einer solchen Gesellschaft die Menschen. Und besonders stark versuchen es die Mitglieder der Mittelschicht, die dem süßen Leben zumindest schon so nah sind, dass sie es riechen können.

Wer etwas versucht, der kann scheitern. Das ist dann nicht nur ärgerlich, sondern auch beschämend, denn die anderen haben einen Hang dazu, denjenigen, der gescheitert ist, an dem Anspruch seines eigenen Ehrgeizes zu messen. »Da hat er sich wohl überschätzt«, lautet dann eine Reaktion mit mal mehr, mal weniger hämischem Unterton. Oder man fragt, schon deutlich moralischer: »Was maßt der sich an?«

»Das sind Möglichkeiten der Beschämung, die erst mit der modernen Gesellschaft entstanden sind, weil wir erst in der modernen Gesellschaft das Prinzip der persönlichen Selbstverwirklichung, des Individualismus haben, und weil erst das moderne Subjekt ganz persönlich dazu aufgefordert ist, etwas aus sich zu machen.« So erklärte mir damals Sighard Neckel, Soziologe in Frankfurt, die Tatsache, dass Scham alles andere als ein antiquiertes Gefühl ist. Das heißt: Versuchter, aber nicht gelungener Erfolg ist in unserer Gesellschaft oftmals ein Anlass für Scham und Beschämung.

Wir Mittelschichtsmitglieder mit unserem Ideal des unternehmerischen Selbsts sind besonders leistungs- und erfolgsorientiert und damit auch besonders empfänglich für das Gefühl der Beschämung. Konrad Schüttauf, Co-Autor eines

Buches über Scham, sagte mir: »Wir alle bauen nach außen etwas auf, was wir in Wahrheit nicht sind. Gleichzeitig hängt aber unser Ansehen davon ab, dass das Erscheinungsbild, das wir aufbauen, geglaubt wird und in der Wirklichkeit wirkt. Gleichzeitig sind wir uns aber dessen bewusst, dass wir dabei Wesentliches von uns verdeckt halten, nämlich all die Dinge, die eben den Normen nicht genügen. Und jetzt tritt zwischen diesen beiden Bildern eine Spannung auf: Wir müssen die Verhüllung aufrechterhalten, und dabei kommt es eben immer wieder vor, dass diese Hülle fällt und die verborgenen Seiten ans Tageslicht treten – und dann tritt Scham ein.«

Aufgrund eben dieser Dynamik ist Laminat ein Tabuthema. Nein, ich will mich jetzt nicht als Sensationsjournalistin aufspielen und den »Tabubruch« wagen, indem ich den durchschnittlichen deutschen Fußbodenbelag skandalisiere. Es geht mir um einen Eindruck, den ich aus Gesprächen mit Bekannten und Kollegen gewonnen habe. Einige schienen auf eine merkwürdige Art peinlich berührt zu sein von meiner Laminatklage. Sie wollten darüber keinesfalls reden. Sie teilten mir schmallippig mit, dass sie selbst äußerst zufrieden seien mit ihrem Leben und ihrer sozialen Position. Sie betonten, dass es ihnen anders ginge als mir und sie es gar nicht hätten besser treffen können. Manchmal waren mir die Lebensumstände dieser Menschen bekannt, und ich wunderte mich, weil ich um die finanziellen oder sozialen oder sonstigen Schwierigkeiten oder Enttäuschungen in diesem Leben wusste. Nachdem ich ein paar Mal dieser Reaktion begegnet war und dadurch auch ausreichend Gelegenheit erhalten hatte, meine eigene darauf zu studieren – langatmige Rechtfertigungen –, begann ich zu verstehen: Wer zugibt, dass er gerne auf Parkett wohnen würde, sich aber nur Laminat leisten kann, der lüftet den Spalt zwischen privater und öffentlicher Person, der macht die Diskrepanz öffentlich zwischen dem Erfolgsanspruch des »großartigen Ich« und der trivialen Mittelmäßigkeit der Person dahinter, die sich nicht das leisten kann, was sie sich wünscht. Diese Diskrepanz soll aber verhüllt bleiben, denn eben ihre Veröffentlichung ist Anlass für Scham. Scham, lautet eine Definition, ist die Diskrepanz zwischen Ich-Ideal und Ich-Realität.

Um keine Diskrepanz zwischen Ich-Ideal und Ich-Realität aufkommen zu lassen, müsste ich so tun, als ob ich mit meinem Laminat gar kein Problem hätte. »Du wohnst auf Eichenparkett?«, müsste ich im Plauderton sagen. »Das ist ja schön. Aber ist das nicht sehr empfindlich? ... Ich? Ich hab Laminat. ... Wie? Nein, gar nicht. Das ist so viel leichter sauber zu halten, und es entwickeln sich auch nicht so schnell Wollmäuse. Ist einfach total praktisch. Und es gibt ja auch wirklich sehr schönes Laminat.« Mit dieser Aussage bliebe der gescheiterte Ehrgeiz der Privatperson Kathrin Fischer weiter verhüllt, und ihrem öffentlichen Erscheinungsbild wäre kein Schaden zufügt.

»Man kann schon mal fragen, ob die Frage ›Parkett oder Laminat‹ wirklich so weltbewegend ist«, stellte Stephan Lessenich übrigens am Ende unseres Gesprächs klar, was er von meinem Laminat-Gejammer hielt.

Ich will hier gar nicht behaupten, dass sie weltbewegend sei – ich wollte anhand der Laminat-statt-Parkett-Klage nur aufzeigen, wie stark schambesetzt fehlgeschlagene Erfolgsversuche sind, wie sehr wir uns und andere am Anspruch messen, wer wir sein wollen.

Ich bin mir sicher, dass aufgrund der zunehmenden wirtschaftlichen Sorgen der Mittelschicht, deren Löhne stagnieren, deren private Versicherungen ihnen aufs Budget schlagen und die bei steigenden Lebenshaltungskosten und ebensolchen Immobilienpreisen (versuchen Sie mal, in Frankfurt eine bezahlbare Wohnung zu kaufen oder zu mieten) eine gewaltige Steuerbelastung zu bewältigen haben, dass aufgrund dieser negativen wirtschaftlichen Dynamik die Mittelschicht, und zwar bis in die oberen Etagen hinein, eine zunehmende Diskrepanz zwischen Ich-Ideal und Ich-Realität wahrnimmt. Diese Diskrepanz wird umso schärfer erlebt, als die Besserverdienenden auf die zunehmende soziale Ungleichheit mit einer Verschärfung des Leistungsprinzips reagieren, dass also die Ansprüche an den eigenen Erfolg wachsen – aus dem Bedürfnis der Abgrenzung gegenüber den Verlierern. In der Folge dieser Entwicklung wächst auch die Beschämbarkeit. Das bleibt nicht folgenlos, wie man zum Beispiel an so unsäglichen Fernsehformaten wie dem »Dschungelcamp« beobachten kann. »Aus Scham und Beschämung entstehen ja viele andere Gefühle«, sagt Sighard Neckel. »Gefühle der Depression, aber auch Gefühle der Aggression. Wir können viele Entwicklungen beobachten, in denen sich Scham beispielsweise in Wut verwandelt, auch die Wut der beschämten Person darüber, beschämbar gewesen zu sein. Man ärgert sich über das eigene Gefühl der Beschämung und könnte ausrasten darüber, dass man sich in einer bestimmten Situation so schwach und verletzlich gezeigt hat, also wiederum sein Selbstbild selber unterboten hat, selbstständig und stark zu sein. Daraus können aggressive Gefühle entstehen, die wir gegen uns selber richten, aber vielleicht auch gegen andere, vielleicht gegen die, die uns beschämt haben, oder besser noch gegen die, die wir selber beschämen können.«

Scham und Ressentiment gehören zusammen, und Scham

und Schweigen auch. Worüber man sich schämt, darüber schweigt man. Und tut lieber so, als ob man problemlos mithalten könnte. Die private Konsumverschuldung spricht Bände. Kuscheliger wird die Gesellschaft durch steigende Beschämbarkeit also bestimmt nicht.

Ohnmacht, Rückzug, beschämtes Schweigen – diese Strategien der Generation Laminat als Reaktionen auf die Prekarisierung des Lebens, die steigende soziale Ungleichheit und die bedrohliche Klimaveränderung sind also alles andere als konstruktiv.

Welche könnten es denn sein?

# Und jetzt?

## »Denken kann man doch nicht delegieren«

Im Oktober 2010 formulierte Harald Welzer in der FAZ zehn sehr beachtete Empfehlungen zur Rettung der Welt.[1] Die erste dieser Empfehlungen lautet schlicht: »Selber denken.« Auch Theresia Volk nennt eine der Therapien gegen die Symptome des Wahnsinns in der Arbeitswelt: »Selber denken.«[2]

Ich persönlich habe mit diesem Ratschlag so meine Schwierigkeiten. Nicht, weil er verkehrt wäre. Er ist so wenig verkehrt wie der Ratschlag »Entspann dich«. Es ist immer gut, selber zu denken, und es ist immer gut, entspannt zu sein. Das Problem ist, dass die Aufforderungen zum Selberdenken und Entspannen so wohlfeil sind: Sie sind immer richtig und immer schwierig zu verwirklichen. Warum gibt es massenhaft Entspannungsratgeber, Entspannungkurse, Entspannungsmusiken, -CDs und -Techniken? Genau: Weil es so schwierig ist, sich zu entspannen. Jedenfalls schwierig für die Leute, für die es schwierig ist. Meine Freundin Anna kann immer schlafen. Ich nicht. Weil ich verspannt bin, logisch. Es wäre besser, ich entspannte mich. Geschenkt. Aber wie?

Und warum werden wir so oft aufgefordert, selber zu denken? Weil es so schwierig ist, sich selber denkend seine Schneisen durch den Dschungel von Multikausalität, Dynamik und Komplexität zu schlagen. Weil es so viele Menschen gibt, die

Verschiedenes denken. »Der eine begründet mir sein Ja«, sagt Anna, »und ich finde es einleuchtend. Und der Nächste begründet sein Nein, und ich finde es genauso einleuchtend.« Wenn A so plausibel erscheint wie B – wie soll man da selber denkend eine Lösung finden? Wenn in der europäischen Schuldenkrise der eine Experte für Eurobonds stimmt, der nächste gegen die Umwandlung der Währungsunion in eine Transferunion klagt und der dritte für eine Auflösung der Eurozone plädiert, wie soll man da selber denkend herausfinden, welche Lösung richtig ist? Und ob es überhaupt eine richtige Lösung gibt? Oder nicht nur Standpunkte, von denen aus betrachtet die Welt jeweils sehr unterschiedlich aussieht?

Als Mitglied einer toleranten westlichen Zivilisation bin ich damit aufgewachsen, unterschiedliche Werte und Standpunkte zu respektieren. Ich bin damit aufgewachsen, dass Wahrheiten relativ sind, weil Wahrheiten immer vom Betrachter abhängen. Und Betrachter unterschiedlicher Kulturen und unterschiedlicher Zeiten betrachten Dinge eben – in der Tat – unterschiedlich. Wenn mein Denken aber so sehr kulturell, historisch und individuell bedingt ist, wie soll da Selberdenken aus der Krise helfen? Mein Denken verbeugt sich doch dauernd höflich vor dem der anderen, ganz gleich, ob es mit ihm einverstanden ist oder nicht.

»Dafür gibt es doch Spezialisten«, findet ein Mann, mit dem ich während einer Zugfahrt ins Gespräch gerate. »Ich kenne mich gut aus mit Computern. Zeigen Sie mir eine Software, und ich kapiere, wie die funktioniert. Bei Politikern gehe ich davon aus, dass sie Politologie studiert haben und sich daher gut mit Politik auskennen.«

Dieser Herr hat nicht die geringsten Probleme damit, Harald Welzers und Theresia Volks Aufforderung, selber zu denken, von der Hand zu weisen und zu erwarten, dass die Politiker, die wir wählen, oder die Experten, denen wir in den unzähligen Talkshows begegnen, schon für uns denken werden. »Denken«, halte ich ihm pathetisch entgegen, »kann man doch nicht delegieren.«

Er zuckt die Schultern. »Aber ich kenne mich nicht aus mit Steuern. Und wenn die Politiker die Unternehmen weniger besteuern, dann werden die sich schon was dabei denken.«

Ich zeige auf das Buch *Steuergerechtigkeit in der Globalisierung*, das zwischen uns auf dem Tisch liegt. »Es gibt Bücher«, sage ich, »da können Sie sich darüber informieren, warum die Politiker die Unternehmen geringer besteuern.«

Er blättert etwas darin herum und schüttelt den Kopf. »Ich habe eine anstrengende Arbeit, ich habe zwei Kinder: Wann soll ich das denn lesen?«

»Also«, fasse ich zusammen, »Sie verstehen nichts von Politik und Sie haben keine Zeit, sich zu informieren?«

Er grinst und nickt.

»Finden Sie denn, dass alles gut läuft?«

Er schüttelt den Kopf. »Natürlich nicht. Diese ganze Euro- und Schuldenkrise, das kann doch nicht gutgehen.«

»Haben Sie manchmal Angst?«

Wieder nickt er.

»Wovor?«, frage ich.

»Dass ich mir mein Leben irgendwann nicht mehr leisten kann. Dass ich meinem Sohn nicht das Spielzeug kaufen kann, das er sich wünscht. Dass ich irgendwann nicht mehr genug verdiene.« Er schaut mich an. »Wissen Sie, es ist immer schwer, den Lebensstandard zu senken. Stellen Sie sich vor, Sie könnten sich Ihr Laptop nicht mehr leisten. Das wär doch schlimmer, als wenn Sie sich nie eins hätten kaufen können.«

»Was ich nicht verstehe«, entgegne ich, »dass Sie Angst haben, dass Sie das Gefühl haben, es läuft etwas grundsätzlich verkehrt, aber keine Zeit finden, sich zu informieren, sich zu überlegen, wie man etwas ändern könnte, dass Sie also weder denken noch handeln.«

Er zuckt die Schultern. »Was hab ich schon für Möglichkeiten?«

Dieser Herr war sehr nett und sehr mutlos und entsprach nicht gerade dem Ideal des aufgeklärten Menschen: »Es kann nicht schaden, sich ab und zu in Erinnerung zu rufen, welche zivilisatorische Leistung mit der Aufklärung verbunden ist; und welche die Alternativen waren und wieder sein könnten: Unwissenheit, Dummheit und eine Form von Ausgeliefertsein, die mächtige Meinungsmacher das auf den Scheiterhaufen werfen lässt, was ihnen nicht in den Kram passt.«[3]

Ist der Versuch, selber zu denken, bereits eine erste Form von Widerstand? Ja, sagen zwei berühmte Frankfurter Denker: Max Horkheimer und Theodor W. Adorno. »Denken ist selbst schon ein Zeichen von Resistenz, die Anstrengung, sich nicht mehr betrügen lassen zu wollen«, schreibt Max Horkheimer.[4]

Horkheimer und Adorno mussten aufgrund ihrer jüdischen Wurzeln beide vor den Nationalsozialisten ins Exil fliehen. Ihr Denken kreist um Autorität und Utopie. Laut Adorno ist es »die planetarische Dummheit, welche die gegenwärtige Welt daran hindert, den Aberwitz ihrer eigenen Einrichtung zu sehen«.[5] Gegen diese Dummheit kommt man nur denkend an, da sind sich Adorno, Horkheimer, Welzer und Volk ganz einig. Allerdings kann das nicht irgendeine Art von Denken sein, sagt Adorno, es muss ein ganz bestimmtes Denken sein, nämlich eincs, das sich auf das Element des Wunsches besinnt. Erst, wenn Denken und Wünschen, Denken und Fühlen sich vereinen, entsteht ein Denken, das zur Utopie treibt. Für Adorno ist Intelligenz daher eine moralische Kategorie.

Diesen Hinweis finde ich entscheidend, wenn vom Selberdenken die Rede ist: dass Denken und Fühlen sich verbinden müssen. Vielleicht leuchtet mir das mittlerweile auch deshalb wieder ein, weil ich einen Sohn habe, der noch so klein ist, dass er voller Mitgefühl steckt – für alles. Erwachsene sind oft sehr berührt von dieser Fähigkeit der Kinder: angesichts vertrockneter Gänseblümchen weinen zu können, Stofftieren Betten zu bauen, Hunden Bilder zu malen, dem Mond ein Lied zu singen. Es ist diese Verbundenheit mit allem, ganz gleich, ob belebt oder unbelebt, dieses Denken, das untrennbar mit dem Fühlen verbunden ist, das Erwachsene mit zunehmender Rationalität verlieren. Aber eine Sehnsucht danach bleibt zurück. Sicher können wir nicht zurück in diesen Zustand, sicher ist Abstraktion, Rationalität, strategische Intelligenz nicht gering zu schätzen, aber dennoch: Ein klein wenig von diesem Gefühl kann nicht schaden, denn es erinnert uns daran, dass wir Teil eines größeren Ganzen sind.

Ich habe lange darüber nachgedacht, warum ich irgendwann in meinen späten Zwanzigern eben dieses Gefühl verloren habe, ein Gefühl, das mich als Sechzehnjährige beispielsweise vor Schulbeginn Flugblätter gegen den geplanten Bau einer Umgehungsstraße hat verteilen lassen. Was geschehen ist, dass ich mich anschließend so viele Jahre mokiert habe über die, die Utopien entwarfen und die Welt dann an dieser Utopie maßen mit dem vorhersagbaren Ergebnis, dass das bestehende System schlechter abschnitt als das im Kopf entworfene. Und natürlich gibt es dieses berühmte Zitat, das in verschiedenen Varianten George Bernhard Shaw, Theodor

Fontane oder Winston Churchill zugeschrieben wird: »Wer mit zwanzig kein Sozialist ist, hat kein Herz – wer es mit vierzig immer noch ist, hat keinen Verstand.«

Wer als rationaler Mensch an Utopien festhält, bedeutet das, ist einfältig, töricht und dumm. Verständig ist dagegen, wer sich »alternativlos« dem Bestehenden anpasst. Intelligenz bemisst sich nach dieser Vorstellung an der Fähigkeit, die Gegenwart gedanklich nicht zu überschreiten, die Grenze dessen, was als unverrückbar gilt, zu akzeptieren.

Als Jugendliche waren viele meiner Träume relativ vage. Doch sie besaßen dieses starke Gefühl der Verbundenheit mit der Welt. Sie waren von Mitgefühl geprägt und der Sehnsucht danach, dass es allen Wesen gut gehen möge. Das hat mich gegen das, was ich als ungerecht oder schlecht empfand, kämpfen lassen. Der Direktor meines Gymnasiums prophezeite mir in irgendeiner heftigen Auseinandersetzung, die ich mit ihm als Schülervertreterin führte: »Du wirst dir deine Hörner auch noch abstoßen.«

Damals war ich noch nicht mal zwanzig und empfand bei diesem Satz Verachtung und Mitleid gleichermaßen. Verachtung für die phantasielose Verallgemeinerung der eigenen Resignation, Mitleid für die Enge einer Welt, die nur von realitätstauglichen Prinzipien bestimmt ist. Natürlich: Meine Hörner waren noch nicht so oft gegen die stabilen Kanten der Unzulänglichkeit der Welt geknallt.

Als ich erwachsen war, sah das dann tatsächlich anders aus. Warum eigentlich? Weil ich die Kämpfe einmal zu oft verloren hatte? Vielleicht. Aber vielleicht ist meine utopische Sehnsucht irgendwann auch einfach verebbt. Als ich zu arbeiten begann, veränderte sich etwas. Ich nehme an, weil ich Verstand beweisen, erfolgreich und rollenkonform sein wollte, weil ich die Welt als eine Hürde begriff, die ich nehmen konnte, an deren Überwindung ich beweisen konnte, wie gut ich in Form war. Im Rückblick würde ich sagen, dass ich Erwachsensein imitierte: Lebensversicherungen und Fonds anlegen, Möbel kaufen, ernsthafte Kleidung erwerben. In den Konferenzen so tun, als wüsste ich Bescheid. Ganz gleich, ob Feinstaub, SPD-Parteitag, Nahostkonflikt, die Festnahme von Ai Weiwei oder der Bürgerkrieg im Sudan – als Journalistin hatte ich die Welt im Griff. Da ruft man mal kurz im Hauptstadtstudio an und beauftragt einen Beitrag über die Haltung der Opposition zu Angela Merkels Europapolitik oder verwendet Begriffe wie »Machtapparat« für die chinesische Führung und »Außenpolitik« für eine Reise Westerwelles, und schon ist die Welt auf ein handliches Maß geschrumpft. Überblick besitzen, Kontrolle haben, verständig sein, damit war ich beschäftigt, da blieb kein Raum für grundsätzliche Fragen, Fragen, mit denen ich außerdem die Simulation meiner Kompetenz aufs Spiel gesetzt hätte, Fragen wie: Wollen wir so leben? Wie wollen wir leben? Ich wollte nicht in den Ruch kommen, ein »Gutmensch« zu sein, der auf dem Weihnachtsmarkt politisch korrektes Holzspielzeug kauft.

Warum eigentlich nicht? Weil ich klug sein wollte. Die Klugheit in meiner Welt bestand aus Informiertheit, gepaart mit Zynismus. »Ein Zyniker ist ein Mensch, der von allem den Preis und von nichts den Wert kennt«, schreibt Oscar Wilde. Die moralische Dimension von Intelligenz war mir über viele Jahre abhandengekommen. Daran musste ich denken, als mir jetzt wieder ein wunderschöner Text von Adorno über die »Genese der Dummheit« in die Hände fiel, der jedem einleuchtet, der so wie ich als Kind mit Schnecken gespielt hat. Mein Grundschulfreund Uwe und ich setzten im Sommer oft Schnecken auf Mauern oder sonstige Steine. Meistens hatten sich die Tiere beim Hochnehmen erschrocken in ihr Gehäuse zurückgezogen, und wir beobachteten sie dabei, wie sie sich, sobald sie auf dem Stein saßen, glitzernd aus ihrem Haus hervorwagten, immer länger wurden, zaghaft ihre Augen auf den Fühlern ausfuhren und sich auf ihren Schneckenweg nach wohin auch immer machten. Das war der Moment, in dem wir ihnen mit den Fingern sachte auf die Augen klopften. Schwupps, zogen sich die Fühlhörner zurück ins Innere, die Schnecke hielt eine Weile inne, um sich irgendwann wieder prüfend hervorzuwagen. Ließen wir sie unbehelligt, gewann sie an gemächlicher Schneckenfahrt und machte sich von dannen. Klopften wir ihr erneut auf die Augen, zog sie sich wieder zurück, wartete ein wenig länger ab, um sich dann nicht nur hervorzuwagen, sondern auch einen Richtungswechsel als Ausweichmanöver zu versuchen.

Mit dem Fühlhorn einer Schnecke vergleicht Adorno den menschlichen Geist. »Solcher erste tastende Blick ist immer leicht zu brechen, hinter ihm steht der gute Wille, die fragile Hoffnung, aber keine konstante Energie. Das Tier wird in der Richtung, aus der es endgültig verscheucht wird, scheu und dumm.« Entmutigung macht also dumm. Deshalb bezeichnet Adorno Dummheit als Wundmal. »Jede partielle Dummheit eines Menschen bezeichnet eine Stelle, wo das Spiel der Muskeln beim Erwachen gehemmt statt gefördert wurde.«[6]

Ob es nun die Hörner sind, die sich abstoßen, oder Fühlhörner, die sich zurückziehen – es ist der Widerstand des Bestehenden, der unseren Geist entmutigt, der ihn partiell dumm und scheu macht, ihn blind werden lässt gegenüber den Alternativen zu diesem Bestehenden. Die Welt, wie sie ist, befindet sich dann »nicht nur außerhalb der Köpfe der Menschen, sondern auch in ihnen – in ihren Mentalitäten, Routinen, Gewohnheiten und Deutungsmustern«.[7] Irgendwann verachtet der Geist alles, was sein könnte, zugunsten dessen, was ist, »zugunsten der Vormacht materieller Verhältnisse als des Einzigen, was zählt«.[8]

Wie gesagt: Lange habe auch ich mich in dieser Verachtung dessen, was sein könnte, eingerichtet. Wobei die Möbel dieser inneren Einrichtung sich nach Medien- und Konsumbildern richteten. Redaktionskonferenzen, Markteinkäufe, Restaurantbesuche – ich lebte mein Leben wie einen dieser Filme zur besten Sendezeit mit Katja Riemann, Veronica Ferres oder Natalie Wörner, eben nur ohne Schloss. Meine Sehnsucht nach einem besseren Selbst in einer besseren Welt schrumpfte zu Phantasien über schlankere Hüften in einem umwerfenden Kleid.

Und ja, mein Verleger hat Recht: Erst als dieses Bild gefährdet wurde, erst als ich mir meinen Lipgloss nicht mehr leisten konnte, habe ich begonnen, darüber nachzudenken, dass Lipgloss in dieser Welt nicht alles sein kann. Erst als »Upshifting« keine Option mehr war, wurde »Downshifting« interessant. Doch der Mentalitätswechsel war nur möglich, weil sich schon vorher der Verdacht eingenistet hatte, dass die werbebildkonforme Aus- und Einrichtung des eigenen Lebens nicht das hält, was sie verspricht. Konsum funktioniert eben nur, wie Tim Jackson sagt, weil er nicht funktioniert. Weil diese Schuhe mich nicht unwiderstehlich machen, muss ich die nächsten kaufen, weil dieses Auto mich nicht glücklich macht, muss ein größeres her.

Wissenschaftler haben ein sogenanntes Paradox der Lebenszufriedenheit ausgemacht: Die Lebenszufriedenheit in den am weitesten entwickelten Volkswirtschaften ist jahrzehntelang trotz signifikanten Wirtschaftswachstums nicht gestiegen oder sogar gesunken. Ab einem Pro-Kopf-Einkommen zwischen 15 000 und 22 000 Dollar (hier sind die Wissenschaftler uneins) steigt das Wohlbefinden nicht mehr an. Was daran liegt, dass die Menschen in solchen Gesellschaften rastlos mit dem sogenannten Geltungs- oder Statuskonsum beschäftigt sind, um im sozialen Vergleich gut abzuschneiden.[9]

Abgesehen davon, dass ich Beispiele für Geltungskonsum massenhaft bei mir selbst und meinen Freunden ausmachen kann, habe ich ihn in einer eindrucksvollen Ausprägung 2010 erlebt. Da durfte ich einen Moskauer Multimillionär als Moderatorin auf seiner deutschen Lesereise begleiten. Der Mann hatte ein Buch geschrieben über das hohle Leben der Superreichen, und eben jenes Leben, das er anschaulich beschrieb, führte er selbst. Wow, hatte ich ehemalige Sozialdemokratin zuerst gedacht, als der Verlag mich anfragte, jetzt lerne ich einen echten Multimillionär kennen. Die Aussicht machte mich nervös. Wieder bewahrheitete sich die Einsicht, dass man noch lange nicht frei ist, nur weil man seiner Ketten spottet. Es war eine Sache, sich über unseren Status- und Geltungswahn, unsere Götzenverehrung des Geldes lustig zu machen, und eine andere, sich von den Ikonen dieser Verehrung nicht beeindrucken zu lassen. In einer Berliner Hotellobby war es dann so weit: Ich traf den Multimillionär, seine Freundin und seinen irischen Agenten. Der Agent war ein entspannter Endfünfziger, der von seinen Enkeln erzählte und nach einigen Gläsern Wein irische Wiegenlieder sang. Der Multimillionär war ein fahriger Mann Ende dreißig in einer auffallend hässlichen Gucci-Lederjacke, dauergestresst, weil der deutsche Verlag nicht so agierte, wie es ein russischer Multimillionär gewohnt ist: Der Verlag buchte ihm nicht das teuerste Hotel der Stadt. Der Verlag lud nicht in das feinste Restaurant der Stadt. Der Verlag zahlte keine Business-Class-Flüge. Die Demütigung, gemeinsam mit uns und vielen anderen in der Schlange vor dem Check-in-Schalter der Economy Class zu stehen, hielten der Multimillionär und seine Freundin kaum aus. Es war überraschend zu sehen, wie ungeheuer unsicher die beiden wurden, wie nervös und empfindlich, als ihnen ihre üblichen Mechanismen zur Statussicherung nicht mehr zur Verfügung standen. In Berlin verbrachten sie die Nacht heimlich in einer selbst gebuchten Suite des Adlon, was nur dadurch auffiel, dass sie zu spät zum Frühstück kamen. Auf der gesamten Reise trank der Multimillionär nichts anderes als Cola und Champagner. Er orderte die Champagnerflaschen wie ich Wasser. So viel Moët & Chandon habe ich davor und danach nie wieder getrunken, trotzdem war es nur die ersten beiden Flaschen lang aufregend.

Wenn die Pressedame des Verlags und ich uns treffen, erzählen wir uns immer noch die prägnantesten Anekdoten dieser Reise, die für uns das Ende der Phantasie bedeutete, reiche Leute seien unabhängig. Diese beiden waren entsetzlich abhängig. Von ihrem Geld.

Wie gesagt: Ich kann mich über diese Art der Abhängigkeit lustig machen. Frei bin ich trotzdem nicht. Sonst hätte ich keine Probleme mit meinem Laminat. Die habe ich ja nur deshalb, weil ich es als nicht meinem sozialen Status angemessen empfinde.

Vor einigen Jahren habe ich ein sensationelles Buch des amerikanischen Stressforschers Robert M. Sapolsky gelesen, eines jüdischen Ostküstenintellektuellen mit entsprechendem Humor. Er wollte soziale Stressfaktoren an frei lebenden Pavianherden studieren. »Sie waren dafür ideal. Paviane leben in großen, komplexen Gruppen, und die Population, die ich studieren wollte, führte ein herrliches Leben. Die Paviane arbeiten vielleicht vier Stunden am Tag für ihre Ernährung, Fressfeinde haben sie kaum. Haargenau wie bei uns – kaum jemand bei uns wird durch physische Stressfaktoren unter Druck gesetzt, keiner von uns muss Angst vor Hungersnöten oder Heuschreckenplagen haben oder sich Sorgen machen, weil ihm um fünf Uhr nachmittags auf dem Parkplatz ein Hauen und Stechen mit dem Chef bevorsteht. Es geht uns so gut, dass wir uns den Luxus leisten können, aus Gründen eines rein sozialen, psychologischen Stresses krank zu werden. Genau wie diese Paviane.«[10]

Anders als Paviane können wir Menschen unser soziales Zusammenleben reflektieren. Und anders als Paviane können wir Statistiken lesen. Sie sagen uns beispielsweise, dass ein Drittel der Meere überfischt ist, dass der weltweite Wasserverbrauch rasant steigt, dass in Deutschland immer mehr Menschen trotz Arbeit unter die Armutsgrenze rutschen und dass es einen weltweiten Milliardärsboom gibt.

Wir bezahlen also einen Lebensstil, der uns aufgrund unseres Sozialstresses noch nicht mal mehr einen Zuwachs an Zufriedenheit beschert, mit der Zerstörung unserer Umwelt, einer Gefährdung unseres sozialen Friedens und der permanenten Gefahr von Wirtschaftskrisen. Ist es da nicht tatsächlich an der Zeit, darüber nachzudenken, ob es nicht andere Lebensziele gibt als mein Haus, mein Boot, meine Flasche Moët & Chandon? Es ist empirisch belegt, dass nach Befriedigung der Grundbedürfnisse jeder weitere Konsum die Zufriedenheit nur geringfügig steigert – egal, wie viel man verdient und konsumiert: Denn es gibt immer noch andere, die noch viel mehr verdienen und noch mehr ausgeben können. Es zählt nicht die absolute, sondern die relative Benachteiligung. Und es ist nun mal so, dass die meisten Menschen unmöglich mehr als die meisten Menschen verdienen können.[11]

Als ich begann, über die Frage nachzudenken, warum ich nicht selbst den Wohlstand erzeugen kann, in dem ich aufgewachsen bin, warum ich mir nicht die Konsumgüter leisten kann, die mir für ein erfolgreiches Leben unabdingbar schienen, da waren die entscheidenden Denkimpulse Gefühle, nämlich Angst, Wut und Scham. Angst davor, sozial abgehängt zu werden, Wut und Scham darüber, dass das so ist. Diese Gefühle sind aus dem Eindruck des Ungenügens entstanden. Ich habe den medialen Glücks- und Erfolgsimperativ unserer Gesellschaft so ernst genommen, dass ich mich an ihm gemessen und anschließend daran aufgerieben habe, ihm Genüge zu tun. Während des Nachdenkens über die Fragen, warum ich mich ungenügend fühle, welche historischen Voraussetzungen dieses Gefühl hat, in welcher Weise es durch die Veränderungen der Gegenwart geprägt wird und wie ich damit umgehen kann, hat sich etwas in mir geändert. Zuerst, weil ich darüber geredet habe, weil ich das Schweigen der Scham gebrochen, mich anderen Menschen mitgeteilt und erfahren habe, dass es ihnen in vielerlei Hinsicht nicht besser geht, auch wenn sie die Situation möglicherweise anders bewerten. Dann, weil mir aufgrund meiner Lektüre zum ersten Mal bewusst geworden ist, dass die Gesellschaft, in der ich lebe, irgendwann einmal hergestellt wurde, dass also die Bedingungen, an die ich mich anpasse, kollektiv gestaltet sind, was bedeutet: Sie können auch anders gestaltet werden. Damit schien zum ersten Mal seit Langem Handlungsfähigkeit zumindest als Option am Horizont auf. Die wiederum eine zaghafte Frage nach sich zog: Wenn du wollen dürftest, was würdest du wollen?

Damit war das Wünschen in mein Denken eingezogen. Plötzlich fiel mein Urteil über das Bestehende negativ aus. Wenn man auf Kinder verzichtet, weil man seine Arbeitsfähigkeit nicht gefährden will, wenn man ohne Lärmschutzfenster keine Unterhaltung in der eigenen Wohnung führen kann, wenn man vor lauter Arbeit keine Zeit mehr für Kochabende mit Freunden hat, wenn schon Schulkinder Medikamente nehmen, um ihre Leistungsfähigkeit zu erhöhen, wenn wir Einzelkämpfer-Individuen uns gerne als stark, flexibel, kreativ, belastbar phantasieren und am Ende Burn-out, Bandscheibenvorfall, Hörsturz, Gürtelrose und Depression stehen – stellt das nicht schwerwiegende gesellschaftliche Fehlentwicklungen dar?

Plötzlich traute ich mich auch wieder, von einer besseren Welt zu träumen. Wie wäre es, wenn ich weniger arbeiten müsste? Wenn ich mehr Zeit mit meinem Kind verbringen könnte? Wie wäre es, wenn ich gemeinsam mit meinen Nachbarn einen Garten bewirtschaften würde? Wenn ich zusammen mit anderen wohnen würde? Wenn die Städte nicht von Autos, sondern von Fußgängern und Fahrradfahrern geprägt würden? Wenn ich in einer Gemeinschaft stärker über den Raum bestimmen könnte, in dem ich lebe? Plötzlich spürte ich wieder etwas von der früheren Gestaltungslust, von der Phantasie, die in der Lage war, andere Bilder als die bestehenden auf die Netzhaut zu projizieren.

Plötzlich hatte ich den Eindruck, dass angesichts der Risiken, auf die wir zusteuern, Utopismus Realismus bedeutet. Plötzlich fühlte ich mich angesichts der überwältigenden Komplexität des Bestehenden nicht mehr ohnmächtig.

Mein Gefühl war zu einer Richtschnur meines Denkens geworden. Was zu klaren Einsichten führte. Zum Beispiel hinsichtlich der Eurokrise: Wenn eine Währungsunion nur durch ungeheure Schulden, also auf Kosten der Lebensgrundlage zukünftiger Generationen, aufrechterhalten werden kann, dann ist sie – ganz gleich, was die exportabhängige Autoindustrie dazu sagt – dieses Opfer nicht wert. Und wenn die Bundeskanzlerin das Überleben der europäischen Idee vom Überleben ihrer gemeinsamen Währung abhängig macht, wenn also Franzosen, Deutsche, Italiener, Iren und andere nichts weiter als gemeinsames Geld verbindet, dann haben wir viele Jahre falscher Europapolitik hinter uns.

Etwas Grundlegendes in mir hatte sich ganz offenbar geändert. Und mir fiel eines der schönsten Zitate über das Denken ein, das ich kenne. Es stammt aus Robert Musils Roman *Die Verwirrungen des Zöglings Törleß* und geht so: »Eine große Erkenntnis vollzieht sich nur zur Hälfte im Lichtkreise des Gehirns, zur anderen Hälfte in dem dunklen Boden des Innersten, und sie ist vor allem ein Seelenzustand, auf dessen äußerster Spitze der Gedanke nur wie eine Blüte sitzt.«

## »Ich würde den Leuten empfehlen, schon mal schießen zu lernen«

Am 11. November 2011, dem Sankt-Martins-Tag, führte ich ein denkwürdiges Gespräch. Mein Sohn hatte unbedingt am Martinsumzug seines Nachbarfreundes teilnehmen wollen, und so trafen wir ihn, seine Eltern und seinen Patenonkel nachmittags gegen fünf Uhr vor dem Kindergarten. Als Eltern und Kinder loszogen, begannen der Patenonkel und ich ein Gespräch. Die Bedingungen waren nicht ganz einfach, denn die laternenschwingende Horde aus dick vermummten Kindern, frierend fotografierenden Eltern und entschlossen singenden Erzieherinnen produzierte die übliche Sankt-Martins-Kakophonie. Aber irgendwie gelang es uns trotz unvermittelter »Rabimmelrabummelrabamm«-Einsätze neben uns, eine intensive Unterhaltung über soziale Ungerechtigkeit und die Zukunft der Gesellschaft zu beginnen.

Als wir zum Kindergarten zurückkehrten, war es bereits dunkel geworden, das Martinsfeuer brannte lichterloh, und Eltern und Kinder versammelten sich darum, um gemeinsam weitere Lieder anzustimmen. Ich brüllte dem Patenonkel ins Ohr, dass wir uns nach meinem Erachten inmitten einer ernsten Demokratiekrise befänden. Er brüllte zurück, dass das ja nicht überraschend käme – der Kapitalismus fräße sich eben durch die Institutionen. (Auf dem Umzug hatte sich herausgestellt, dass der Patenonkel überzeugter Marxist war.) Ich brüllte zurück, was er denn für Alternativen sähe. Er brüllte, dass wir ein alternatives Wirtschaftsmodell bräuchten. Als ich mich erneut auf die Zehenspitzen stellte, um dahin, wo ich unter der Mütze sein Ohr vermutete, meine Antwort zu brüllen, warfen uns so viele der ansonsten eher seligen Eltern dermaßen böse Blicke zu, dass wir uns tief in die Dunkelheit zu den Schaukeln zurückzogen.

Über alternative Ökonomien hatte ich gerade einiges gelesen und sagte daher zustimmend: »Da gibt es ja schon einige Vorschläge.«

Der Patenonkel nickte und wisperte: »Aber man soll nicht glauben, dass die so einfach umzusetzen sein werden.«

»Warum nicht?«, raunte ich.

»Weil die Reichen ihre Privilegien ja wohl kaum freiwillig abgeben werden wollen«, flüsterte er mir ins Ohr. Ich runzelte fragend die Stirn, so wenig Lärm wie möglich produzierend.

»Wenn wir über eine alternative Wirtschaftsordnung nachdenken, werden wir kaum umhinkommen, ein paar heikle Eigentumsfragen zu stellen«, fuhr er leise fort.

Ich nickte und erzählte ihm in gedämpftem Ton vom Schlusskapitel meines Buches, das Lösungen aufzeigen sollte. Welchen Rat er denn geben würde?

Er sah mir abwägend ins Gesicht, unschlüssig, ob er offen antworten sollte oder nicht. Und entschied sich zur Offenheit. »Ich«, flüsterte er dann, »würde den Leuten empfehlen, schon mal das Schießen zu lernen.«

»Rabimmelrabammelrabumm«, erscholl es vom Feuer.

Eine Aufforderung zum Schusswaffengebrauch auf dem Gelände eines Kindergartens – so bizarr ich die Situation fand, so inakzeptabel erscheint mir der Vorschlag zur Gewaltanwendung. Schließlich gibt es ein Gewaltmonopol des Staates. Das immerhin so etwas wie die Grundlage des modernen Rechtsstaates ausmacht. Der Gesellschaftsvertrag lautet nun mal so: Wir geben einen Teil unserer individuellen Freiheiten auf und erhalten dafür Schutz und Sicherheit. Wie die Verhältnisse sonst wären, kann man bei Thomas Hobbes nachlesen: Der Kampf aller gegen aller, der zu wechselseitiger Vernichtung führt. Keine schönen Aussichten.

Und auch wenn der Patenonkel des Nachbarfreundes seine Ansprüche gegen die Wohlhabenden dieser Gesellschaft für berechtigt hält, die er mit individuellem Zwang durchsetzen will – die Gegenseite folgt derselben Logik, sodass die Wohlhabenden mit derselben Begründung ihre gewaltbereite

254

Verteidigung organisieren werden. Was sie ja bereits tun, indem sie sich zunehmend in abgeriegelte Wohnviertel zurückziehen. Noch sind die nur von Zäunen umgeben. Ich möchte auf den nächsten Sankt-Martins-Umzug weder eine Waffe mitnehmen noch eine Bürgerwehr organisieren noch mein Kind anschließend ins Krankenhaus begleiten müssen. Und ist Gewalt nicht immer Ausdruck einer Kapitulation? Wendet Gewalt nicht an, wer keinerlei andere Handlungsmöglichkeiten mehr wahrzunehmen in der Lage ist, wer sich ohnmächtig fühlt, sich als macht- und hilflos erlebt?

Andererseits: Haben wir denn andere Handlungsmöglichkeiten? Man muss dem Vorschlag des Patenonkels zugutehalten, dass er realistisch ist in Bezug auf die friedliche Lösung des sich verschärfenden Verteilungskonflikts. Wer Privilegien besitzt, wird sie kaum freiwillig hergeben. Ich glaube nicht, dass beispielsweise Silke nach der Lektüre dieses Buches ihren Mercedes-SUV der Arbeitslosenhilfe schenken und mir eine Dankesmail schreiben wird, weil ich zu ihrer Seelenrettung beigetragen habe. Sie wird weiterhin glauben, dass sie ihre Villa, ihre Autos, ihren Schlangenledergürtel und ihr Ferienhaus rechtmäßig verdient hat. Dass ihr Mann eben klüger, fleißiger, geschickter ist als der Rest der Welt. Dass die anderen einfach nur neidisch und missgünstig sind und dass die vielen Hartz-IV-Empfänger den Sozialstaat durch das betrügerische Erschleichen unrechtmäßiger Vergünstigungen ausbluten – und nicht ihr Mann und seine Steueroase. Vielleicht hat Silke als mentales Rüstzeug das radikalliberale Magazin *ef* abonniert, das die freiheitliche Gegenwehr gegen unseren »sozialistischen« Staat propagiert. Da stehen dann Sätze zu lesen wie: »Es gibt immer zwei Wege: Sozialismus oder Eigentum, Politik oder Freiheit. Wir sind auf dem besten Wege in den totalitären Sozialismus. Skurrilerweise wird uns dabei täglich ein Gespenst des ›Neoliberalismus‹ an die Wand gemalt, das allenfalls in den Köpfen der Staatsverdienerklasse existiert. *eigentümlich frei* steht auf der Seite der freiheitlichen Gegenwehr. *ef* zeigt auf, inwiefern Staatsprofiteure und ihre willfährigen Medien den ehrlich arbeitenden Bürgern viel mehr schaden als nutzen.«[12]

Noch nie in der Geschichte hat irgendjemand Privilegien freiwillig hergegeben. Die Sklaven haben sich ihre Befreiung erkämpft. Die Frauen haben ihre Rechte erkämpft. Und auch die 40-Stunden-Woche ist nicht vom Himmel gefallen. In einem Radiogespräch mit dem ORF brachte der österreichische Schriftsteller Robert Menasse das im Oktober 2004 so auf den Punkt: »Wenn man Manchester-Kapitalisten gefragt hätte, ›Sag einmal, mein lieber Unternehmer, was brauchst du, um den Standort hier zu halten und wettbewerbsfähig zu sein?‹, hätte er geantwortet: ›Kinderarbeit, Zwölfstundentag, ganz klar – wenn ich das nicht habe, bin ich nicht wettbewerbsfähig.‹«

Dass die Schere zwischen Arm und Reich sich öffnet, bedeutet eben nicht nur, dass es sehr vielen Leuten schlechter geht. Es bedeutet auch, dass es ziemlich vielen Leuten besser geht. Wer zu den Gewinnern gehört, zieht den Lauf der Geschichte kaum in Zweifel. Bei dem kann man nicht anklopfen und einwenden, »Maserati-Fahren ist unmoralisch«, und erwarten, dass er auf die U-Bahn umsteigt.

»Das Leben ist kein bunter Teller«, hat Harald Welzer an dem Abend in der kleinen, rot gestrichenen Bar zu mir gesagt. Stéphane Hessel rät zur Empörung. Und auch ich selbst habe den Eindruck, dass die Zeit der Nettigkeiten vorbei ist. Wenn sich etwas ändern soll, muss man ein paar Leuten ordentlich vors Schienbein treten. Allerdings habe ich darin keine Erfahrung. Ich bin in den Achtzigern groß geworden. Da ging es uns gut. Da reichte es, sich »zu engagieren«. Für andere. Für Kröten, Sandinisten und sozial Benachteiligte. Diese Art von Engagement hatte mehr mit der Armenfürsorge aus dem 19. Jahrhundert zu tun als mit einem politischen Kampf. Weil es mehr Leuten gut als schlecht ging. Jetzt stehen wir mitten in einem echten Interessenkonflikt zwischen Gewinnern und Verlierern, die Verlierer mehren sich, und ich selbst könnte bald dazugehören. Ist da der Rat, schon mal mit den Schießübungen zu beginnen, nicht möglicherweise doch ganz vernünftig?

Ich bleibe bei meinem Nein. Ich will nicht in einer Welt leben, in der Straßenkämpfe Alltag sind. Abgesehen davon verändert Gewalt immer auch den, der sie ausübt. Und zwar nicht zum Besseren. Also was dann?

Der resignierte Herr im Zug empfahl als Handlung: »Einfach abwarten.« Das ist bei Monopoly. Einer hat die Schlossallee und das ganze Geld, und dann ist Schluss, und die Karten werden neu verteilt.«

Vom Großen Verteiler?

Selbst eine so kenntnisreiche Kritikerin des Systems wie Ulrike Herrmann fühlt sich hilflos, wenn es um die Frage geht, was man tun könnte, um die zunehmende Ungleichheit zu ändern. »Das werde ich auch immer bei meinen Lesungen gefragt, und es ist eine sehr unangenehme Frage, weil ich sie nicht beantworten kann. Das Einzige, was mir zu dem Thema einfällt, ist erst mal, den schlichten Weg der Aufklärung zu gehen.«

Aufklärung ist allerdings nicht gering zu schätzen, das bemerke ich an mir selbst. Während ich zu Beginn der Arbeit an meinem Buch ausschließlich meine individuellen Wohlstandsängste im Blick gehabt habe, sind mir während der Recherchen die Veränderungen und Widersprüche der gesamten Gesellschaft in den Blick geraten.

Das hat Folgen: Ich bin beispielweise Mitglied bei Attac geworden. Ich habe die Bank gewechselt. Ich habe einen neuen, energieeffizienten Kühlschrank und einen ebensolchen Geschirrspüler gekauft. Ich bin zu einem Öko-Stromanbieter gewechselt. Ich esse ausschließlich Fleisch vom Bio-Metzger. Ich fliege so wenig wie möglich. Ein Kurzurlaub in Portugal oder New York käme für mich nicht infrage. Ich streite mich mit Menschen im Zug. Hätte ich Geld übrig, ich würde es nur noch in einen nachhaltigen Fonds investieren.

Nicht mehr lange, und ich kaufe politisch korrektes Holzspielzeug auf dem Weihnachtsmarkt. Und werde von meinen Freunden gemieden, weil ich in ihnen mit meiner Bescheidwisserei und meiner Selbstgerechtigkeit auf die Nerven gehe. Wobei für Letzteres kein Anlass besteht: Ich bade so gerne, dass mein individueller Energie- und Wasserverbrauch alles andere als vorbildlich aussieht. Ziemlich oft fahre ich meinen Sohn aus morgendlicher Faulheit mit dem Auto zum Kindergarten. Ich verwende Alufolie und Plastikmüllbeutel und kaufe trotz Reflexion über Geltungskonsum gerne hochwertige Schuhe, und zwar nicht aus Nachhaltigkeits-, sondern aus Statusgründen.

Dennoch möchte ich etwas ändern.

Meine Freundin Anna hat dieses Buch gelesen, während es entstand. Sie hat sich dabei manchmal über sich selbst geärgert, vor allem aber hat sie gesagt: »Das ist ja total spannend. Ich frage mich die ganze Zeit: Worauf läuft das hinaus?«

Ja, habe ich gedacht, das frage ich mich auch. Auf eine Veränderung des Lebensgefühls. Ist das genug?

Auf jeden Fall, sagt meine Mutter und wiederholt diesen Satz: Man kann nur sich selbst ändern.

Nein, sagt jemand in mir, den ich noch nicht sehr gut kenne, du musst auch versuchen, deine Welt zu ändern. Aber wie?

Indem ich eine Weltrettungsanleitung in fünf Punkten entwickle. Hier ist sie.

## 1. Das Gefühl, dass man so nicht leben will, ernst nehmen.

»Wofür bin ich hier? Worum geht es? Bin ich hier, manipuliert als Konsummaschine, manipuliert von Firmen, Werbung, Regierung? Bin ich auf der Welt, um Produkte zu kaufen, von denen Firmen wollen, dass ich sie kaufe, bis ich sterbe? Und dann sterbe ich?«[13]

Um kaufen zu können, muss ich arbeiten. Es ist bizarr, wie hoch wir Arbeit schätzen. Und zwar, je knapper und schlechter sie wird, desto mehr. Die mit Steuergeldern finanzierte Demütigungskultur der Jobcenter zeugt davon. Menschen ohne Arbeit sind Menschen zweiter oder dritter Klasse – um Mensch zu werden, muss man arbeiten, und zwar leidenschaftlich. »Nur, wer mit vollem Herzen dabei ist, kann gut sein«, sagt ein Freund von mir. Burger braten bei McDonald's? Spargel stechen beim Großbauern? Toiletten reinigen auf der Autobahnraststätte? Mit vollem Herzen? Ich halte das wahlweise für Naivität oder Zynismus.

Auch wenn mein Verleger sich manchmal darüber mokiert, dass in eben dem Moment, in dem Arbeit knapp und Konsumchancen schwieriger werden, ein Bewusstsein darüber entsteht, dass Arbeit und Konsum nicht das Himmelreich sind, liegt genau darin die Chance zu Veränderung.

»Der Mensch ist ein Tier, das sterben muss, und wenn er Geld hat, dann kauft er und kauft«, sagt Big Daddy in Tennessee Williams' Stück »Die Katze auf dem heißen Blechdach«. »Und er kauft, was er kriegen kann, glaube ich, weil tief in ihm drin die verrückte Hoffnung steckt, dass er was kauft und dann merkt – es ist das ewige Leben.«

Wir sind Verbraucher geworden. Wir verbrauchen Dinge. Ist das alles, was wir tun wollen? Es ist jedenfalls auf keinen Fall das, was wir noch lange tun können, wenn wir die umfassende wirtschaftliche und ökologische Krise, in der wir stecken, ernst nehmen. Deshalb ist es wichtig, das Unbehagen an einer sich spaltenden Gesellschaft ernst zu nehmen und es nicht mit dem Hinweis auf die viel schlechteren Lebensbedingungen im Rest der Welt zu beruhigen. Im Gegenteil: Unser Wohlstand und unsere Bildung verpflichten uns zum Handeln und nicht zum Stillhalten. »Wir haben eine Verantwortung im Westen. Wir haben 200 Jahre fossile Energie verbrannt und unsere Wirtschaft damit aufgebaut.«[14]

**2. Sich schlau machen.** Die Gesellschaft, in der wir leben, ist von uns gemacht. Das war meine zentrale Erkenntnis während der Arbeit an diesem Buch. Wir vergessen das sehr leicht und nehmen Arbeits- und Lebensbedingungen als unabänderliche Naturgesetzlichkeiten hin. Aber das sind sie nicht. Natürlich sind sie komplex miteinander verflochten. Dennoch kann man sie ändern.

Aber dafür muss man sie erst mal kennen. Für mich war neu und erhellend, zu erfahren, welche immense Rolle die Gestaltung von Arbeitsverhältnissen für diese Gesellschaft spielt. Wie die Steuergesetzgebung sich seit den neunziger Jahren permanent zu Ungunsten der Arbeitnehmer verändert hat. Wie die Sozialsysteme ausgehöhlt werden. Welche Wege eine PET-Flasche rund um die Welt nimmt. Wie ernst die Klimaerwärmung zu nehmen ist. Wie sehr unser Wirtschaftssystem auf Ausdehnung und Wachstum angewiesen ist, und dass in einer endlichen Welt dieser Ausdehnung und diesem Wachstum Grenzen gesetzt sind. Auch wenn wir nun in Ermangelung von weiterem Raum auf die Ausbeutung von Zeit umgestiegen sind und durch Schuldenaufnahme und Ressourcenverbrauch die Zukunft unserer Kinder konsumieren – das ändert nichts daran, dass unserer Wirtschaftsweise Grenzen gesetzt sind. Wir haben sie nur in die Zukunft verschoben.

Ich wusste das alles nicht. Ich hatte mich nicht schlau gemacht. Dabei gibt es so viele Wissenschaftler, die unsere Welt dahingehend erforschen. Das hat mich fast am meisten überrascht: Dass bereits so viel Wissen vorhanden ist, und zwar nicht nur in Fußnoten der wissenschaftlichen Fachliteratur. Doch die Lebensweise von Arbeit und Konsum fordert eben ihren Tribut. Wie der Herr im Zug schon bemerkte: Zum Lesen fehle ihm die Zeit. Mittlerweile würde ich meiner Kollegin Christine Recht geben: Wer so argumentiert, sollte seinen Pass abgeben. Bürgerrechten stehen Bürgerpflichten gegenüber, und eine lautet: sich schlau machen.

**3. Anders handeln.** »Eine Person fehlt in meinem Leben«, schreibt der Kolumnist Axel Hacke, »ein Erlediger«.

»Was habe ich schon für Möglichkeiten«, hatte der Herr im Zug schulterzuckend bemerkt. Eine solche Haltung macht es sich mit Resignation und Mutlosigkeit recht bequem, denn sie ist die Entschuldigung dafür, gar nichts zu tun. Aber wir besitzen mehr Handlungsspielräume, als wir glauben, auch das habe ich bei der Arbeit an diesem Buch gelernt. Obwohl wir das Gefühl haben, Opfer zu sein, sind wir auch Täter.

Wenn wir beispielsweise das bisschen, was von unserem Mittelstandsgehalt dann doch noch übrig bleiben sollte, nicht aufs Sparbuch bringen, weil uns da die Zinsen zu gering sind, sondern in Aktien oder Fonds stecken. Habe ich auch gemacht. Zur Alterssicherung. Nachdem ich einen langen Bericht über weibliche Altersarmut in einer Frauenzeitschrift gelesen hatte.

Oft ist es nicht besonders viel, irgendetwas zwischen 5000 und 80 000 Euro, das durchschnittliche Mittelschichtsvermögen beläuft sich auf etwas über 60 000 Euro pro Person. Und es steckte bis zur Finanzkrise 2008 meistens in Fonds. Dieses Geldanlageverhalten hat Folgen: Wenn der Überschuss an Geldvermögen nicht mehr im Inland angelegt wird, fließt er in die internationalen Kapitalmärkte ab. Beispielsweise wurde dieses Kapital in US-amerikanische Anlagen investiert, die als sicher galten, aber nur die Blase aufpumpten, die jetzt geplatzt ist. Mit dem Zerplatzen der Blase ist die Gefahr jedoch nicht vorbei. Weltweit gibt es einen Milliardärs- und Millionärsboom. Auch in der oberen Mittelschicht profitieren viele von der steigenden sozialen Ungleichheit – es ist also weiterhin viel Geld in diesem System, in dem sich das Geld nicht mehr in einem realwirtschaftlichen Kreislauf befindet, sondern aus Finanzprodukten besteht, die durch die Finanzindustrie konstruiert sind – und dann durch ihr rein spekulatives Wesen die Wirtschaft abstürzen lassen.[15] Weshalb auch Stephan Lessenich zu dem auf den ersten Blick überraschenden Schluss kommt: »Die Finanzkrise ist – jedenfalls teilweise – auch ein Effekt der Renditegier der Mittelschicht.«

Mit dem Finger auf die bösen Bankmanager, skrupellosen Finanzdienstleister und versagenden Aufsichtsgremien zu zeigen, reicht also nicht. Auch wenn man angesichts der Tatsache, dass drei Viertel der 147 Unternehmen, die die Kerngruppe der globalen Wirtschaft bilden, zur Finanzindustrie gehören, sicherlich nicht die Falschen ins Visier nimmt. Aber wir sollten die Widersprüche unseres eigenen Verhaltens nicht aus dem Blick verlieren, die Lessenich so kennzeichnet: »Wir profitieren gerne von den Segnungen, die eine solche Wirtschaftsordnung bietet, aber wenn die Logik zurückschlägt, dann versuchen wir, uns rauszuziehen.«

Wir sind also keineswegs nur Opfer, indem wir Adressaten ungerechter Politik sind, wir sind auch Täter, indem wir Produzenten von Handlungen sind. Oder eben auch von Unterlassungen. Das ist keine Neuigkeit, der Konsument hat Macht: »Tag für Tag tun wir jede Menge Dinge, die mit darüber entscheiden, ob das Klima geschützt, knappe Ressourcen geschont oder Menschenrechte geachtet werden: Das fängt beim morgendlichen Frühstücksei an, geht weiter mit der Wahl des Verkehrsmittels für den Weg zur Arbeit und endet noch lange nicht, wenn wir abends im Katalog blättern, um herauszufinden, welcher neue Kühlschrank infrage kommt.«[16]

Unter dem Stichwort »Nachhaltigkeit« findet man im Internet viele Seiten, die Informationen über die Gegenstände unseres alltäglichen Konsums bieten. Auch hier war ich wieder überrascht, wie wenig ich über die Welt, in der ich lebe, weiß. Zum Beispiel, dass 1925 die Verbraucher in Deutschland noch rund die Hälfte ihres Einkommens für Lebensmittel ausgeben mussten, 2009 dagegen nur noch knapp zwölf Prozent. Und auch wenn man im Supermarkt kaum umhinkommt, die rasant wachsenden Regalmeter zu bemerken, die mit Tütensuppen, Bratkartoffel-Gewürzmischungen und fertigem Pizzateig gefüllt sind – das Ausmaß des Booms von stark vorverarbeiteten Lebensmitteln hat mich doch erstaunt: 2009 wurden viermal mehr Convenience-Produkte verkauft als 2000. Weiß denn überhaupt noch jemand, wie man einen Pfannkuchen backt, frage ich mich da manchmal, oder warum benötigen die Leute für jeden Unsinn Gewürz- und Backmischungen? Demnächst erfindet noch einer das Tüten-Spiegelei. Gleich wo, von Kühlschrank über Kantine bis Supermarkt und Werbung, wir sind ständig von Essen umgeben. Die eigentliche Lebensmittelproduktion dagegen ist vollkommen aus unserem Blickfeld verschwunden. Wir erfahren wenig über den Aufwand, mit dem etwa die Verpackung unserer Lebensmittel hergestellt wird, noch weniger über seine Inhaltsstoffe oder über seine Entstehung. Erst recht verborgen bleibt uns der enorme Verbrauch von Ressourcen, der nötig ist, um massenhaft günstige Lebensmittel herzustellen.[17] Metalle und Holz, Getreide und Fisch, Schweine und Hühner schippern über die Weltmeere, sausen über Autobahnen oder müssen erleben, wie sie lebend gehäutet werden. Was als Kunststoffflasche begann, kehrt als Pullover wieder, um irgendwann als Teilchen eines gigantischen Meeresmüllstrudels zu enden. Die Folgen unseres Lebensstils sind fatal.

**4. Politische Forderungen entwickeln.** Politische Parteien führen nicht, sie folgen, ist Ulrike Herrmann überzeugt. Wenn man Gewalt als Mittel zur Durchsetzung von Interessen in einer Demokratie ablehnt, dann bleiben nur politische und zivilgesellschaftliche Formen der Willensbildung und -kundgebung.

Um politische Forderungen überhaupt entwickeln zu können, müssten wir Mitglieder der Generation Laminat erst mal unsere eigenen Interessen erkennen, dann, sagt Ulrike Herrmann, würde auch die Politik sich verändern, und zwar in allen Parteien. Wie schnell Parteien sein können, wenn es darum geht, der Mehrheit zu folgen, sieht man an dem Atomausstieg von Angela Merkel. Oder daran, dass die CSU mittlerweile eine Frauenquote hat.

Um wirklich etwas zu verändern, reicht es jedenfalls nicht, im Bio-Supermarkt einzukaufen und auf Plastiktüten zu verzichten. Es reicht auch nicht, den Stromanbieter zu wechseln und weniger zu fliegen. »Das allein«, sagt Stephan Lessenich, der eine mögliche »Nichtwachstumsgesellschaft« erforscht, »wird natürlich keine Änderung herbeiführen.« Veränderung muss politisch gewollt sein und entsprechend politisch reguliert werden durch veränderte Gesetzgebung. Der Einzelne ist viel zu sehr dem Streben nach Status, den gesellschaftlichen Signalen ausgeliefert, und Unternehmen handeln unter Marktbedingungen. Ein Wandel vom Eigeninteresse hin zu einem sozialeren Verhalten, zum Bewahren dessen, was wirklich zählt, kann sich nur durch grundsätzliche strukturelle Veränderungen entwickeln, die vom Staat ausgehen müssen.[18] »Der Staat«, das meint: Politiker. Doch dafür müssten erstens Politiker zur Verfügung stehen, die eine solche Veränderung wollen, und sie müssten zweitens auch gewählt werden, um diese Veränderung durchsetzen zu können. »Solche politischen Akteure werden nur entstehen, wenn das Bewusstsein dafür breiter wird, wie eng die Sachen miteinander zusammenhängen und dass es mit dem individuellen Bio-Konsum nicht getan ist«, sagt Stephan Lessenich. Auch er teilt die Überzeugung, dass politische Parteien den Stimmungen im Volk folgen, sie zwar kanalisieren, aber nicht erzeugen.

Das bedeutet: Wir sind es, die die Politik bestimmen. Wir glauben nur ebenso wenig daran wie der mutlose Herr im Zug.

Als ich einem unserer Radiotechniker nach der gemeinsamen Produktion eines Beitrags erzählt habe, ich würde einen anderen Job antreten, ergriff der die Gelegenheit, sich mal so richtig aufzuregen. Seit Jahren, wetterte er, würde im Funk die Einzelkämpfer-Mentalität immer stärker und stärker, alle hätten Angst, keiner der Freien wüsste doch, ob er im nächsten Jahr noch hier arbeiten würde, und deshalb würde jeder vor sich hinwursteln, ängstlich darauf bedacht, sich sein Stückchen vom Kuchen zu sichern. Das Zusammengehörigkeitsgefühl sei total verloren gegangen, alle seien konkurrent duckmäuserisch und feige. Und er könnte kotzen, wenn er das so sähe, und noch mehr, wenn er sich überlege, wo das alles mal hinführen solle.

Während ich diesem überraschenden Ausbruch beiwohnte, dachte ich wieder einmal, dass diese Beschreibung eines Arbeitsplatzes die Beschreibung der Gesellschaft sei. Soziologen sprechen von Reindividualisierung, Entkollektivierung oder auch von Fragmentierung. Das große »Wir« zerfällt zunehmend in lauter kleine »Wirs« und noch kleinere »Ichs«. Und irgendwann hat Margaret Thatcher Recht, dann gibt es so etwas wie Gesellschaft nicht mehr, sondern nur noch einzelne Menschen und Familien, die sich gegen andere einzelne Menschen und Familien verteidigen. Bei Anna jedenfalls löst das Wort »Gesellschaft« bereits jetzt schon negative Gefühle aus. »Wenn ich das Wort Gesellschaft höre, dann hab ich erst so ein Gefühl, als müsste ich gut aufpassen. Gesellschaft besteht ja auch aus ganz vielen Jugendlichen, die keine Idee, keine Visionen, keine Zukunftsmöglichkeiten haben, die brutal werden, an die man dann auch gar nicht mehr drankommt. Menschen, die mir im Alltag überhaupt nicht mehr begegnen. Von denen lese ich ab und zu oder treffe die mal, wenn ich am Bahnhof bin, und kriege dann sofort Angst. Ich glaube, da unten passiert gerade was, was wirklich sehr gefährlich ist.« Ihrem Mann Jörg, der seit Kurzem stolzer Eigenheimbesitzer ist, geht es ähnlich: »Ich glaube, wenn sich hier die sozialen Außenstände verschärfen würden und irgendwelche Nachbarn sagen würden: ›Komm, wir ziehen jetzt mal eine fette Mauer um das Viertel und machen Nachbarschaftsdienst‹, ich würde mitmachen.«

Diese Art von Entkollektivierung können wir paradoxerweise nur kollektiv verhindern. Dafür müssen wir uns darüber klar werden, dass diejenigen, die diesem Staat schaden, nicht die sind, die unten sitzen. Es sind diejenigen, die Steuern vermeiden, hinterziehen und politischen Druck ausüben dahingehend, dass Unternehmens- und Vermögenssteuern gesenkt werden. Es sind diejenigen, die die Verantwortung ablehnen, die daraus erwächst, dass wir soziale Wesen und auf den Nächsten angewiesen sind. Es sind die sogenannten und selbst ernannten Eliten aus Wirtschaft und Politik, die in einer »rohen Bürgerlichkeit« zunehmend die da unten verachten und einen »Klassenkampf von oben« (Wilhelm Heitmeyer) führen.

Es sind diejenigen, zu denen die Mittelklasse aufsteigen will. Mit denen sie sich identifiziert. Deren Lebensstil sie imitiert, allerdings in günstigeren Kopien. Statt echter Feinkost deren Discounter-Angebot, statt echtem Design dessen Imitat aus einem Einrichtungskonzern, statt echter Couture die in Bangladesch geschneiderten Billig-Varianten großer Textileinzelhandelsunternehmens. Ganz gleich, wie schlecht die Qualität, ganz gleich, wie fatal die Produktionsbedingungen für Mensch, Tier und Umwelt: Hauptsache, es sieht so aus wie in den gehobenen Wohn-, Essens- oder Modemagazinen.

Solange wir aus der Mittelschicht zu »denen da oben« aufschauen und auf »die da unten« herabschauen, solange wir die soziale Spaltung mittragen und alles versuchen, um auf der richtigen Seite des Risses zu landen, so lange wird sich nichts ändern. So lange unterstützen wir nämlich eine Gesetzgebung, die uns schadet.

147 Unternehmen regieren die Welt. 147 Unternehmen beschäftigen Tausende von Lobbyisten. 147 Unternehmen üben weltweit Druck auf Regierungen aus. Wer profitiert davon? Diejenigen, die die Brötchen backen für die Vorstandschefs? Diejenigen, die ihnen die Haare schneiden? Die ihre Hemden waschen? Die ihre Autos zusammenbauen? Die die Straße kehren, auf der sie fahren? Die ihnen die verspannten Nacken massieren?

Nein. Auch nicht diejenigen, die über sie berichten. Die ihre Kinder unterrichten. Die in den Kultureinrichtungen beschäftigt sind, mit deren Besuch sie gerne Abgrenzung durch Kulturkonsum praktizieren. Auch nicht diejenigen, die an den Hochschulen unterrichten, an die »die Elite« ihre Kinder nie schicken wird, weil es sich nicht um private oder kostenpflichtige Einrichtungen handelt.

Es profitieren sehr wenige. Und ich glaube, der Patenonkel unseres Nachbarkindes hat insofern Recht, als es gilt, ihnen den Kampf zu erklären. Allerdings ohne den Gebrauch von Schusswaffen. Sondern durch Zusammenschluss. Durch

Wut. Durch Selbstbewusstsein. Durch Gemeinschaft. Durch politische Forderungen.

Forderungen nach einer gerechten Steuerpolitik beispielsweise, etwa die Einkommenssteuer progressiver zu gestalten, Maßnahmen zur Eindämmung der Steuerflucht zu ergreifen, Steuererleichterungen für Besserverdienende abzuschaffen oder höhere Steuern auf Vermögen und Grundbesitz zu erheben, könnten dazu beitragen, Einkommen besser umzuverteilen.[19]

Da viele der deutschen Steuerungerechtigkeiten aufgrund des Steuerwettbewerbs innerhalb der EU entstanden sind, fordert beispielsweise Nicola Liebert eine Steuerharmonisierung in der EU, also eine Ergänzung der Zoll- und Währungsunion durch eine Sozial- und Steuerunion. Mag der Weg dahin auch schwierig sein: Deutschland sollte sich dennoch darum bemühen, denn der Steuerwettbewerb ruiniert die Staatskasse, die Steuermoral und den sozialen Zusammenhalt der Gesellschaft. »Der moderne Kapitalismus«, schreibt Jakob Augstein, »entzieht dem Sozialstaat die Geschäftsgrundlage.«[20]

Auch eine internationale $CO_2$-Steuer ist eine Forderung wert. Es gibt zwei Wege, den Ausstoß von Kohlendioxid massiv zu reduzieren: indem man – wie die EU – einen Handel mit Emissionszertifikaten einführt oder indem Steuern auf die fossilen Energieträger Mineralöl, Kohle und Gas erhoben werden. Die Steuer hat den Vorteil, dass sie als Umverteilungsinstrument fungieren kann – wird sie konsequent eingesetzt, könnten die Mehreinnahmen etwa zu einer Senkung der Lohnnebenkosten verwendet werden.

Oder eine Finanztransaktionssteuer. Sie funktioniert so ähnlich wie eine Mehrwertsteuer auf Bankgeschäfte. Der Staat belegt dabei den Handel mit fast allen Finanzprodukten mit einer minimalen Steuer. Angedacht sind Steuersätze von 0,01 bis 0,5 Prozent. Diese Steuer könnte dem deutschen Staat zwischen 12 und 36 Milliarden Euro einbringen und sie würde das Geschehen auf den Finanzmärkten entschleunigen.

Auch die Forderung nach einem bedingungslosen Grundeinkommen kann man getrost stellen. Es gibt viele gute Gründe dafür. Der schlagkräftigste: Erfolg ist schon längst nicht mehr an Leistung gekoppelt, und damit steht eine der Grundvoraussetzungen der »Leistungsgesellschaft« ziemlich schlecht da. Zeit für ein Grundeinkommen. 800 Euro für jeden. Das würde die Gehälter derjenigen sparen, die sich die immer irrsinnigeren Einzelfallregelungen der ausufernden Sozialstaatsbürokratie ausdenken und sie anschließend bearbeiten müssen. Es würde der prächtig verdienenden Wohlfahrtsindustrie das Wasser abgraben, die auf Kosten des Staates mit Hartz-IV-Empfängern Kaufmannsladen spielt, um in einem »Aktivierungs-Center« Tugenden wie Fleiß und Pünktlichkeit zu »aktivieren«. Und es würde die Demütigungskultur in den Jobcentern und Arbeitsagenturen beenden, die ihre »Kunden« wie würdelose Bettler behandelt.

Was wir dringend benötigen, ist ein alternatives Wirtschaftsmodell. Das klingt noch illusorischer und utopischer und unmöglicher als ein Grundeinkommen. Aber es gibt jede Menge Ökonomen, die sich genau damit beschäftigen und nachhaltige Wirtschaftsweisen entwickeln. Etwa der Professor für Ökologische Ökonomie Niko Paech. In seinem Aufsatz »Vom grünen Wachstumsmythos zur Postwachstumsökonomie«[21] entwickelt er ein wirtschaftliches Szenario, in dem die Menschen weniger Konsummöglichkeiten haben, sich teilweise selbst versorgen und mit regionalem Geld bezahlen, das den Vorteil hat, das es nicht dem Wachstumszwang unterliegt, der dem globalen Geld- und Zinssystem innewohnt. Auch Tim Jackson stellt in seinem Buch *Wohlstand ohne Wachstum* einige sehr konkrete Rechenmodelle an und gibt konkrete Empfehlungen.

Natürlich, gegen all diese Ideen kann man Einwände erheben. Sie können ideologischer oder praktischer Natur sein. Peter Sloterdijk würde wohl ideologische Einwände erheben, der Herr im Zug praktische: Geht ja doch nicht. Wie soll man Milliarden von Menschen alternativ ernähren? Doch wenn die jetzige Lebensweise die Unmöglichkeit weiterer Zukunft bedeutet, ist es dann wirklich sinnvoll, jeglichen Alternativgedanken als unmöglich von der Hand zu weisen?

5. Politisch handeln. Wenn Politik folgt und nicht führt, dann ist es an uns, eine Stimmung zu erzeugen, die Politiker, wenn sie gewählt werden wollen, nicht mehr übersehen können. Ich bin immer wieder überrascht, wie kreativ die Menschen weltweit darin sind, dieser Stimmung Ausdruck zu geben, welch vielfältige Formen des Protestes sie finden, die sich nicht einfach in einem »Dagegen« erschöpfen. Denn es geht nicht einfach nur darum, Nein zum Bestehenden zu sagen, es geht auch um eine Bejahung dessen, was möglich ist. Wenn Denken und Wünschen sich vereinen, können Utopien entstehen.

Nachbarschaftsgärten beispielsweise. Die Idee dahinter ist so einfach wie genial und findet immer mehr Anhänger in Deutschland. Anwohner erobern brachliegendes Gelände, das von niemandem genutzt wird, und wandeln in oft mühevoller Arbeit in grüne Rückzugsorte um. Auch Gemeinschaftswohnprojekte nehmen zu. Ich selbst habe mich eine Weile für eines in Frankfurt interessiert. Da sich in der Stadt immer weniger Menschen Eigentum alleine leisten können, legen sie zusammen, kaufen als Genossenschaft Grundstücke oder leer stehende Gebäude, sanieren sie, bauen sie um und aus und bilden so Eigentum und Gemeinschaft.

Harald Welzer ist ein großer Fan solchen Tuns, das er als Veränderung kultureller Praxis begreift. Eine neue außerparlamentarische Opposition, die er APO 2.0 nennt, hat er gemeinsam mit Claus Leggewie in dem Buch *Das Ende der Welt, wie wir sie kannten* ausgerufen. Zu dieser APO 2.0 »gehören die geduldigen und enttäuschungsfesten Initiativen der Bürgergesellschaft ebenso wie große öffentliche Protestfeste, Kundgebungen politischen Willens und die Mobilisierung Gleichgesinnter«. All das bildet einen Bezugsrahmen der Wünsche, Hoffnungen, Forderungen und Aktivitäten und holt die große Gruppe der Veränderungsbereiten aus dem toten Winkel heraus, in den eine auf die Politikerpolitik fixierte Mediendemokratie sie verdammt hat.[22]

Mittlerweile stellt Harald Welzer als Geschäftsführer der Stiftung »Futur Zwei« Helden der Weltveränderung vor, Menschen wie die Schönauer Stromrebellen, die 1986 als Bürgerinitiative ein eigenes Stromwerk gekauft haben und seitdem atomfreien Strom verkaufen – weltweit. »Solche Menschen«, sagt er zu mir, »sehen Handlungsspielräume, wo andere keine sehen.«

Ich selbst stehe staunend vor solchen Leuten. Ich sehe diese Handlungsspielräume auch nicht. Immer noch nicht. Aber etwas Zentrales hat sich geändert: Ich bin nicht mehr davon überzeugt, dass sie nicht da sind. Ich glaube nur, dass ich sie nicht sehe. Und das kann man lernen.

Ich zucke nicht mehr mit den Schultern wie der Herr im Zug, und ich bin auch nicht mehr bereit, mich an die Realität, wie ich sie vorfinde, anzupassen. Ich bin nicht mehr bereit, mich beruhigen zu lassen mit dem Hinweis darauf, dass es mir doch noch vergleichsweise gut ginge. Die Dritte Welt kann nicht der Maßstab für die Beantwortung der Frage sein, was wir uns unter einem Wohlfahrtsstaat vorstellen. Und der Hinweis auf ehemals tropische Regenwälder in Europa nicht der Maßstab für eine zukunftsfähige Klimapolitik.

Wir haben etwas zu verteidigen. Fangen wir damit an.

# Dank

Dieses Buch ist in der Auseinandersetzung mit anderen entstanden. Ihnen möchte ich danken: Meinem Bruder, der die entscheidende Idee zu der Form dieses Buches hatte, den anonym bleibenden Freunden und Bekannten, die mir die Zeit für lange Gespräche geschenkt, durchaus kontrovers mit mir diskutiert haben und dazu bereit waren, ihre Aussagen zitiert zu sehen. Ebenso möchte ich den Experten danken, die mir für Interviews zur Verfügung standen: Markus M. Grabka, Ulrike Herrmann, Stephan Lessenich, Sighard Neckel, Werner Plumpe, Franz Segbers, Berthold Vogel, Harald Welzer. Ihnen allen verdanke ich die argumentativen Knochen, auf denen ich während des Schreibens herumgekaut habe.

Meinem Bruder und meiner Mutter, die als Babysitter einsprangen, und meinem früheren Redaktionsleiter Leopold Schuwerack, der mir dienstfrei gegeben hat, verdanke ich die arbeits- und kinderfreie Zeit, die es brauchte, um dieses Buch zu schreiben. Auch dafür danke!

# Literatur

Sascha Adamek/Kim Otto: Schön reich. Steuern zahlen die anderen. Wie eine ungerechte Politik den Vermögenden das Leben versüßt, München 2010

Theodor W. Adorno: Minima Moralia. Reflexionen aus dem beschädigten Leben, Frankfurt 1951

Theodor W. Adorno: Negative Dialektik. Gesammelte Schriften, Band 6, Frankfurt 2003

Jakob Augstein: Fairness ist Zufall. In: SPIEGEL, 10.2.2011

Heiner Barz/Dirk Randoll: Absolventen von Waldorfschulen. Eine empirische Studie zu Bildung und Lebensgestaltung, Wiesbaden 2007

Hanno Beck/Aloys Prinz: Abgebrannt. Unsere Zukunft nach dem Schuldenkollaps, München 2011

Karl Brenke/Markus M. Grabka: Schwache Lohnentwicklung im letzten Jahrzehnt. In: DIW Wochenbericht 45/2011, Berlin 2011

Pierre Bourdieu: Gegenfeuer, Konstanz 1998

Nicole Burzan/Peter A. Berger: Dynamiken (in) der gesellschaftlichen Mitte, Wiesbaden 2010

Byung-Chul Han: Müdigkeitsgesellschaft, Berlin 2010

Robert Castel: Die Krise der Arbeit. Neue Unsicherheiten und die Zukunft des Individuums, Hamburg 2011

Robert Castel: Die Stärkung des Sozialen. Leben im neuen Wohlfahrtsstaat, Hamburg 2005

Colin Crouch: Das befremdliche Überleben des Neoliberalismus. Postdemokratie II, Berlin 2011

Colin Crouch: Postdemokratie, Frankfurt 2008

Christoph Deutschmann: Sozialstrukturelle Bedingungen wirtschaftlicher Dynamik. In: Nicole Burzan/Peter A. Berger: Dynamiken (in) der gesellschaftlichen Mitte, Wiesbaden 2010

Jared Diamond: Kollaps. Warum Gesellschaften überleben oder untergehen, Frankfurt 2005

Klaus Dörre: Hartz-Kapitalismus. In: Wilhelm Heitmeyer: Deutsche Zustände, Folge 9, Berlin 2010

Rainer Dombois: Der schwierige Abschied vom Normalarbeitsverhältnis. In: Bundeszentrale für politische Bildung: Aus Politik und Zeitgeschichte, Beilage zur Wochenzeitung Das Parlament, B 37/99, Bonn 1999

Alain Ehrenberg: Das erschöpfte Selbst. Depression und Gesellschaft in der Gegenwart, Frankfurt 2008

Ludwig Erhard: Wohlstand für alle, Düsseldorf 1957

Friedrich Engels: Die Lage der arbeitenden Klasse in England, Leipzig ²1848

Amitai Etzioni: Eine neue Charakterisierung des guten Lebens. In: Harald Welzer/Klaus Wiegandt: Perspektiven einer nachhaltigen Entwicklung, Frankfurt 2011

Markus M. Grabka: Probleme und Herausforderungen des »Modells Deutschlands« am Beispiel der Mittelschicht. In: Der deutsche Weg aus der Krise. Wirtschaftskraft und Strukturschwäche des »Modells Deutschland«, hrsg. von der Konrad-Adenauer-Stiftung, KAS Publikation, Deutsch-Französischer Dialog, Heft Nr. 6, Paris 2011

Olaf Groh-Samberg/Florian R. Hertel: Abstieg der Mitte? In: Nicole Burzan/Peter A. Berger: Dynamiken (in) der gesellschaftlichen Mitte, Wiesbaden 2010

Eva Groß/Jutta Gundlach/Wilhelm Heitmeyer: Die Ökonomisierung der Gesellschaft. Ein Nährboden für Menschenfeindlichkeit in oberen Status- und Einkommensgruppen. In: Wilhelm Heitmeyer: Deutsche Zustände, Folge 9, Berlin 2010

Byung-Chul Han: Müdigkeitsgesellschaft, Berlin 2010

Michael Hartmann: Der Mythos von den Leistungseliten. Spitzenkarrieren und soziale Herkunft in Wirtschaft, Politik, Justiz und Wissenschaft, Frankfurt 2002

Michael Hartmann: Klassenkampf von oben. Die gezielte soziale Desintegration. In: Wilhelm Heitmeyer: Deutsche Zustände, Folge 9, Berlin 2010

Wilhelm Heitmeyer: Deutsche Zustände, Folge 9, Berlin 2010

Ulrike Herrmann: Hurra, wir dürfen zahlen. Der Selbstbetrug der Mittelschicht, Frankfurt 2010

Stéphane Hessel: Empört euch!, Berlin 2011

Thomas Hobbes: Leviathan, zitiert nach: Rowohlts Klassiker der Literatur und der Wissenschaft, Band 6, hrsg. von Peter Cornelius, Reinbek 1965

Max Horkheimer, Autoritärer Staat. Aufsätze 1939–1941, Amsterdam, 1967

Max Horkheimer / Theodor W. Adorno: Dialektik der Aufklärung, Frankfurt 1969

Tim Jackson: Wohlstand ohne Wachstum. Leben und Wirtschaften in einer endlichen Welt, München 2011

Tony Judt: Dem Land geht es schlecht. Ein Traktat über unsere Unzufriedenheit, München 2011

Kerstin Jürgens: Prekäres Leben. WSI Mitteilungen 8/2011, Düsseldorf 2011

Claudia Kemfert: Szenario Energie. Vision und Wirklichkeit. In: Harald Welzer/Klaus Wiegandt: Perspektiven einer nachhaltigen Entwicklung, Frankfurt 2011

Paul Kirchhof: Wir verteilen von Arm zu Reich. In: FAS, 31.8.2011

Nora Knötig: Schließungsprozesse innerhalb der bildungsbürgerlichen Mitte. In: Nicole Burzan/Peter A. Berger: Dynamiken (in) der gesellschaftlichen Mitte, Wiesbaden 2010

Katja Kullmann: Echtleben. Warum es heute so kompliziert ist, eine Haltung zu haben, Frankfurt 2011

Peter Kunzmann: Die Würde des Tieres – zwischen Leerformel und Prinzip, München 2007

Claus Leggewie/Harald Welzer: Das Ende der Welt, wie wir sie kannten. Klima, Zukunft und die Chancen der Demokratie, Frankfurt 2009

Holger Lengfeld/Jochen Hirschle: Die Angst der Mittelschicht vor dem sozialen Abstieg. Eine Längsschnittanalyse 1984–2007. In: Nicole Burzan/Peter A. Berger: Dynamiken (in) der gesellschaftlichen Mitte, Wiesbaden 2010

Eckard Liebau: Die Drei-Generationen-Familie. In: Eckard Liebau/Christoph Wulf: Generation. Versuche über eine pädagogisch-anthropologische Grundbedingung, Weinheim 1996

Nicola Liebert: Steuergerechtigkeit in der Globalisierung. Wie die steuerpolitische Umverteilung von unten nach oben gestoppt werden kann, Münster 2011

Heike Lipinski/Erich Stutzer: Wollen die Deutschen keine Kinder? Sechs Gründe für die anhaltend niedrigen Geburtenraten. In: Statistisches Monatsheft Baden-Württemberg 6/2004, Stuttgart 2004

Albrecht von Lucke: Eindringende Eiszeiten. Der neue Jargon der Verachtung. In: Wilhelm Heitmeyer: Deutsche Zustände, Folge 9, Berlin 2010

Niklas Luhmann: Vertrauen. Ein Mechanismus der Reduktion sozialer Komplexität, Stuttgart 2000

Sighard Neckel: Flucht nach vorn. Die Erfolgskultur der Marktgesellschaft, Frankfurt 2008

Sighard Neckel: Waldleben. Eine ostdeutsche Stadt im Wandel seit 1989, Frankfurt/New York 1999

Nico Paech: Vom grünen Wachstumsmythos zur Postwachstumsökonomie. In: Harald Welzer/Klaus Wiegandt: Perspektiven einer nachhaltigen Entwicklung, Frankfurt 2011

Christiane Paul mit Peter Unfried: Das Leben ist eine Öko-Baustelle. Mein Versuch, ökologisch bewusst zu leben, München 2011

Werner Plumpe: Ohne Sozialversicherung kein Kapitalismus. In: FAS, 11.9.2011

Heribert Prantl: Eliten, Dekadenz und Demokratie. In: Wilhelm Heitmeyer: Deutsche Zustände, Folge 9, Berlin 2010

Robert D. Putnam: Bowling Alone. The Collapse and Revival of American Community, New York 2001

Robert Reich: Superkapitalismus. Wie die Wirtschaft unsere Demokratie untergräbt, Frankfurt 2008

Armin Reller/Heike Holdinghausen: Wir konsumieren uns zu Tode. Warum wir unseren Lebensstil ändern müssen, wenn wir überleben wollen, Frankfurt 2011

Robert M. Sapolsky: Mein Leben als Pavian. Erinnerungen eines Primaten, München 2001

Gerhard Scherhorn: Die Politik entkam der Wachstumsfalle. Ein Bericht aus dem Jahr 2050. In: Harald Welzer/Klaus Wiegandt: Perspektiven einer nachhaltigen Entwicklung, Frankfurt 2011

Konrad Schüttauf/Ernst Konrad Specht/Gabriela Wachenhausen: Das Drama der Scham. Ursprung und Entfaltung eines Gefühls, Göttingen 2003

Martin E. P. Seligman: Erlernte Hilflosigkeit, Weinheim 2000

Richard Sennett: Die Kultur des neuen Kapitalismus, Berlin 2005

Peter Sloterdijk: Die Revolution der gebenden Hand. In: FAZ, 13.6.2009

Adam Smith: Der Wohlstand der Nationen. Eine Untersuchung seiner Natur und seiner Ursachen, München 1978

Statistisches Bundesamt: Wie leben Kinder in Deutschland?, Wiesbaden 2011

Berthold Vogel: Wohlstandskonflikte. Soziale Fragen, die aus der Mitte kommen, Hamburg 2009

Theresia Volk: Unternehmen Wahnsinn. Überleben in einer verrückten Arbeitswelt, München 2011

Harald Welzer: Empört euch – über euch selbst! Plädoyer gegen die Leitkultur der Verschwendung. In: SPIEGEL, 11.7.2011

Harald Welzer: Was Sie sofort tun können: Zehn Empfehlungen. In: FAZ, 27.12.2010

Harald Welzer/Klaus Wiegandt: Perspektiven einer nachhaltigen Entwicklung. Wie sieht die Welt von morgen aus?, Frankfurt 2011

# Quellennachweis

### Einleitung
1. Holger Lengfeld/Jochen Hirschle: Die Angst der Mittelschicht vor dem sozialen Abstieg, S. 196
2. Tony Judt: Dem Land geht es schlecht, S. 16
3. Holger Lengfeld/Jochen Hirschle: Die Angst der Mittelschicht vor dem sozialen Abstieg, S. 190
4. Markus M. Grabka: Probleme und Herausforderungen des »Modells Deutschlands«, S. 78
5. www.diw.de/de/diw_01.c.357516.de/themen_nachrichten/einkommensentwicklung_in_deutschland_die_mittelschicht_verliert.html (2.1.2012)
6. Markus M. Grabka: Probleme und Herausforderungen des »Modells Deutschlands«, S. 76
7. Olaf Groh-Samber/Florian R. Hertel: Abstieg der Mitte?, S. 138
8. Hanno Beck/Aloys Prinz: Abgebrannt, S. 45
9. Markus M. Grabka: Probleme und Herausforderungen des »Modells Deutschlands«, S. 78
10. Robert Castel: Die Krise der Arbeit, S. 9
11. Ebd.

### Idyllische Zeiten
1. Christoph Deutschmann: Sozialstrukturelle Bedingungen wirtschaftlicher Dynamik, S. 51
2. taz, 25.01.2002
3. Berthold Vogel: Wohlstandskonflikte
4. Ebd., S. 61
5. Tony Judt: Dem Land geht es schlecht, S. 47
6. Berthold Vogel: Wohlstandskonflikte, S. 59
7. Tony Judt: Dem Land geht es schlecht, S. 56

8. Heribert Prantl: Eliten, Dekadenz und Demokratie, S. 244 f.
9. Tony Judt: Dem Land geht es schlecht, S. 66
10. Ulrike Herrmann: Hurra, wir dürfen zahlen, S. 36
11. Tony Judt: Dem Land geht es schlecht, S. 49 f.
12. Gerhard Scherhorn: Die Politik entkam der Wachstumsfalle, S. 66
13. Robert Castel: Die Krise der Arbeit, S. 15
14. Stéphane Hessel: Empört euch!, S. 14
15. Tony Judt: Dem Land geht es schlecht, S. 73
16. Robert Castel: Die Krise der Arbeit, S. 10
17. Berthold Vogel: Wohlstandskonflikte, S. 10

### Raus aus der Komfortzone

1. Markus M. Grabka: Probleme und Herausforderungen des »Modells Deutschlands«, S. 81
2. Ulrike Hermann: Hurra, wir dürfen zahlen, S. 41
3. Karl Brenke/Markus M. Grabka: Schwache Lohnentwicklung im letzten Jahrzehnt, S. 3
4. Markus M. Grabka: Probleme und Herausforderungen des »Modells Deutschlands«, S. 81
5. Ebd.
6. Robert Castel: Die Krise der Arbeit, S. 37
7. Markus M. Grabka: Probleme und Herausforderungen des »Modells Deutschland«, S. 84
8. Olaf Groh-Samberg/Florian R. Hertel: Abstieg der Mitte?, S. 143
9. Harald Welzer: Empört euch – gegen Euch selbst! In: SPIEGEL, 11.7.2011
10. http://www.psychotipps.com/Ungluecklichsein.html (2.1.2012)
11. Eva Groß/Jutta Gundlach/Wilhelm Heitmeyer: Die Ökonomisierung der Gesellschaft, S. 140
12. Ebd.
13. Byung-Chul Han: Müdigkeitsgesellschaft, S. 21
14. Sighard Neckel: Flucht nach vorn
15. Peter Sloterdijk: Die Revolution der gebenden Hand. In: FAZ, 13.6.2009

16. Robert Castel: Die Stärkung des Sozialen, S. 68
17. Albrecht von Lucke: Eindringende Eiszeiten, S. 259
18. Richard Sennett: Die Kultur des neuen Kapitalismus, S. 108
19. Wilhelm Heitmeyer: Deutsche Zustände, S. 20
20. Ebd., S. 17
21. Tim Jackson: Wohlstand ohne Wachstum, S. 64 f.
22. Ebd., S. 150
23. Tony Judt: Dem Land geht es schlecht, S. 351

### Bröckelnder Eckpfeiler I: Arbeit

1. Friedrich Engels: Die Lage der arbeitenden Klasse in England, S. 326 f.
2. Tony Judt: Dem Land geht es schlecht, S. 138
3. Werner Plumpe: Ohne Sozialversicherung kein Kapitalismus. In: FAS, 11.9.2011
4. Berthold Vogel: Wohlfahrtskonflikte, S. 56
5. Robert Castel: Die Stärkung des Sozialen, S. 42
6. Richard Sennett: Die Kultur des neuen Kapitalismus, S. 23
7. Robert Castel: Die Krise der Arbeit, S. 343
8. Robert Castel: Die Stärkung des Sozialen, S. 46
9. Robert Castel: Die Krise der Arbeit, S. 342
10. Ebd., S. 349
11. Sighard Neckel: Waldleben. Eine ostdeutsche Stadt im Wandel seit 1989, S. 21
12. Robert Castel: Die Krise der Arbeit, S. 348
13. Rainer Dombois: Der schwierige Abschied vom Normalarbeitsverhältnis
14. http://www.oecd.org/document/54/0,3746,de_34968570_35008930_49176950_1_1_1_1,00.html (2.1.2012)
15. Klaus Dörre: Hartz-Kapitalismus, S. 296
16. http://www.tz-online.de/aktuelles/politik-wirtschaft/tz-wie-bequem-soziale-haengematte-638771.html (2.1.2012)
17. Klaus Dörre: Hartz-Kapitalismus, S. 299
18. Richard Sennett: Die Kultur des neuen Kapitalismus, S. 15
19. Klaus Dörre: Hartz-Kapitalismus, S. 302
20. Pierre Bourdieu: Gegenfeuer, S. 100
21. http://www.nachdenkseiten.de/?p=3053 (2.1.2012)

22. Library.fes.de/pdf-files/wiso/08471.pdf (25.11.2011)
23. Tim Jackson: Wohlstand ohne Wachstum, S. 52
24. Theresia Volk: Unternehmen Wahnsinn, S. 97
25. Nicola Liebert: Steuergerechtigkeit in der Globalisierung, S. 115
26. Klaus M. Leisinger in einem Vortrag zum Thema »Regionalisierung – Ausweg aus der Globalisierungsfalle?«
27. Theresia Volk: Unternehmen Wahnsinn, S. 98
28. http://www.sonntagonline.ch/ressort/aktuell/1921/ (2.1.2012)
29. Colin Crouch: Das befremdliche Überleben des Neoliberalismus, S. 103
30. Colin Crouch: Postdemokratie, S. 10
31. Gerhard Scherhorn: Die Politik entkam der Wachstumsfalle, S. 66 f.
32. Richard Sennett: Die Kultur des neuen Kapitalismus, S. 34
33. Ebd.
34. Ebd.
35. Ebd.
36. Am Tisch mit Fatih Akin. hr2 Kultur Doppel-Kopf von der Frankfurter Buchmesse 2011
37. Peter Kunzmann: Die Würde des Tieres, S. 57
38. Richard Sennett: Die Kultur des neuen Kapitalismus, S. 58
39. Berthold Vogel: Wohlstandskonflikte, S. 84

## Bröckelnder Eckpfeiler II: Staat

1. Berthold Vogel: Wohlstandskonflikte, S. 85
2. Ebd.
3. Robert Castel: Die Krise der Arbeit, S. 18
4. Nicola Liebert: Steuergerechtigkeit in der Globalisierung, S. 25
5. Ebd., S. 38
6. Tony Judt: Dem Land geht es schlecht, S. 59
7. Europäische Kommission 2009, zitiert nach Nicola Liebert: Steuergerechtigkeit in der Globalisierung, S. 165
8. http://www.oecd.org/document/16/0,3746,de_34968570_35 008930_46731152_1_1_1_1,00.html (30.12.2011)
9. www.appell-vermoegensabgabe.de/ (29.12.2011)

10. http://www.oecd.org/document/10/0,3746,de_34968570_35
    008930_47813898_1_1_1_1,00.html (30.12.2011)
11. http://www.youtube.com/watch?v=SmwL1C1Zr6Q (24.10.
    2011)
12. http://www.oecd.org/document/10/0,3746,de_34968570_35
    008930_47813898_1_1_1_1,00.html (30.12.2011)
13. Nicola Liebert: Steuergerechtigkeit in der Globalisierung, S. 77
14. Ebd., S. 27
15. Ebd., S. 118
16. Ebd., S. 106
17. Ebd., S. 107
18. Ebd., S. 108
19. Ebd., S. 49
20. Paul Kirchhof: Wir verteilen von Arm zu Reich. In: FAS,
    31.8.2011
21. Tony Judt: Dem Land geht es schlecht, S. 59
22. Nicola Liebert: Steuergerechtigkeit in der Globalisierung,
    S. 261
23. Robert D. Putnam: Bowling Alone, S. 134
24. Colin Crouch: Das befremdliche Überleben des Neolibera-
    lismus, S. 19f.
25. Wilhelm Heitmeyer: Deutsche Zustände, S. 15
26. Am Tisch mit Hartmut Rosa. hr2 Kultur Doppel-Kopf vom
    18.8.2011
27. Tony Judt: Dem Land geht es schlecht, S. 75 f.
28. Thomas Hobbes: Leviathan, S. 96 f.
29. Ulrike Herrmann: Hurra, wir dürfen zahlen, S. 10
30. Katja Kullmann: Echtleben, S. 166
31. Michael Hartmann: Klassenkampf von oben, S. 273
32. Karl Brenke/Markus M. Grabka: Schwache Lohnentwick-
    lung im letzten Jahrzehnt, S. 4
33. Heiner Barz/Dirk Randoll: Absolventen von Waldorfschu-
    len, S. 90
34. Nora Knötig: Schließungsprozesse innerhalb der bildungs-
    bürgerlichen Mitte, S. 332
35. http://www.oecd.org/document/54/0,3746,de_34968570_35
    008930_49176950_1_1_1_1,00.html (30.12.2011)

### Bröckelnder Eckpfeiler III: Familie

1. http://www.zeit.de/2003/05/M-Alte_M_9ftter (29.12.2011)
2. Heike Lipinski/Erich Stutzer: Wollen die Deutschen keine Kinder? Sechs Gründe für die anhaltend niedrigen Geburtenraten. In: Statistisches Monatsheft Baden-Württemberg 6/2004, S. 3
3. Statistisches Bundesamt: Wie leben Kinder in Deutschland?, S. 9
4. Heike Lipinski/Erich Stutzer: Wollen die Deutschen keine Kinder?, S. 5
5. Ebd., S. 6
6. Ebd., S. 6
7. Ebd.
8. Kerstin Jürgens: Prekäres Leben. In: WSI-Mitteilungen 8/2011
9. Tim Jackson: Wohlstand ohne Wachstum, S. 151 f.
10. Harald Welzer/Klaus Wiegand: Perspektiven einer nachhaltigen Entwicklung, S. 10
11. Tim Jackson: Wohlstand ohne Wachstum, S. 151 f.
12. Kerstin Jürgens: Prekäres Leben

### Klimawandel, Konsum, Kapitalismus

1. Tim Jackson: Wohlstand ohne Wachstum, S. 78
2. Christiane Paul mit Peter Unfried: Das Leben ist eine Öko-Baustelle, S. 17
3. Tim Jackson: Wohlstand ohne Wachstum, S. 172
4. Ebd., S. 27
5. Ebd., S. 100
6. Ebd., S. 112
7. Amitai Etzioni: Eine neue Charakterisierung des guten Lebens, S. 331
8. Nico Paech: Vom grünen Wachstumsmythos zur Postwachstumsökonomie, S. 139
9. Tim Jackson: Wohlstand ohne Wachstum, S. 31
10. Ebd., S. 35
11. Claudia Kemfert: Szenario Energie, S. 206 f.
12. Claus Leggewie/Harald Welzer: Das Ende der Welt, wie wir sie kannten, S. 10

*Überlebensstrategien*
1. Theresia Volk: Unternehmen Wahnsinn, S. 171
2. Niklas Luhmann: Vertrauen, S. 27

**Und jetzt?**
1. Harald Welzer: Was Sie sofort tun können: Zehn Empfehlungen. In: FAZ, 27.12.2010
2. Theresia Volk: Unternehmen Wahnsinn, S. 161
3. Ebd.
4. Max Horkheimer: Autoritärer Staat, S. 318
5. Theodor W. Adorno: Minima Moralia, S. 261
6. Theodor W. Adorno: Dialektik der Aufklärung, S. 309
7. Harald Welzer/Klaus Wiegandt: Perspektiven einer nachhaltigen Entwicklung S. 11
8. Theodor W. Adorno: Negative Dialektik. Band 6, S. 46
9. Amitai Etzioni: Eine neue Charakterisierung des guten Lebens, S. 330
10. Robert M. Sapolsky: Mein Leben als Pavian, S. 17
11. Amitai Etzioni: Eine neue Charakterisierung des guten Lebens, S. 332
12. http://ef-magazin.de/web43/?gclid=CIH1iqvT-awCFcNI-3godt03xTg (11.12.2011)
13. Christiane Paul: Das Leben ist eine Öko-Baustelle, S. 196
14. Ebd., S. 198
15. Christoph Deutschmann: Sozialstrukturelle Bedingungen wirtschaftlicher Dynamik, S. 53 f.
16. http://www.nachhaltigkeitsrat.de/projekte/eigene-projekte/nachhaltiger-warenkorb/?blstr=0 (29.12.2011)
17. Armin Reller/Heike Holdinghausen: Wir konsumieren uns zu Tode, S. 79
18. Tim Jackson: Wohlstand ohne Wachstum, S. 172
19. http://www.oecd.org/document/54/0,3746,de_34968570_35 008930_49176950_1_1_1_1,00.html (30.12.2011)
20. Jakob Augstein: Fairness ist Zufall. In: SPIEGEL, 10.2.2011
21. http://www.google.de/search?hl=de&site=&q=grünen+ Wachstumsmythos+zur+Postwachstumsökonomie&oq=grünen+Wachstumsmythos+zur+Postwachstumsökonomie&-

aq=f&aqi=&aql=&gs_sm=e&gs_upl=547l547l0l1112611l1l1
0l0l0l0l182l182l0.1l1l0 (2.1.2012)

22. Harald Welzer/Claus Leggewie: Das Ende der Welt, wie wir sie kannten, S. 230